贝页
ENRICH YOUR LIFE

云端需求驱动供应链

The Cloud-Based Demand-Driven
Supply Chain

〔印〕维尼特·夏尔马（Vinit Sharma） 著

徐 腾 译 张志军 译校

文汇出版社

图书在版编目（CIP）数据

云端需求驱动供应链/（印）维尼特·夏尔马（Vinit Sharma）著；徐腾译. —上海：文汇出版社，2020.12

ISBN 978-7-5496-3372-2

Ⅰ.①云… Ⅱ.①维…②徐… Ⅲ.①云计算—应用—企业管理—供应链管理 Ⅳ.①F274-39

中国版本图书馆CIP数据核字（2020）第216793号

The Cloud-Based Demand-Driven Supply Chain by Vinit Sharma, ISBN: 978-1-1194-7733-4
Copyright © 2019 by John Wiley & Sons Inc.
All Rights Reserved. This translation published under license. Authorized translation from the English language edition, Published by John Wiley & Sons. No part of this book may be reproduced in any form without the written permission of the original copyrights holder. Copies of this book sold without a Wiley sticker on the cover are unauthorized and illegal.
本书中文简体中文字版专有翻译出版权由John Wiley & Sons, Inc. 公司授予上海阅薇图书有限公司。未经许可，不得以任何手段和形式复制或抄袭本书内容。本书封底贴有Wiley防伪标签，无标签者不得销售。
上海市版权局著作权合同登记号：图字09-2020-919号

云端需求驱动供应链

作　　者 /	（印）维尼特·夏尔马
译　　者 /	徐　腾
责任编辑 /	戴　铮
封面设计 /	汤惟惟
版式设计 /	汤惟惟
出版发行 /	**文匯**出版社
	上海市威海路755号
	（邮政编码：200041）
印刷装订 /	上海颛辉印刷厂有限公司
版　　次 /	2020年12月第1版
印　　次 /	2020年12月第1次印刷
开　　本 /	700毫米×1230毫米　1/16
字　　数 /	250千字
印　　张 /	16
书　　号 /	ISBN 978-7-5496-3372-2
定　　价 /	72.00元

目　录

前言

致谢

第一章	供应链需求驱动预测	1
第二章	云计算概述	37
第三章	向云端迁移	79
第四章	亚马逊网络服务和微软 Azure	103
第五章	AWS 中需求驱动预测案例研究	189
第六章	总结	203

术语表	217
参考文献	219
作者简介	247

前言

沉浸云端的契机已经来临!

在当今的商业环境中,越来越多的人需要依靠云技术提供解决方案来应对商业挑战。那么,如何才能预测客户的需求,高瞻远瞩,确保客户的目标正确实现呢?

本书深入浅出,让您对云计算有一个清晰的认识,并学会如何就云计算的优缺点和可选方案与客户沟通,方便他们根据自己的特殊需求作出最佳选择。本书还提供案例,讲述真实世界中的最新云技术,让全世界的用户应用云端的供应链解决方案实现茁壮成长。

本书的作用:

- 演示升级预测、加强协作和优化库存是如何节省成本的。
- 探讨为什么云计算正变得越来越重要。
- 详细介绍云计算的各个类型。
- 解释亚马逊云或微软云(Azure)的需求是如何驱动预测的。

无论您从事哪个行业,管理、商业或者信息技术(information technology,IT),若要透彻认识云的含义,随时翻阅、参考本书是您的不二之选。

致　谢

本书的出版离不开同事、朋友和组织的帮助与支持。我想借此机会感谢 Jack Zhang（SAS）、Blanche Shelton（SAS）、Bob Davis（SAS）和 Stacey Hamilton（SAS）的支持和帮助。特别感谢 Emily Paul（Wiley）、Shek Cho（Wiley）、Mike Henton（Wiley）和 Lauree Shepard（SAS），他们的帮助让本书得以成功出版。对各组织的研究决定了本书的成败，因此我要特别感谢 Carol Miller（MHI）、Amy Sarosiek（GE）、Emily Neuman（AWS）、Frank Simorj（微软）、Heather Gallo（Synergy Research）、Juergen Brettel（ISG Research）、Kim Weins（RightScale）、Michael Mentzel（Heise Medien）、Owen Rogers（451 Research）和 Suellen Bergman（波士顿咨询集团）在相关内容上所给予的帮助。最后，我要特别感谢各位尊敬的同事、供应链专家、好友 Charles Chase（SAS）和 Christoph Hartmann（SAS）的帮助。

特别感谢以下组织的帮助：451 Research、AWS、波士顿咨询集团、思科、欧洲委员会、欧盟、Experton Group、Gartner、GE、Heise Medien、IBF、ISG Research、McAfee、MHI、微软、RightScale、SAS、SkyHigh、Supply Chain Insights 和 Synergy Research。

第一章
供应链需求驱动预测
Demand-Driven Forecasting in the Supply Chain

第一章 供应链需求驱动预测
Demand-Driven Forecasting in the Supply Chain

世界正飞速变化着，消费者更为挑剔，要求产品和服务的质量足够高，物有所值，还要能及时获取。当下，无论是制造产品还是提供服务，世界上所有企业和行业都面临着巨大压力，时间、产量、价格和地点都要精准匹配。随着全球竞争的升级，那些无法提前获得信息和商业洞见的企业将会遭受了销售上的风险损失和市场份额的缩减。无论从预测、规划还是执行的角度来看，优化供应链决定了未来所有企业的成败。本书的重点，一是需求驱动的预测（以数据为证据，预测销售商品的需求）；二是云计算如何帮助今天的企业应对计算和大数据挑战。本文的应用语境是商业的，而非统计学角度。为符合本书主旨，重点内容为销售商品的预测、提升预测的优点和供应链的优化。

信息技术的进步和成本的降低（如数据存储、计算资源）帮助有需要的企业获得分析大数据的机会。现在，数据的捕获、存储、分析变得越来越简单、经济，各个组织可以更好、更快地做出回应，要么生产出有极高需求的产品，要么为客户带来最高价值。商业洞见可以帮助企业了解各自产品的销售需求、客户对产品的情感（如喜欢或厌恶），以及哪里消费量最高。商业智能（business intelligence，BI）可以帮助各个企业了解当下的价格敏感度，举行活动和促销的有效性（如影响需求），哪些产品属性造成最大的消费者影响，等等。信息技术可以帮助企业数字化升级供应链，而云计算可以提供一个可扩展且经济的平台，使企业可以捕获、存储、分析和消费（观察及采取相应的行动）大量数据。

本章旨在从商业角度概述需求驱动预测，承启后文。后续章节涉及云计算、云平台如何促进需求驱动预测以及面临的相应挑战等重要话题。本书各章间或引用个人经历（基于SAS供应链的咨询项目），但名字省略，以保护企业隐私。书中包含多个销售商的观点，为需求驱动预测、供应链优化及云计算提供广阔、多元的视野。

销售预测通常用于估计产品生产、运输、仓储、分销和最终卖给终端消费者的数量。推动理念（push philosophy，亦称作由内向外方法）现在已经不受推崇，遵循该理念的企业属于销售驱动型，把产品推向终端消费者。该理念往往导致供应链网络的所有节点出现过度生产和库存过剩，并且错误理解消费者的需求。店铺通常被迫降价以减少库存，因而进一步削减利润率。销售可以定义为出货数量或销售订单。需求可包含销售点管理系统（POS）数据、联合扫描仪系统（syndicated scanner）数据、在线或移动销售额及联网设备（如自动售货机、零售货架）数据。一个新的需求拉动理念（demand-pull philosophy，亦称作由外向内方法）正逐渐流行。在新理念下，企业学会感知终端消费者的需求（即需求感知）并使供应链更有效运行。正在改变销售和运营计划（S&OP）流程并转向需求拉动理念的企业声称要建设一个需求驱动供应网（DDSN）。（见图1）

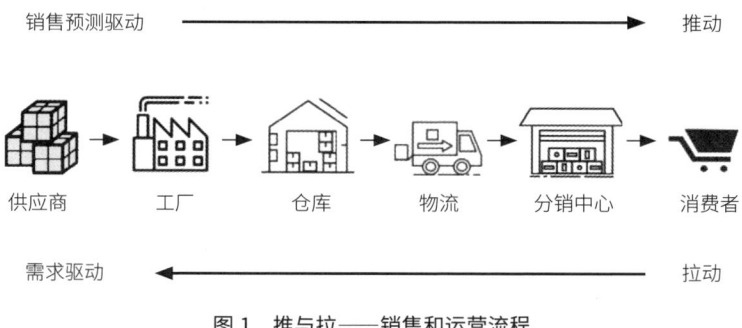

图1　推与拉——销售和运营流程

波士顿咨询公司（BCG）把需求驱动供应链（DDSC）定义为一个协同多个技术和流程的系统，能够感知并响应由消费者、供应商和雇员网络发出的实时需求讯号（Budd、Knizek、Tevelson，2012，3）。要真正做到需求驱动，就应打造一个高级的供应链（如供应链2.0），将消费需求与相应的实现模式无缝整合（Joss等，2016，19）。需求驱动的供应链管理中，重点是个体价值链活动的稳定性，以及无需思考和准备，而快速、自主响应需求变化的灵活性（Eagle，2017，22）。过渡到需求驱动供应链的企业采纳的就是上述需求拉动理念。当今世界变化迅猛，供应链正快速脱离模拟和线性模型，转向数字和多维模型，即互联神经模型（众多啮合节点，见图2），节点之间信息种类繁多，并按不同时间、量和速度流动。企业必须能消化、感知（分析）并及时主动地回应洞见才能成功。根据MHI调查（Batty等，2017，3），80%的调查对象认为数字供应链将在2022年成为主流。数字供应链的采用程度在企业间、行业间和国家间各有不同。

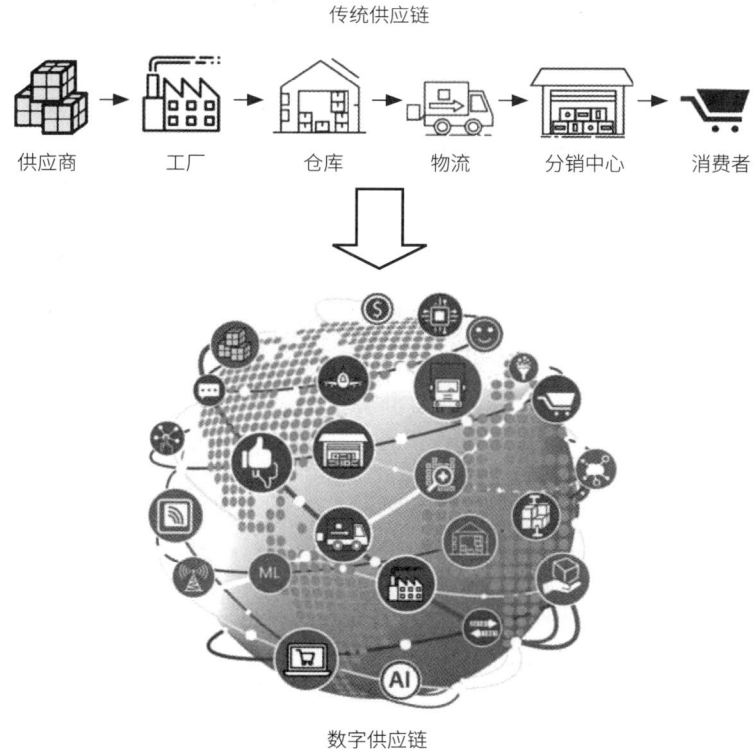

图2 数字供应链——互联互通

人们普遍认为，但凡利用商业数据和数据驱动的企业，业绩往往更好。业绩最好的企业发现了数据的价值（Curran 等，2015，2—21）。以高质量数据（有关联且完整的数据）为基础进行分析得到的商业数据（business intelligence，BI）能让组织感知需求，明确趋势，变得更加主动。数据范围也伴随着供应链的数字化而改变。技术和规模经济最近已经提升，可以做到从无数个来源捕获数据，而且比以往更快速（例如，近实时或按固定时间间隔）。数据不只局限于销售需求，而可以涵盖多个其他来源，例如，天气、经济事件和经济趋势、社交媒体数据（如有利的产品情感分析）和交通数据，等等。

捕获数据更快（如通过联网设备做到近实时）、数据量更大（如众多变量的多年数据）也更价廉。大数据的主要理念之一是先捕获并存储各种类型的数据，以后再想怎么使用。企业利用计算机技术、分析技术、数据捕获与存储、物联网（IoT）技术，可以把业务转型成数字供应链（充分联网的供应链）。这类数据和分析能让洞见更深刻，让整个供应链网络可视化更高。端对端供应链信息和物料流的可视化做出最合适的全方位数据驱动决策（Muthukrishnan、Sullivan，2012，2）。追求优化供应链管理的企业正转向一种智能化和融合的供应管理模型，其网络可视化高，而且企业内、外整个供应链网络的系统、流程、人员都能高度一体化（Muthukrishnan、Sullivan，2012，2—5）。

利用综合、实时的数据结合高级的分析技术，可以使企业做出最佳决策，精简运营，并通过综合风险管理程序使风险最小化（Muthukrishnan、Sullivan，2012，5）。时机得当，数据价值可以最大化（Barlow，2015，22）。可视化和透明度提升的优点包括提升供应商的业绩、降低运营成本、取得销售和运营计划（S&OP）的更好效果和提升供应链响应能力（Muthukrishnan、Sullivan，2012，6）。落实高可视化和高集成度的供应链带来的优势包括通过更快速的响应和决策来提高销售额，减少整个供应链的库存，降低物流和采购成本和提升服务等级（Muthukrishnan、Sullivan，2012，11）。

对供应链可视化的需求不断提高，促进了供应链控制塔（SCCT）的应用（见图3）。SCCT作为捕获、分析和使用信息的中心，集合了所需的各种技术、组织（内网和外网供应链网络成员单位）和流程，做出全面的、数据驱动的决策（Bhosle 等，2011，4）。SCCT 可以协助组织在战略、策略和运营层级控制供应链。通过 SCCT 获取全视野信息可以让企业及其供应链网络更加灵活（如改变供应链流程、合作方和设施的能力）。它也能提高适应能力，更好应对供应链网络无法控制的意外事件。达成关于服务水准、成本控制、可用性和质量的具体目标，能提升可靠性和供应链的有效性（Bhosle 等，2011，4—6）。

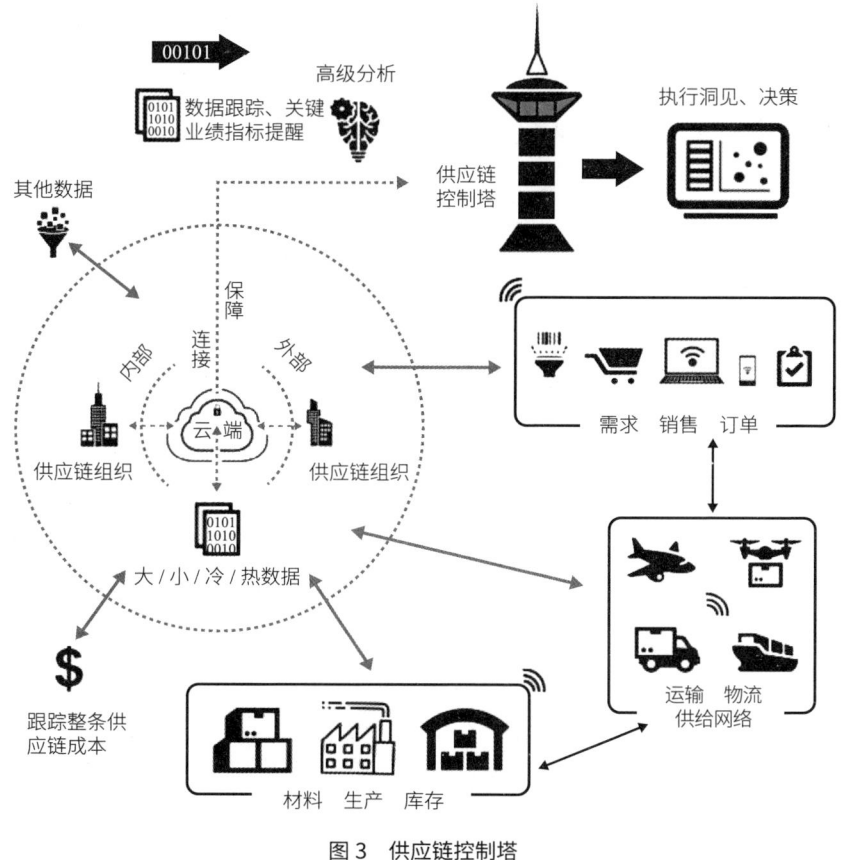

图 3 供应链控制塔

SCCT 同样可以提高供应链网络对商务需求、产量变化以及其他影响商务活动的因素的响应力（Bhosle 等，2011，6）。供应链控制塔的执行要经历三个成长阶段。第一阶段关注运营可视化，如出货数量和库存状态。在第二阶段，基于一条供应链上的多个网络节点，使用流入 SCCT 的信息监控货运进程，并提醒决策者任何潜在的问题或事件。第三阶段也是最成熟的阶段，使用数据和人工智能预测潜在问题或瓶颈（Bhosle 等，2011，5—8）。SCCT 捕获和处理的数据能让供应链具有可视化并获得洞见，这是做出合理决策的关键，也是运营以客户为中心的供应链的必要条件（Bhosle 等，2011，9）。

使用 SCCT 的好处包括更低的成本、更全面的决策能力、更精准的需求预测、更优的库存水平、更低的缓冲库存、更短的周期、更优的调度与计划、更便捷的运输与物流，以及更高的服务水平（Bhosle 等，2011，11）。

数字供应链的主要挑战之一是需求驱动预测，企业若想提升业务，当务之急就是解决这一问题。预测和个性化是最亟需的两大分析能力（Microsoft，2015，14）。在美国物料搬运、物流和供应链协会（MHI）年度行业报告（Batty 等，2017，9）中，将预测功能评为"很有挑战性"或"有挑战性"（分别占 39% 和 36%），而 2018 年的调查显示，超过 50% 的调查对象认为预测功能"极具挑战性"（见图 4）。

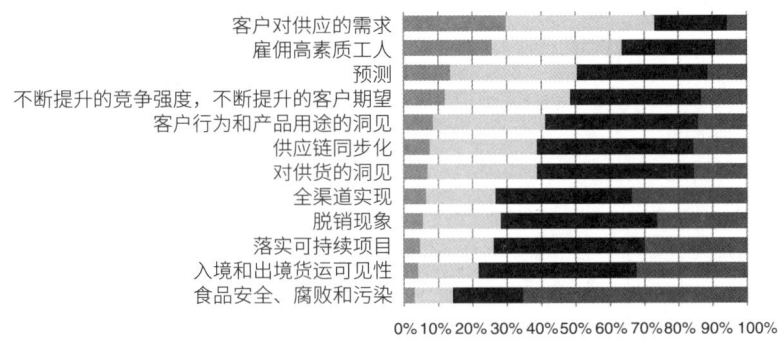

图 4　MHI 2018 调查结果：公司挑战

来源：MHI 年度行业报告。

预测具有明显的成长阶段，而成熟度在组织、行业和国家间有很大区别。不科学的预测和计划（如个人判断 vs 统计证据）在很多领域仍然常见，如 Blue Yonder（2016）对食品零售领域的调查有惊人的发现：48% 的被调查人仍在使用人工流程和直觉做决定，并未有数据驱动行为（Blue Yonder，2016，25）。过渡到需求驱动供应链有很多好处，BCG 的研究指出，部分公司的库存降低了 33%，但交付业绩提升了 20%（Budd、Knizek、Tevelson，2012，3）。

提升后的预测策略应全方位、多维度才能达到最佳效果。整个提升过程应具备三大条件：

① 数据；

② 分析技术；

③ 协作——使用协作方法的人员与流程。

一、数据

如前所述，数据是分析、获取商业智能和洞见的基础。著名的"错进、错出"（garbage in, garbage out）概念同样适用于当今的挑战。企业必须捕获、分析、预测与供应链优化相关的数据。获得整体数据（如历史需求数据和其他影响因素生成的数据）可以使企业应用高级分析技术辅助感知对其产品的需求。分析获得的洞见使企业可以侦测并塑造需求，如以合适的地点、时间、价格和品质生产需求最高的产品。利用数据和高级分析技术可以使企业了解价格、时间、促销等因素与销售单位需求的相互关系和影响。马尔科斯·博尔赫斯（Marcos Borges）任职于雀巢公司，他认为高级预测的决定性优势在于分析整体数据（多个数据变量），明确能影响整个产品层次中各个产品需求的因素。这一进程应该自动化，并能处理具有数据深度（如产品维度的层次）的大量数据（如多个维度的多次交易）（SAS Institute，2017）。

数据质量是分析数据时至关重要但往往被忽略的一点。通常而言，若要获得有意义的预测，应获取至少两年的粒数级数据用于预测（如一周预测使用的单日或一周数据），且数据应在该单元的所有层次级别或时间序列指标都可获取。例如，意图预测巧克力需求的大众消费公司（consumer packaged goods，CPG）应在针对预测的数据集市中加入产品维度。这一维度应具有含多个类别和子类别的层次。个体产品称作分叶成员节点，从属于一个层次链。这些产品因而具有沿着层次上升的直接且单一的关系链接。分叶成员可以直接按一个子类别和类别向上链接（见图5）。理想状态下，数据应在所有相关维度均可获得。粒数级数据在所有维度的层级也应该可以获得。此例中，产品维度数据和完整的时间序列数据（如销售业务）相结合（如至少两年的产品层次所有级别的销售业务数据），提升了预测精准度。

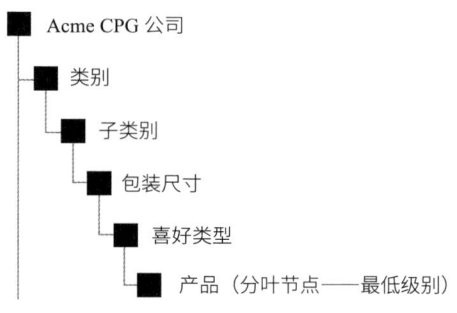

图5 示例：产品维度层次

如果数据在维度结构的所有级别都可获得，则预测协调技术（由软件解决方案执行），如自上而下、自下而上和自中间开始预测会得到更准确结果。理论上，这一系统会突出带来最好结果的层级。这类协调技术可以沿着层次向上或向下整合数据，预测便可在各种级别上集成分类。上述方法可以辅助制定需求计划（如在子类别或类别使用集成预测的需求）。粒数级数据越多（此例是产品维度层次的较低层级），整合和配比越精准。需求规划人员使用这类方法可以在类别层级、店铺层级或大区层级上评价预测。

一般来说，用于需求预测的其他维度包括店铺位置和消费者，并通常在星型数据模型中展示（见图6）。这一分割数据的设计可提高生成预测的分析性能。在整体保存数据和分割数据之间取得平衡的方法称作数据模型的归化和去归化。数据模式设计极大地影响分析能力和计算性能（完成速度）。因此，收集正确的数据同样重要（预测的指标和因变量产生的数据），即至少两年的数据，并合理地组织数据（如数据集市、逻辑数据模式）。数据存储和分析技术的进步，如数据湖和大数据，能让设计流程更加灵活、更加敏捷，详见后文。

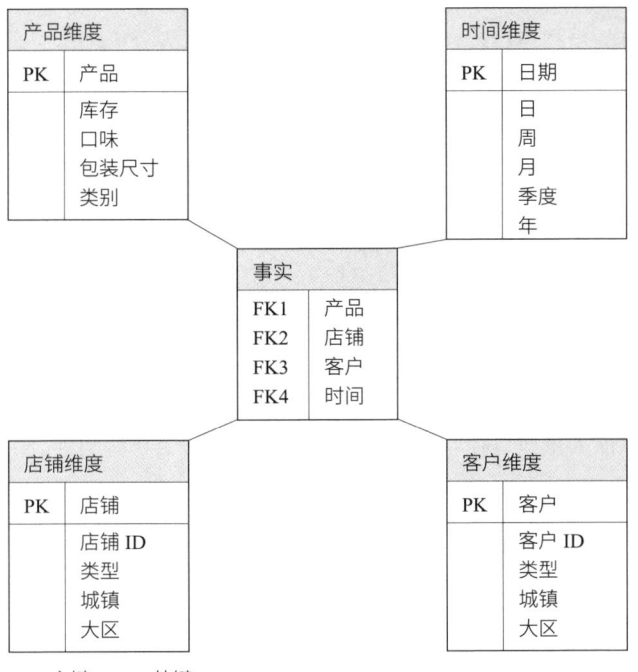

图 6　示例：星模型——预测维度

供应链优化中的个体分析功能通常具备独立型数据集市。例如，需求预测存储的数据放在一个数据集市中，而与库存优化或协同需求计划相关的数据也具备单独的数据集市。这类数据集市应有简捷的数据集成，允许数据在不同功能间流动，以强化数据可用性并提升分析价值。供应链分析的单一或集成的数据集市列称作需求信号库（DSR）（见图 7）。

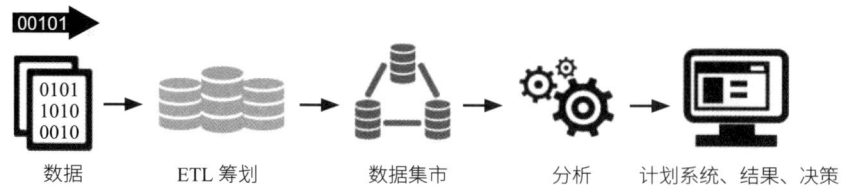

图7　传统数据流——供应链分析

数据集市的数据模型设计和存储方法非常适合高级分析（用于需求驱动的预测）。通常面向业务主题领域组织数据集市，例如预测数据集市、库存优化数据集市、金融数据集市等。

慢数据（如每日、每周或每月接入的数据）往往通过数据库或数据仓库等传统技术捕获。这类慢数据也指冷数据或暖数据。捕获快数据（如每秒、每分、每小时、每日）可借助联网设备（如 IoT）、如事件流处理（ESP）等提供近实时分析的处理技术，以及注重快速数据接入的高级数据存储（如数据湖）技术与格式。快数据也指热数据。利用 ESP 的实时分析技术将成为未来联网供应链的关键组件。这类数据可以流入供应链控制塔并能辅助企业从数据中获得洞见，积极行动。例如，分析物流提供商给出的数据和实时需求数据，更迅速响应需求或物流变化。

一般企业使用的数据集市是为需求预测等分析专门打造的。有目的的分离通常能提升性能（如将写入操作分离成联机交易处理［OLTP］，将读出操作分离成在线分析处［OLTP］）。这种分离使数据管理流程能依据数据类型和数据接入速度调整。数据存储分类帮助分析负载，例如，OLAP 系统是专门为分析打造的（如数据搜索、过滤、分组、计算、多维度观察等）。

一条数字供应链拥有不同数据源，这些数据源生成多种类型的数据（如销售点数据、零售数据、线上销售数据、货运数据、物流数据等）。数据量、多样化、速度给传统的数据存储与分析方法和体系带来了挑战。数据湖可以解决此类挑战。企业可以从多个来源收集数据并倒入各自的数据湖中（本地部署或在云端）。

数据湖不同于数据仓库或数据集市的特点之一是，拥有数据湖的企业起初无需担心任何特别的数据模式（数据的组织），也无需在输入阶段担心数据的转化。

传统数据库、数据仓库和数据集市采用写时模式（schema-on-write），因此数据的接入流程必须对数据进行提取、转换、装载（extract, transform, load, ETL）（该流程亦称数据整理）才能符合预定义数据模式。数据模式可包含多个数据库或数据集市，但要求数据应匹配定义（如数据类型、数据长度、存储在合适表格中的数据）。ETL流程通常定义一次或基本保持不变，很可能之后进入同步（scheduled）。数据接入、数据分级（按指定模式导入，以普遍可访问的形式和位置存储）和ETL可能花费数分钟或数小时，应根据任务的复杂性和数据的量决定。例如，在粒数级进行每周预测，通常每隔一周接入增量数据。预测系统往往在非营业时间（如周末或晚上）按批次接入数据。预测流程也能自动化，正如下游计划系统的数据分享亦能自动化。如果需求计划流程涉及人的审查与协同，则该流程包含在预测周期内。根据预测周期（如未来的时间段）和其他因素，如交货周期（如供应商和制造业）和被预测产品的销售比率，整体预测周期可能花费数小时、数周甚至更久。

数据湖则遵循读时模式（schema-on-read）。该模式下，数据接入流程并提取数据，载入存储池。如有必要，数据变换可在更高阶段进行（extract, transform, load, ELT）。数据保存在数据湖，可直接获取。数据也可转换或复制到其他数据存储目标内（如数据库、数据集市），或通过其他方式获取、利用（如数据虚拟化机制）。通过数据湖接入数据的速度快，适用于快（热）数据。快数据的分析可以在数据接入后立即开始。该流程一般称作事件流处理（ESP）或流分析，注重按秒或分钟为时间框架转移的数据。例如，数据湖和ESP相结合可以近实时探测数据值，触发事件或对异常发出报警。

塔玛拉·达尔（Tamara Dull）是SAS公司的应急技术部主任，对数据湖做出如下定义："数据湖是以原生格式（如结构化、半结构化和非结构化数据）存储大量原始数据的存储库。它的数据结构和要求由数据需求决定"（Dull, 2015）。数据仓库存储结构化数据，有明确的塑造信息的数据模型（也称写时模式），已很成熟。传统的数据接入、存储和使用方法具有数据的高度一致性，由商业人士使用，获取洞见。

作为对比，数据湖可用于接入和存储结构化、半结构化和原始数据。结构化数据实例包括具有定义字段、数据类型和顺序的逗号分隔值（CSV）文件。半结构化数据的示例有 JavaScript 对象标注（JSON）文件（定义字段、排序和数据类型可变化）。原始或非结构化数据的示例有媒体文件（如 JPEG、视频）、电子邮件、文档等。数据湖遵循读时模式，免去再接入过程中的数据整理和建模。数据湖因此非常适合从所有种类来源（包括串流、互联网和联网设备等）快速接入数据。数据湖的设计确保水平可扩展，选用通用硬件获得极高的成本效益比。数据湖系统的成熟度正在稳健提升，被全世界越来越多的企业和行业所接受。可轻松获取数据的解决方案，与数据湖系统对应的分析也较为普及。

支持数据湖的标准技术之一是分布式文件系统（HDFS）和 Hadoop 框架。该技术允许在一个由电脑节点构成的互联网格中存储任何数据类型，并利用每个节点中更廉价的本地存储。文件系统管理复杂的数据文件流通和管控，包括每份文件的高可用性（HA）副本、灾难恢复（DR）副本和计算与分析性能副本（结合 MapReduce 使用）。Hadoop 框架利用更廉价的通用服务器硬件并向外扩展（加入更多服务器节点做存储或根据计算需求添加）。这与垂直扩展服务器（持续提升的计算能力来源——中央处理器（CPU）和运行内存 [RAM]）的传统框架有本质不同。垂直扩展的成本高出很多，而且尽管计算能力仍在持续进步，垂直扩展法在有些节点仍有局限。水平扩展方法在理论上不受限制。

水平扩展的另一个好处是数据和计算能力可以在联通的节点上共存。分析处理工作的大块被分成更小节段（也叫映射阶段），而且每个节点都有一个 Hadoop 服务器集群（亦作集群）分析该工作的节段，其分析基础是本地存储中的可获取数据。每个节点得到的结果后续被整合成一个结果（该步骤亦称减少阶段）。

一旦数据进入数据湖，就可以被分析或进一步处理，并转换成其他格式和数据集市等。简易的 MapReduce 方法可以大规模地，并比以往更快速地挖掘数据（见图 8）。

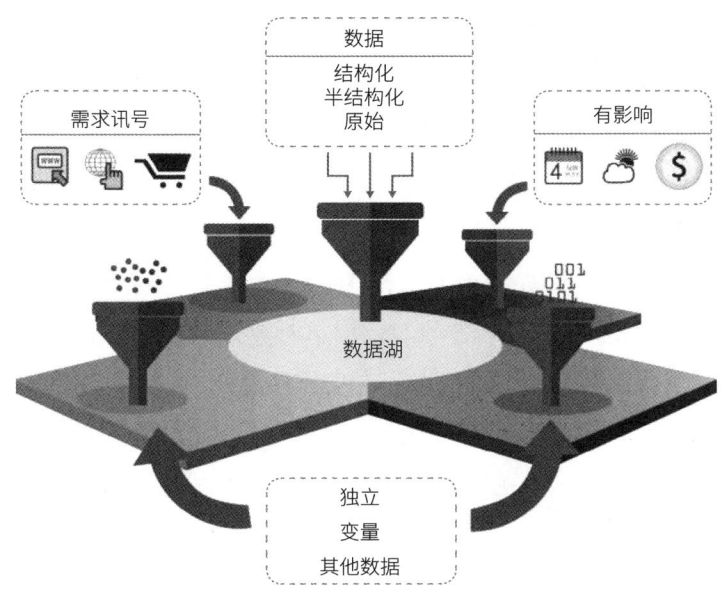

图 8　数据湖——用于需求预测的数据

此例涉及大量的病例数据集，分布于众多电脑节点间。通常，每个数据集有三个副本，存于不同的节点上，用于灾难恢复。有用户想在所有数据中获得每个年龄组的男性人数报告，于是提交一项 MapReduce 任务，过滤 HDFS 内每个数据集中每个年龄组的男性数量，整合结果。MapReduce 流程和 Hadoop 框架的内部机制不在本书探讨范围之内，因为重点是探讨数据湖和分布式计算能力在存储、处理、可扩展性和速度（实际时间）上的优势。

支持数据湖的技术和数据湖本身都可用于应对大数据挑战。美国国家标准与技术研究院（NIST）对大数据做如下定义："大数据由广泛的，以大数据量、多样性、速度和波动为特征的数据集构成,而数据集需要一个可扩展的架构进行有效的存储、操作和分析。"(NIST. SP. 1500-1)。大数据概念可以细分为两个互相关联的概念。企业若要成功使用这些技术需要解决两个概念问题:一是数据的挑战(亦称 4V);二是促成数据的 4V 的架构改变。

大数据的 4V:

① 量(Volume,即接入的数据量,可能为一个或多个数据集);

② 多样性(Variety,即不同数据类别、各种数据来源和不同数据域);

③ 速度(Velocity,即接入的速度——几秒、几分钟、几小时、几天、几周等);

④ 波动(Variability,即其他特性的意外变化)。

在大数据的 4V 下,出现了已经驱动信息技术系统应用的新型架构设计,来应对这些现实挑战。Lambda 是一种新式架构,分离功能和层级,形成具有多个组件的可扩展架构。这些组件可以自行、依次或并行执行任务(如存储、处理、分析和呈现)。Lambda 的构件由软件提供商决定,可私有、可开源,也可两者兼具。该架构的细节不在本书范围之内,图 9 给出的是更高层次的遵循 Lambda 设计的标准层。这些标准层让热、冷(快、慢)数据的接入成为可能。数据处理可顺序或并行进行。

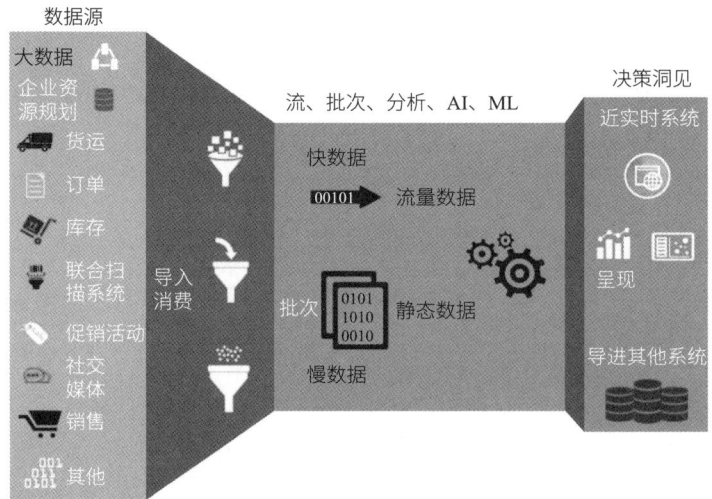

图 9　高级别 Lambda 架构设计

数据可以存储在数据湖中或送至不同的存储和分析平台，如数据库、数据仓库和数据集市。分析层可以依次，可以并行，亦可处理冷、热数据。分析结果能与其他目标（如近实时的决策流程和不同的存储平台）、不同系统共享，或者作为结论呈现。该架构非常适合将热、冷流媒体数据及已存储数据结合使用。分析流程把已存储数据与新接入数据结合，提供近实时结果或结果集，其他系统和流程用于进一步分析。该混合算法可提升对大数据 4V 的应对能力。数据接入可以遵循写时或读时模式，可以利用不同的存储系统和数据类别，也可以利用分布式计算资源，获得结果，并快速促进数据驱动的洞见。Lambda 逻辑构件在图 9 中已经呈现。数据源只是示例，基于需求驱动的供应链需求。

案例分析：利兹教学医院(Leeds Teaching Hospital)

利兹教学医院希望通过大量数据识别发展趋势，提高服务质量。它面临的最大挑战是结构化和非结构化数据量都过大。医疗服务提供商的目标之一是利用数据驱动洞见和商业数据，以尽早查明可能爆发的传染病。此前的分析是基于已经存储或存档的冷数据，已经过时。有大量文本文件需处理，它们来自不同的数据源，如事故和急救（A&E）的就诊记录、零售药销售记录和学校出勤率记录等。这些数据可提供近实时的更全面数据驱动洞见。预期数据量为 50 万份结构化记录和约 100 万份非结构化数据记录。利用不同来源的数据可提供更强的洞见，但需要强大的计算能力。用服务器群（众多服务器电脑）提供并处理此类分析并不可行。计算环境的成本、维护和管理导致购置成本过高。

医疗服务提供商决定探索云端策略。这更为经济（医院只对所消费的内容支付费用），也更具可扩展性和其他优势。微软 Azure 云被选中，因为它能提供一体化和无缝对接的解决方案及所需组件（例如，数据接入、数据湖、处理、商业智能、呈现和协作）。它也是世界上公共云的主要提供商之一。该云环境允许按需处理六年来几百万条记录的数据。整合使用微软的数据平台技术（例如，SQL Server、HDInsight——一种独特的 Hadoop 框架）则可能处理大量的结构化和非结构化数据。整合微软商业智能（BI）工具则可激活自助服务方法，获得数据驱动洞见和循证决策。流程的数字化（例如，数据收集、编码并输入系统）能节省时间，节省文具和打印费用，保守估计每年可节约两万欧元。这套云平台和商业模式衍生出一套微软 Azure HDInsight 集群，可以数小时内处理完六年的数据量，分析完成后关闭。

来源：微软（2014 年 9 月 7 日）。

在供应链的需求驱动预测背景下，混合算法有助于应对供应链的新挑战，该方法可以将以下过程的优点融合在一起：数据处理（热、冷）、数据存储、分析，以近实时或更低速度将结果发送给下游系统做决策（见图 10）。

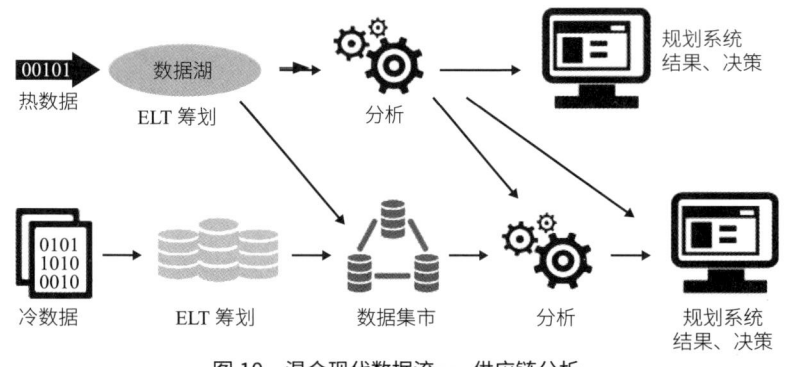

图 10　混合现代数据流——供应链分析

数据存储、数据库、数据集市和分析技术的混合使用称作混合持久化。数据虚拟化也是抽象数据源和数据层的技术。数据仍处在位置上无变动，且数据虚拟化层集成并增加了业务友好访问、元数据和标签。

二、分析

数据是获得结果的基础，分析能为需求驱动供应链提供最高价值。统计学、预测模型和建模的详细内容超出本书范围，而本书目的在于突出云计算特有的增强功能和可能性，以及跨学科融合如何进一步提升价值。需求预测分析要应对以下挑战：一是大数据挑战（需要按不同速度输入和分析的大量数据）。二是多重变量和确定因变量（影响）造成的挑战。三是模式揭示、趋势和联系造成的挑战。需求预测分析有助于察觉消费者行为和喜好的变化，对新产品的预测也有利。预测可以采用类似产品的形态和信息，基于类似属性和可能喜好以同化新产品的需求。四是自动化挑战，以及利用大量预测模型和建模技巧提高预测准确度和价值引起的挑战。鉴于多个维度和各维度的深度（层次的深度，如数万或数十万的产品），这显得更为重要。所有这些计算也必须与时间相关，也就意味着计算要近实时，或至少能快速响应需求预测和需求计划周期和流程。

分析有着明显不同的成熟阶段，而且企业希望达到的终极阶段是能动高级分析。图 11 中所描绘的四个阶段也称作 DDPP 模型，分别指描述（descriptive）、诊断（diagnostic）、预测（predictive）和规范（prescriptive）。DDPP 模型的第一级别，即成熟级是描述型分析。这是一个响应级别，侧重点在过去。在需求驱动供应链中，这类分析的重点是报告过去发生的情况，如图表、报告、商业智能仪表盘（business intelligence dashboard）、提醒和关键业绩指标的警示信息等。就复杂度和商业价值而言，这一级的成熟度和分析收益最低。

第二级别是诊断型分析。这一类型侧重于事情为何发生。数据之间的关联越多，报告变得更为动态、更加互动。示例包括可深度挖掘的交互性商业智能仪表盘，附带细分可能性。这些仪表盘更为复杂，允许更充分的数据探索和可视化。商业价值向右端移动，提供更多数据洞见。

预测型分析是 DDPP 模型第三级。这一类型的分析注重可能发生的事情，利用高级分析提供可能的结果。关于需求驱动预测的应用示例根据需求讯号进行预测。分析时可使用多个变量分析，识别可能的关联、相关性和影响因素，例如，喜好、人口、价格、时间、天气、位置等。机器学习和人工智能可用于找到最适合的统计模型，预测不同产品的全部产品维度的时间序列（见图 5）。机器学习

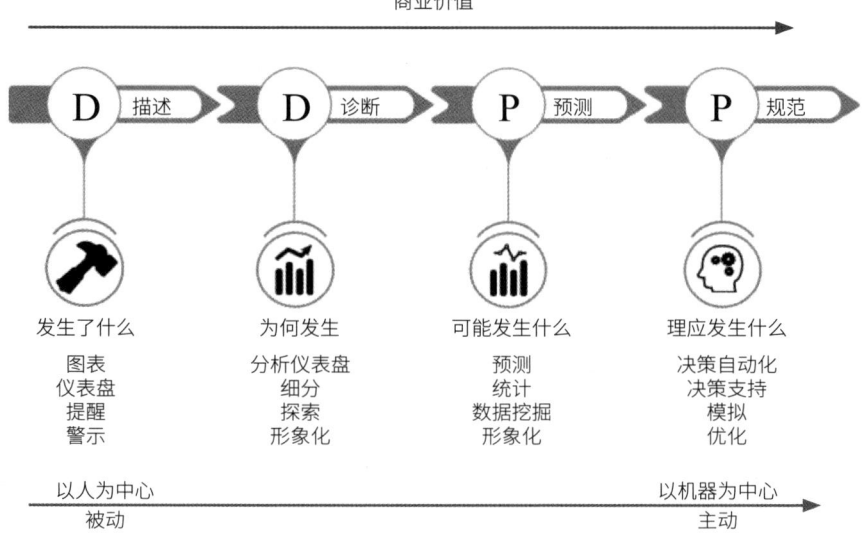

图 11　DDPP 模型——分析的种类和成熟

（接前段）和人工智能协同，识别影响因子，利用自动预测模型做选择，这体现了高级预测的差异化优势。不同产品的需求讯号不同，所有产品先都利用同样的预测模型（如自回归移动平均线［ARIMA］、指数平滑模型），效果不如先分析模式、因变量和时间序列趋势，然后所有产品再应用合适的预测模型。运算平台必须智能，可以执行如分析等功能，并具有足够的运算资源（CPU+RAM），能在支持业务功能的时间窗内完成任务（如需求计划流程周期）。再举一例，使用人工智能和机器学习对需求预测可以体现为从类似产品（亦称替代品）累积数据，以便用于有类似特征或属性的新产品的预测。只有机器可以消化如此海量的数据并找到共性和趋势，用于预测无历史数据的产品。此级别的商业价值进一步向右端移动。

规范型分析是 DDPP 模型的最高级别。这一分析类型的着重点是提供决策支持或自动化决策，也为下游决策和供应链计划系统提供输入功能。具备机器学习和人工智能的高级分析适用于可能结果的模拟和优化执行，并基于数据驱动分析做出最佳决策。随着可用数据范围和深度的高级分析不断成熟，规范分析更加自动化，更能及时决策，能将 DDPP 模型的商业价值最大化。

利用数据商店和数据湖、数据库、数据集市等技术的混合算法，由分析技术 DDPP 模型产生的商业价值进一步提升。而利用云计算的优势（如弹性扩展、自动化、易于管理、存储、处理和节省财务成本等）接入，可及时处理热、冷数据。这种组件与技术的结合可带来复杂的架构设计和更高成本。但是，云计算的优势之一是能利用专门的、具有云意识（如利用云计算范式的基本面）的供应链软件解决方案。另一大优势是在云环境中使用平台即服务（PaaS）模型。这一 PaaS 模型让企业能够在软件组件和软件栈基础上拓展，以解决商业挑战，而不必担心基础元素。这也意味着一个组织只需要启动一个数据湖环境或一个数据仓库，利用数据接入技术，即可处理热、冷数据，并使用高级分析和可视化报告工具，而无需担心此类组件的部署、管理、维护或开发。

软件解决方案栈通过云计算环境，帮助企业应对需求预测挑战的示例在图 12、图 13 和图 14 中呈现。该示例基于微软 Azure 人工智能。Azure 亦称微软云（Microsoft Cloud），在本书撰写时是世界上两大顶级公共云提供商之一。它的人工智能服务层级高，提供高级分析并连接数据和呈现层（见图 12）。它的套件包含了必须组件，用于（决策者或决策系统的）数据接入、储存、分析和呈现。企业可以根据数据（如热、冷、结构化、非结构化等）接入和分析需要做出多种选择。微软人工智能套件的设计已经采纳了此前所述的 Lambda 架构原理。如这三个图表（图 12、图 13、图 14）所示，数据可以出自大的混合数据源，它支持对热（快）和冷（慢）数据存在支持。数据接入由接入类别下的组件处理（见图 13）。微软 Azure 数据工厂是云端数据接入服务，为 ETL/ELT 任务提供自动化和调度功能。数据源可以位于企业现场，亦可位于公共云，也可以来自其他云服务（如软件即服务［SaaS］应用）。后端计算节点可自动扩展支持数据工作负载。微软 Azure 数据工厂（Azure Data Factory）是一个可视化设计工具，用于在数据源和数据存储之间建立数字化数据管道。

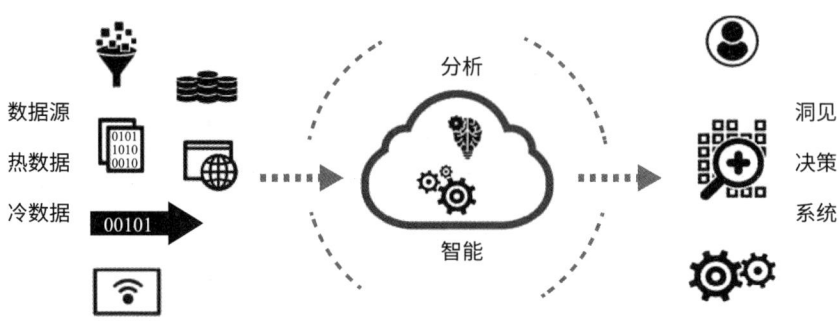

图 12 微软人工智能示例——高级别

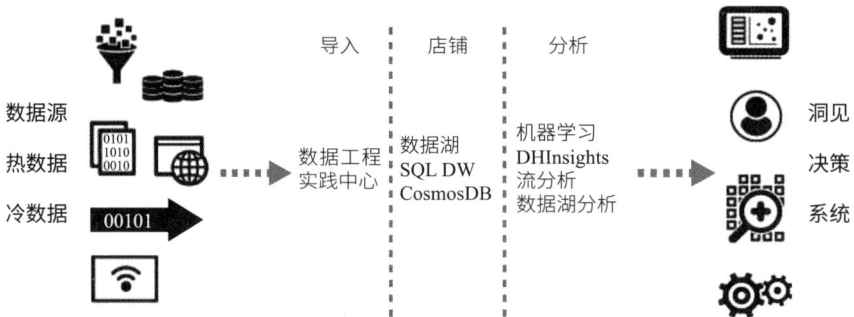

图 13 微软人工智能服务示例

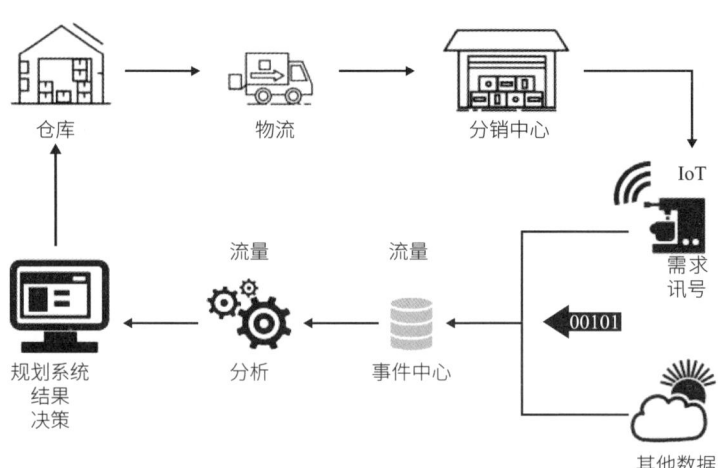

图 14 需求驱动预测和 IoT

微软 Azure 事件中心（Azure Event Hubs）同样是一个云端数据接入服务，侧重于热数据。允许用户以近实时速度流式接入数据并每秒记录数百万个事件。它的重要使用场景是遥测数据（如 IoT 设备）。这是一个云管理服务，即用户无需操心开发、部署、维护等，这些由云提供商负责（此处为微软）。事件中心可与微软其他云服务集成，如流分析（Stream Analytics）。Azure 事件中心服务侧重于近实时分析流式接入云端的热数据，亦可协助快速自动化的决策过程（如异常检测）。

微软 Azure 数据目录（Azure Data Catalog）是云服务的另一个示例，侧重于为不同数据源提供元数据层，让信息及数据消费者和数据科学家更方便地定位和利用数据。数据位置不变，所以数据消费者可利用熟悉的工具获取、分析这些数据。微软 Azure 人工智能服务涉及的数据存储遵循混合持久化原则，而用户可以利用不同的存储类型和技术。这一混合算法让存储和冷、热数据分析变得灵活、敏捷。数据层去耦能在每个任务中使用最合适的数据存储技术，并行存储、处理和分析热、冷数据。微软 Azure 人工智能服务的技术包括数据湖、微软 SQL Server 数据仓库和名为 Cosmos DB 的 NoSQL 数据库。这些技术属于云服务，由微软管理。

分析层（图 13 的最右边）同样是云服务。微软 Azure 人工智能服务包括开源技术（如 Hadoop、Spark）和类似 SQL Server 的微软技术。后端架构根据分析的需求做弹性扩展，微软负责管理这些组件。因为服务都基于云端，所以更便捷、价廉，而现场启动和管理可能花费数周或数月，至少数日，也需要大量前期投入。热、冷数据皆可在该层级分析。微软 Azure 数据湖分析系统和 Azure HDInsight 云服务更侧重冷数据，非常适合研究非结构化或半结构化数据。微软 Azure 流分析（Azure Stream Analytics）则更为注重热数据，在这种情况下，它接受来自云服务（如微软 Azure 事件中心或微软 Azure IoT 中心）的近实时数据。微软 Azure 流分析属于无主机（serverless）服务，因为不需要管理服务器或组件，而公共云提供商（如微软）管理该服务的后端，确保分析所需的规模。使用这种服务，用户只支付处理作业费用，不需要支付基建费用。

把上述云服务技术和能力用于应对需求驱动预测的挑战，用户能更快提高预测准确度，加深商业洞见，也更划算。利用这些技术的企业感知来自下游的需求，在流式传输和分析新的热数据时调整预测，从而改进预测和需求计划。需求感知使用粒数级下游销售数据（销售点数据、销售订单等），以最小延迟获取关于需求模式和需求塑造型项目的洞见，优化短期的需求预测并改善库存，支持一至六周供应计划（Chase，2013，24）。企业也可利用近实时数据（如消费者网上购物车）和冷数据（如消费者历史购物数据）提供个性化购物体验，提高销售业绩。数据、分析和智能的结合能提高需求驱动预测或塑造需求。下面提供两个示例，阐述以上愿景和可能的收益。

示例一：自动售货机——IoT 需求感知

简单看来（见图14），联网的（IoT）饮料设置可使用遥测技术向位于上游的需求计划与预测系统传送近实时需求讯号。其他数据源被视为诱因（如本例中的天气），可同样向需求驱动预测系统回传热数据。滚动预测可以基于新流入数据而升级。预测的时间范围大小取决于组织本身与所销售的产品。例如，易变质产品需要每日甚至每小时预测，而不易变质产品（如本例中的饮料）每周或每月预测即可。提升基于近实时需求讯号的预测有助于避免脱销。提高的预测精准度和及时的洞见能避免高库存（供大于求），降低成本。

示例二：网上购物、需求塑造和个性化推荐

一名消费者正在网上购物。当前的在线活动产生的浏览数据借助网志以近实时速度流化并分析。该消费者是回头客，此前的购买数据以云存储方式获取。高级分析识别当前购物行为并与过往行为对比。分析技

术和智能（如机器学习和人工智能）将该消费者映射到相似消费者群（例如，相似性别、年龄组、爱好、喜好等）和他们购买的物品。搜索过的产品及其他关联产品的当前存货也作为输入数据变量，用于分析。

机器学习模型用于向网购者提供有针对性的推荐（见图15）。该推荐可利用价格敏感性洞见，增加相关产品或互补产品的促销，也能借助关联产品的折扣减少库存积压。该做法为消费者提供个性化购物体验，提高消费者满意度，增加销售潜力，并降低库存成本。亚马逊等网上商城所使用的策略和技术与此类似，以数据驱动方法塑造需求。网上机器人（bots）等新兴技术可以利用机器学习和人工智能，提供模拟人类个性化购物的体验（例如，解答问题、提供建议）。总之，此例着重描述在塑造需求方面，运作一条需求驱动供应链、感知需求和使用数据与分析带来的收益（如诱导消费者按照针对性促销和建议做出购买行为）。

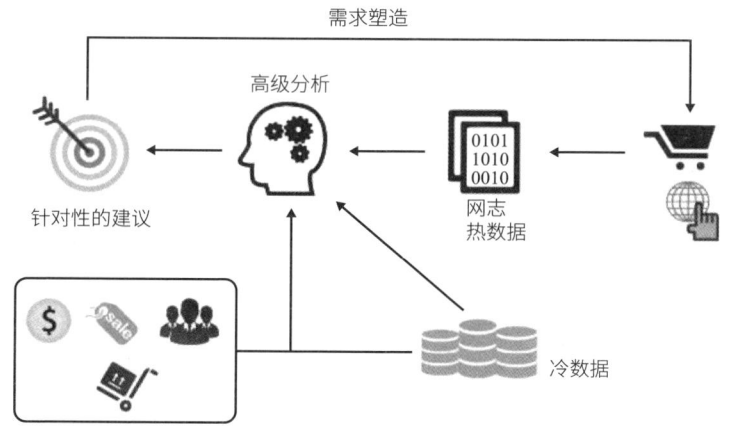

图15　需求塑造——个性化建议

三、协作——使用协作方法的人员与流程

之前提到的诸多强大的技术、能力，是建立、运营一条数字供应链的必需工具。这些技术在与需求规划人员和预测者的协作中得到改善。预测和需求计划的良好实践，也应利用专业知识和经验。使用数据洞见应是机器生成的预测，并不需要人工干预，因为干预有时反而导致预测精度降低。小的调整，特别是经常性的调整，会降低预测的准确率（Fildes 等，2009，3—23）。

最好结合两个方面：一是统计需求驱动的预测，二是需求规划人员与供应链合伙方的协作。统计预测可提供有价值的决策支持，但不应因此将需求计划系统完全自动化。决策系统自动化是不可避免的，但是人这一因素必须仍作为需求计划流程中的独立组成部分存在（Spitz，2017，83）。通过高级分析、信息技术、改进流程来改善供应链管理，并转成需求驱动供应链（DDSC），其优点众多，可能对需求驱动链参与方有利（见图16）。

DDSC 具有向所有供应链参与者提供收益的潜力

	原材料供应商	制造商	零售商	消费者
减少存货	✓	✓	✓	
减少营运资金	✓	✓	✓	
提升预测准确度	✓	✓	✓	
降低运输成本	✓	✓		
优化基础设施建设	✓	✓	✓	
降低订单加急成本	✓	✓	✓	
降低其他运营成本（比如处理和仓储）	✓	✓	✓	
减少人数(比如意向买家和买家)	✓	✓	✓	
降低销售计划和运营计划时间	✓	✓	✓	
降低销售损失	✓	✓	✓	
提升客户销售流通和满意度			✓	✓

✓ = 强收益　　✓ = 部分收益

图16　DDSC 让所有参与者受益——BCG，2012

来源：BCG分析、案例经验、专家访谈。

要借助数字技术优化供应链，需多方面（如数据和分析技术、需求规划人员、金融和市场营销）相结合，目的是提高需求驱动供应链（DDSC）的成熟级别。

DDSC 的优势很多。遵循这一策略的优点如下（仅为部分）：

- 提高商业洞见
- 做好及时洞见（适时信息）
- 增加销售机会
- 提高销售利润
- 降低库存成本
- 提高服务等级
- 提升消费者满意度（如产品可获得性、价格）
- 做好全渠道需求洞见
- 提高供应链敏捷性

不应过度依赖信息和机器学习等新的技术。这些技术有着巨大的优势，机器学习能加速获得商业洞见，但不能一劳永逸（Alexander 等，2016，10）。人工智能和机器学习在一定程度上支持了自动化。它们能提供统计预测，为一个企业的产品组合的主要部分（如高价值、多变需求），提供有价值的决策支持。但需求计划流程不宜完全自动化。之前讲过，决策系统自动化的趋势不可避免，但是人这一因素必须仍作为需求计划流程中的独立组成部分存在。把人类知识、需求计划流程（如策略选择、领域知识和事件信息）和机器学习、人工智能等机器能力三者结合，处理海量数据，用户一定会因此受益（Alexander 等，2016，5—10）。尽管现在对于大量数据的收集、存储和分析已经实现，公司仍必须制定一个数据管理策略（例如，收集、存储、分析和共享数据的方法）。最近对位于欧洲、中东和非洲共1500家公司的一项调研显示，具有 500 太字节数据的中型公司，每年为了存储和管理非必要数据支出大约150万美元（Alexander 等，2016，6）。

Veritas 公司发布的《数据基因指数》（Veritas Data Genomics Index）报告特别指出，在存储数据中有 40% 以上超过三年没有被触及或使用（Veritas，2016，3）。Veritas《全球数据冰山报告》（Global Databerg Report）发现所存储数据中平均 52% 属于"暗"数据。Veritas 对数据进行二分法定义：要么是"冗余、过时或琐碎"（ROT）的数据，要么是有价值的"纯净商业数据"（Veritas 2016, 3—5）（见图 17）。数据越来越多，需要遵循科学的数据管理策略识别出有用的数据，再将这些数据用于分析流程，加速向需求驱动的供应链转型。数据价值（对企业的价值，尤其对需求驱动预测的价值）应进行测试，确保有价值的数据被接入、分析。这样的测试应多次重复，确保最大程度实现数据智能。

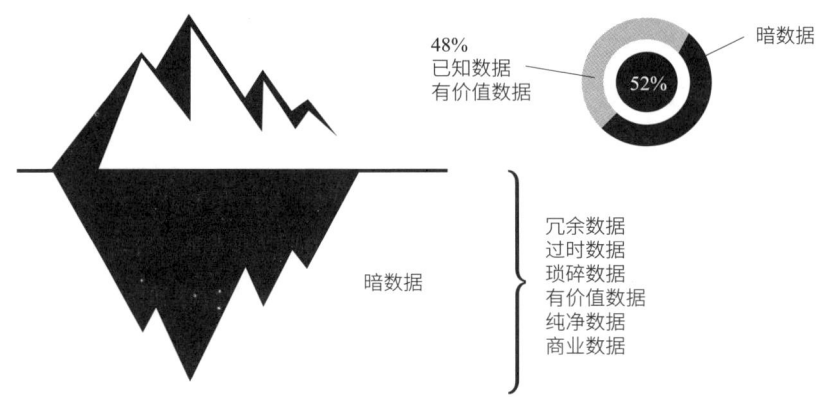

图 17　数据冰山和暗数据

来源：Veritas数据（2016）。

当企业沿着分析、大数据和数字化供应链的成熟模型转型，它们的需求和能力会随之改变，因此要有一个流程对数据、分析和运营再评估。需求规划人员具备专业知识，可以察觉数字化的数据网之外的事件。例如，买方已通知供应商次月将出现大量订单（如波动需求），而该信息并没有被正式捕获。在这个例子中，纯粹由机器驱动的需求预测过程很可能低估了实际的需求。看另一个例子，需求规划人员知晓一个已经在计划中的促销活动必定影响需求。若没有这些事件数据，预测可能有偏差，因此数据与需求驱动预测有必要结合人的需求计划一起输入（通过合作方式寻求机器和人类输入的一致性）后形成最终的需求计划。

一份针对预测者的调查特别指出，有55%的调查对象将判断和统计预测相结合，或者使用了判断预先调整过的统计预测（Kolassa、Siemsen，2016；Fildes、Petropoulos，2015）。借助特定领域的知识，人为判断广泛应用于预测过程中（Lawrence、O'Connor、Edmundson，2000，151—160）。专业知识和所有功能的紧密结合才能最大限度地发挥需求感知和需求塑造的作用（Chase，2013，24）。使用2×2的预测矩阵可以识别所需的预测类型（如数据驱动预测或人为驱动预测），这基于需求的波动和需求量（Croxton等，2002，51—55）。需求量（低或高）在X轴映射，而需求波动（低或高）则在Y轴上映射。低波动和低需求量（无论高低）都可以使用数据驱动的预测。高的波动和低需求量可以使用订货型生产预测，而高波动和高需求量可以使用人为驱动预测（Croxton等，2002，51—66）。低波动和低、高需求量可使用统计预测，高波动和低需求量可使用供应商管理存货和需求可视化，而高波动和高需求量可使用具备协作计划和预测补货的销售和运营计划（S&OP）（Mendes，2011，42—45）。预测增值（FVA）指标能有效显示人类的判断、验证统计预测是否带来增值效果。FVA指标用于评估预测过程的每一步骤和参与者们的表现（正或负）。在该评估过程中，预测性能指标被用作基准。基准处的偏差按预测增值计算。若FVA为正，改变统计预测有收益。若FVA为负，那么表示统计预测没有价值，且应让评估过程自行进行。因此，FVA分析可以评估统计预测的流程和改写是否提高或降低了准确度（Gilliland，2013，14—18）。最常见的预测性能的指标之一是平均绝对百分比误差（MAPE）。MAPE值越低，预测的准确度越高。评估MAPE和FVA将强调需求计划的过程或参与者改进了MAPE，为修正统计预测带来增值。这些概念在下列示例中有具体阐述。

预测增值（GILLILAND，2015）

预测性能评估过程的第一步骤是使用天真预测法（naive forecasts）。天真预测指易于计算、所需投入最小且容易理解的预测方法。在此示例中使用了两个最常见的天真模型。第一个是随机游走模型。该模型使用时，把最后的实际值当作预测值。如果上周的实际销售商品量为75，则预测下一周也是75（见图18）。此例的第二个模型是季节性随机游走。该模型使用的实际值取自上一年的同一时间段。如果上一年1~3月的实际销售商品量分别为90、60和42，则下一年1~3月的预测数据分别是90、60和42（见图19）。

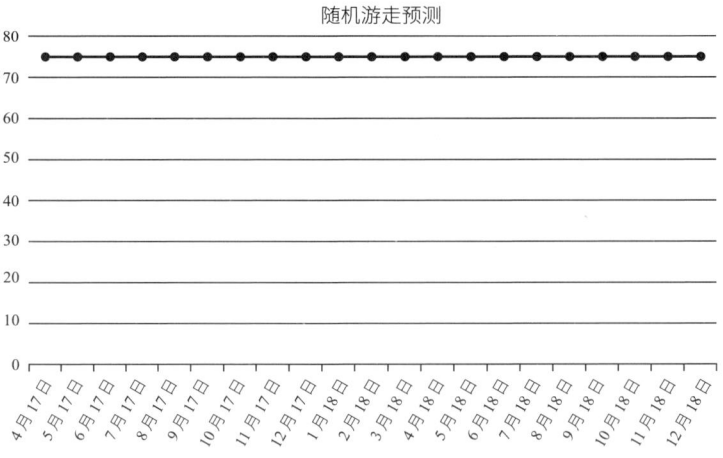

图18　随机游走预测示例

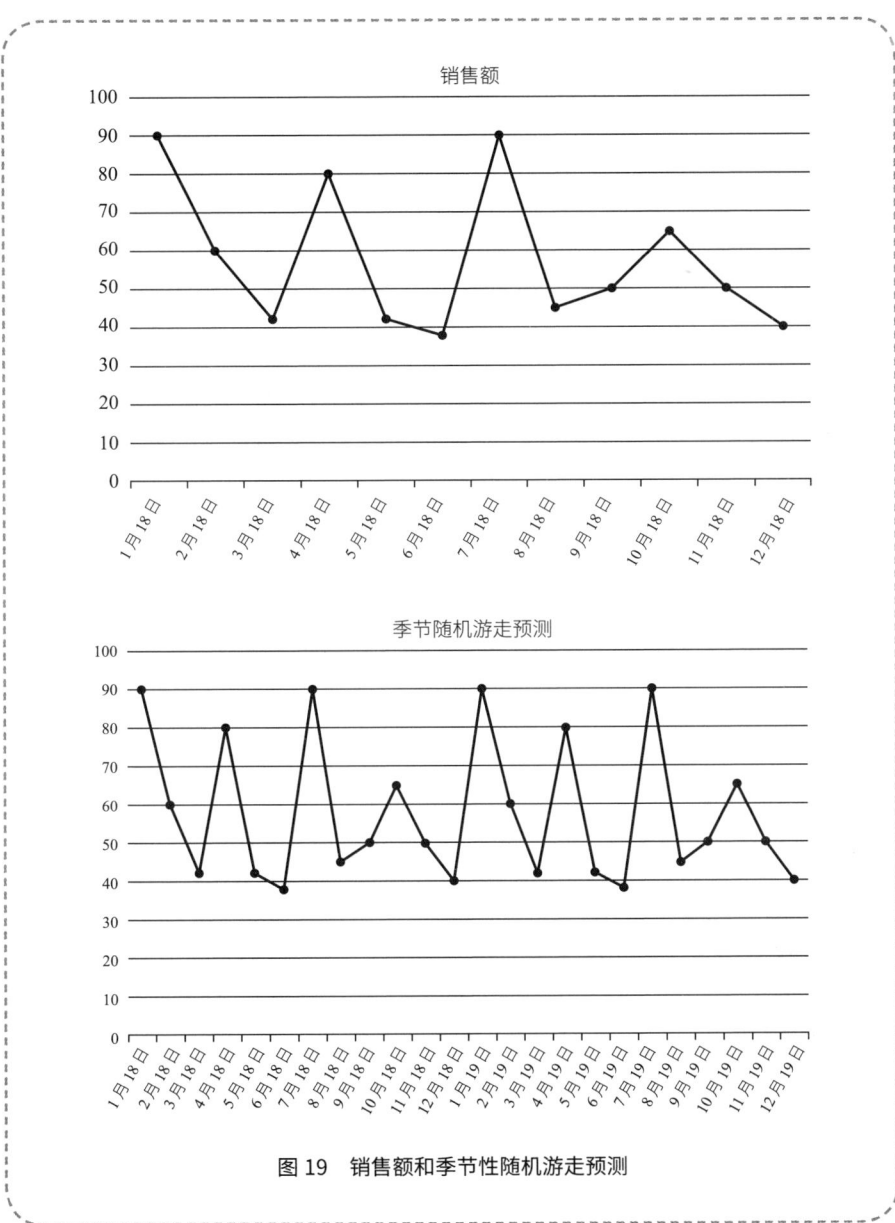

图 19　销售额和季节性随机游走预测

此例还能看出，MAPE 和 FVA 指标互为对照，评估预测和任何修正的表现。最低的 MAPE 和最高的正 FVA 能创造最高的商业价值。企业应使用一套预测性能指标组合，而非单一指标，衡量预测和过程。使用 FVA，企业可以评估对统计预测法的修正是否有增值。

企业必须明确各个优化的意义，以及重写和人工干预是否合理。审查周期、专家预测耗时耗钱，所以一定要平衡好各个过程、修正和预测数据，才能以相对自动化的方式得到最优预测或需求计划。此类分析必须同样注意时间的紧迫性，因为消费者的要求越来越高，正以前所未有的方式向供应链施压。

供应链优化的部分软件解决方案包含预测、库存优化、协作需求计划和 FVA 功能化。这类集成方法的一个示例是 SAS 需求驱动计划和优化（DDPO）软件解决方案套件（见图 20）。需求信号库（DSR）收集需求信号和其他相关数据，并集成到特定功能的数据集市中。在此例中，DSR 是一组 SAS 专有格式（SAS 数据集）和关系数据库（PostgreSQL）。数据融入工作台（workbench）定制数据模型。各公司 workbench 的结果顺畅共享，从而创建多个情景。例如，以协同式

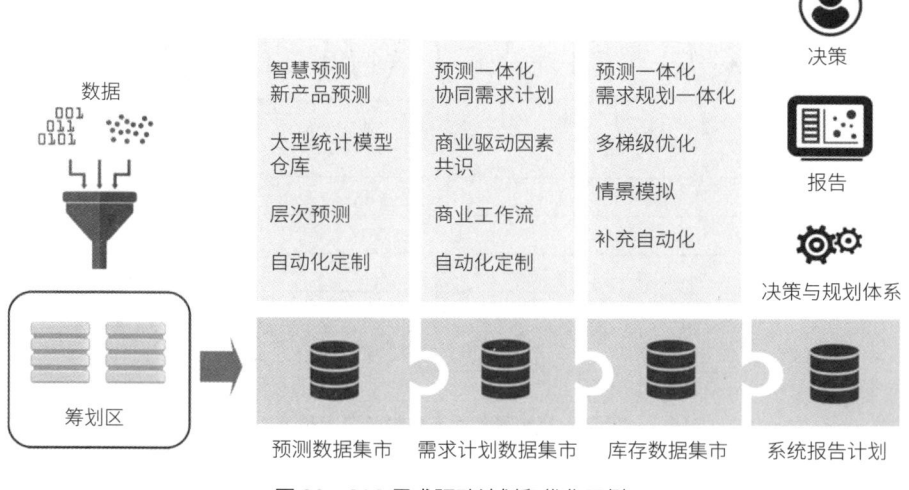

图 20　SAS 需求驱动计划和优化示例

（接前段）需求计划进行需求驱动预测，以库存补充和优化进行预测，或者三者（预测、协同式需求计划和库存优化）的结合。

要从需求驱动预测策略获取最大收益，应发掘计算资源中的高级技术。云计算能提供大规模计算能力并可灵活地扩大或缩小规模（通过增加或拆除并行处理数据的计算机服务器提升或降低计算能力）。云端具有无限计算能力、更高的敏捷性、按需自动化和即付即用（PAYG）金融模型，这能有力吸引用户利用这类技术完成需求驱动预测。这些能力和技术在后续章节中有进一步的阐述。用户也应利用多种计算能力将热、冷（快、慢）数据接入。

技术进步、成本降低和使用便利度的提升让人工智能与机器学习得以广泛应用。所有这些都因云平台得以实现。单靠一个功能很难应对需求驱动供应链的挑战，但结合全部功能却能创造指数级价值。最后，这些技术和平台必须接受用户的策略管理。

用户应具备清晰的数据管理策略，明确捕获、存储、分析和共享的内容。数据必须具备价值，应避免暗数据。数据管理和安全性同样重要。组织必须知道捕获、存储、共享和可存取的具体内容。对于类似欧盟《通用数据保护条例》（GDPR）的新条例，所有用户都必须遵守，否则会面临巨额罚款。GDPR 于 2018年 5 月生效，违例组织要么被罚最高 4% 的全球营业额，要么被罚两千万欧元，两者取其重。GDPR 不区分本地部署或云环境，因此清晰的构架、掌控、管理和过程是必需的。用户应在统计推导的需求预测和协作需求计划之间取得平衡。

像 FVA 这种性能指标则应用于识别修正预测，或变更需求驱动预测流程，获得商业收益。这种审查应反复进行，促使企业适应变化。成功的企业会把追求上进作为持续的目标而非一时兴起（BS Reporter，2013，9）。云计算、数据、高级分析、商业智能、人和运营完全结合可为企业带来最大价值。在适时获得的商业洞见可促成明智的、数据驱动的决策，或者将决策自动化。云端需求驱动供应链（CBDDSC）的相关和收益可见图 21。云概念和优势详见后面章节。云计算和需求驱动供应链的结合价值亦会在之后详述。

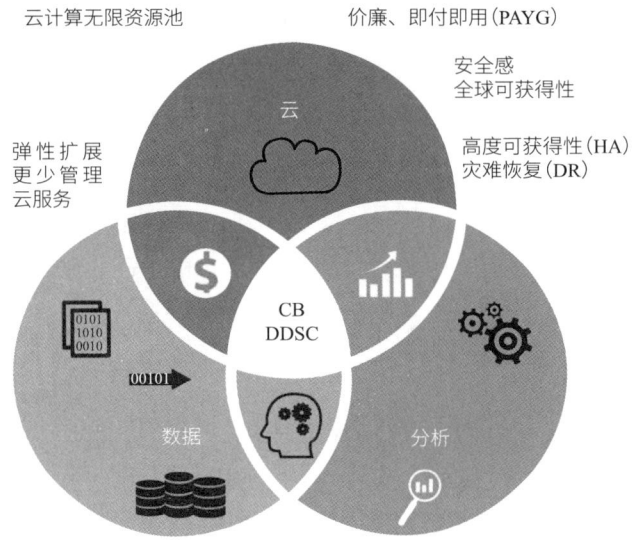

图 21　云 + 数据 + 高级分析技术的结合

在云端需求驱动供应链背景下，企业可以获得下列收益：

云

- 理论上可以使用一个无限的计算资源池。
- 弹性扩展，即根据需求使用或多或少的计算资源。
- 减少管理成本，如平台即服务（PaaS）和软件即服务（SaaS）。
- 成本效益更高，因为用户可从云提供商的规模经济中获益。
- 即付即用（PAYG）金融模型，指用户只为使用内容付费。
- 云数据中心保证安全，而云服务全球可及。
- 云经济使企业高度可获得并具有灾难恢复选项。

第一章 供应链需求驱动预测
Demand-Driven Forecasting in the Supply Chain

数据
- 接入快、慢数据，近实时或按批次分析热、冷数据。
- 大数据、数据湖和运营数据库。
- 数据服务根据用户需求扩展。

分析
- 利用机器学习和人工智能进行高级分析。
- 分析热数据、大数据、冷数据，或分析三者的结合。
- 使用分析并向下游消费者提供个性化推荐。
- 利用"数据＋AI＋ML"创造数据驱动和需求驱动洞见。

供应链数字化转型并创造需求驱动供应链优势众多，详见图22。

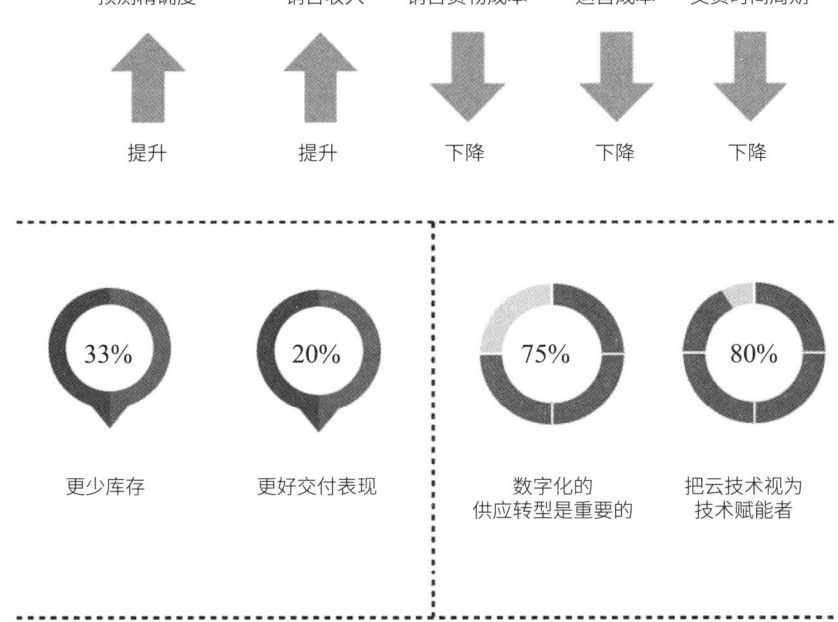

图22 需求驱动供应链收益

来源：（顶栏）Mendes（2011, 64—65）；（左下栏）Budd Knizek, Tevelson（2012）；（右下栏）Dougados, Felgendreher（2016）。

第二章

云计算概述

Introduction to Cloud Computing

第二章 云计算概述
Introduction to Cloud Computing

云（云计算）这一术语用于描述信息技术的使用和外包。在该使用模式中，用户不再建立和使用自己的数据中心，转而使用公共云提供商的服务。有些用户建立并消费私有云，本地部署私有云的信息技术资源只能由该用户获取。云代表着近期计算发展史的最重要的变革方向。赶上这一轮技术进步的公司比拒绝云科技的公司具备更多竞争优势。拉姆那·切拉帕（Ramnath Chellapa）教授是提出"云计算"的第一人，对其做出如下描述：

> 云计算是一个动态的计算范式，计算的边界以技术、经济、组织和安全的需求为基础制定。（Chellapa, 1997）

维维克·昆德拉（Vivek Kundra）是前任美国联邦首席信息官。为了革新美国政府的IT使用方法，他协助创建美国联邦政府的"云优先战略"。他对云计算的描述是这样的：

> 曾经，每个家庭、城镇或村庄都要自掘水井。如今，共享的公用设施允许拧开水龙头即可获得清洁水。云计算就像这公用设施。不过用户获取的不是自来水，而是从共享资源池中获取计算能力。正如厨房的水龙头，云计算服务可以按需开关。只要没拧开，水就由他人使用，而你无需为未使用的资源付费。云计算是提供计算资源的新模型，包括网络、服务器、存储和软件应用程序。（Kundra, 2010）

本章将详细讲解云计算基础相关的关键技术。本章将专门讲解采用云计算的主要原因，介绍云的类型和云服务的模型；还将描述云计算为各个行业带来的机遇，并专门介绍该技术的顶级提供商。部分云计算进程的关键里程碑事件和技术在图 23 和图 24 中按照时间线描述。这些事件被视为迈向云计算的台阶（Daconta，2013）。

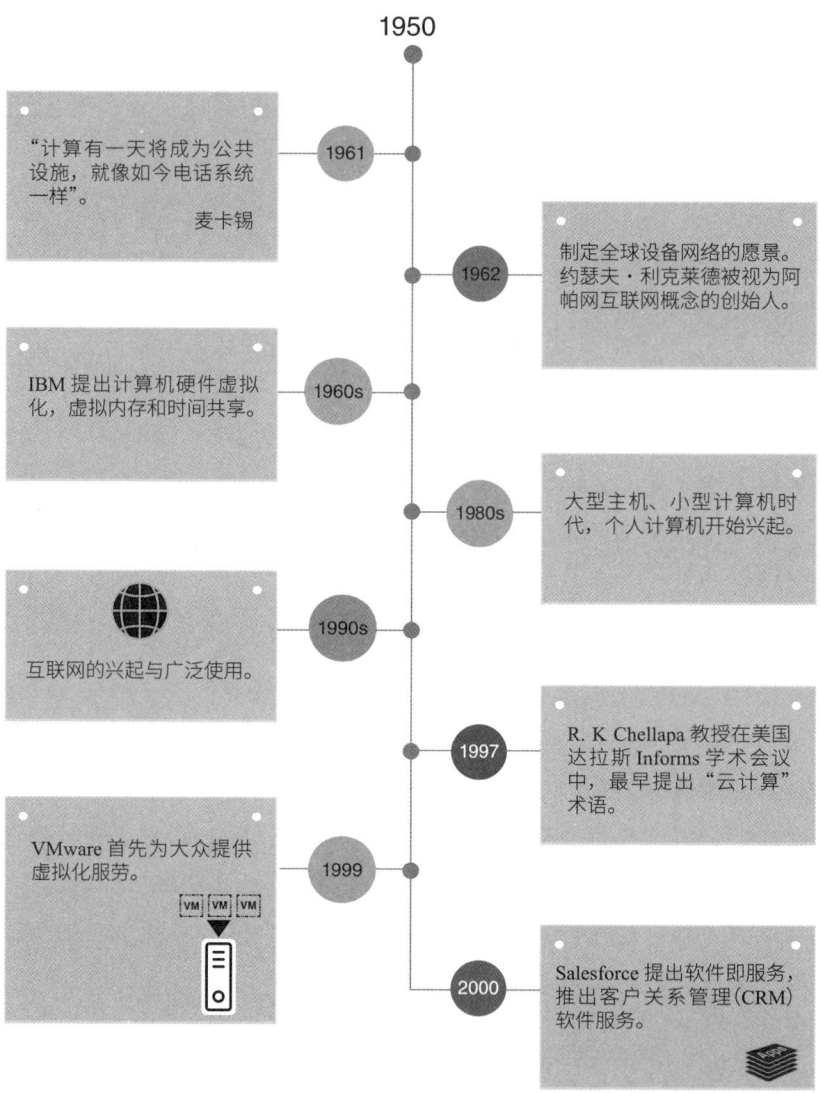

图 23　云计算时间线——第一部分

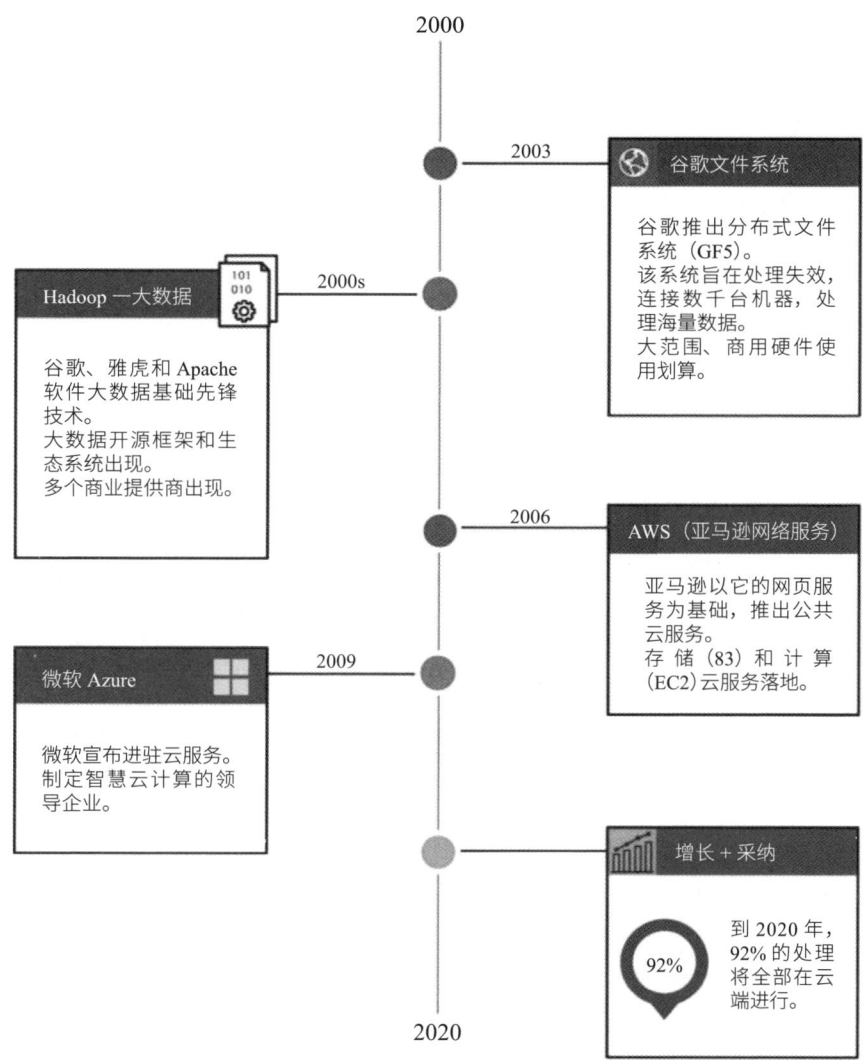

图 24　云计算时间线——第二部分

来源：思科全球云指数（2016）。

众多事件和技术促成了云计算的发展，其中有几个非常关键，推动和开创了云模型和云服务。云服务示例以及顶级公共服务商的产品将在第四章进行专门讲解。虽然技术细节超出本书范围，但本章会简要概述云计算的两大关键技术领域，亦称两大加速器：

1. 虚拟化
2. 大数据

一、虚拟化

虚拟化的种类不尽相同，有服务器虚拟化、桌面虚拟化和应用程序虚拟化。本章只关注服务器虚拟化。虽然虚拟化的先驱是 20 世纪 60 年代的 IBM，但是威睿（VMware）真正让它成为了主流技术（见图 23）。其他诸如微软和 Xen（开源软件）等软件提供商意识到市场新趋势，知道全球各地用户都广泛采用虚拟化，于是提供了虚拟化软件。虚拟化被视为云技术的"预览版"。服务器虚拟化是把服务器的物理硬件抽象化，并在物理服务器上创建了虚拟机。这些虚拟机（VM）只获取抽象化硬件，对相同物理电脑（通常称作"主机"）上运行的其他虚拟机则毫无察觉。虚拟机监视器的软件层进行硬件抽象化。抽象化的硬件包括 CPU、RAM、存储和网络。虚拟化硬件在名前添加"v"与一般硬件区分，例如 vCPU、vRAM、vHDD（硬盘驱动器）和 vNet（联网）。虚拟机监视器管理该虚拟化硬件的存取通道，平衡多个可能处于相同物理服务器的虚拟机的工作量（也称"被托管"）。

每台虚拟机配有一个操作系统（OS）并在虚拟机内使用应用程序，就如同是一套常规的操作系统和电脑。硬件以虚拟方式向虚拟机操作系统和应用程序呈现，并向虚拟化硬件发出指令，如同本机物理硬件。这些抽象特性使得虚拟机内的操作系统和应用程序具有广泛的兼容性。虚拟机内的操作系统称作客户操作系统（guest OS）。物理机器称作主机，而主机操作系统称作 host OS。根据提供商的不同，该主机操作系统占空间可以较小（如只有虚拟机监视器），也可以较大（包含附加操作系统软件）。虚拟化硬件（例如，CPU 数量和 RAM 容量）的大小受到限制，尺寸跟主机有关，也受虚拟化提供商的虚拟机监视器的支持程度影响。虚拟机内某个应用程序或操作系统失常，主机的其他虚拟机不受影响，因为各自独立。虚拟机将其中的客户操作系统和应用程序（app）封装，使虚拟机更容易在主机间转移，从而达到性能平衡、主机维护或用于异地储存的灾难恢复。（见图 25）。

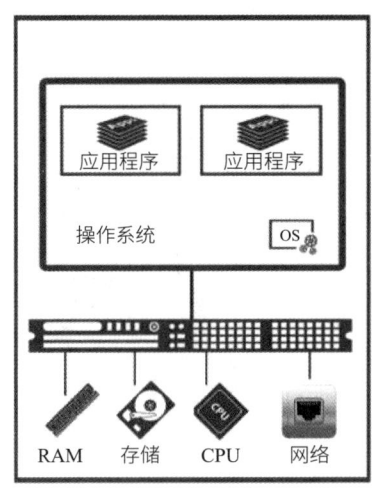 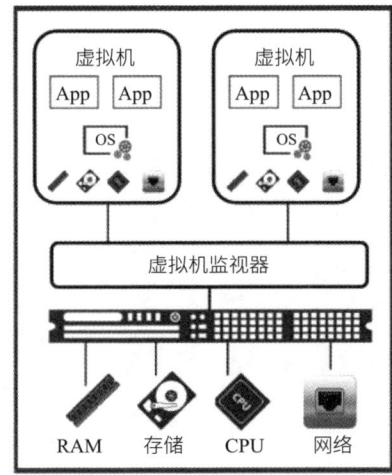

图 25　传统服务器和服务器虚拟化

虚拟化有五大优势。首先，在物理服务器上托管多个虚拟机能节省成本。把服务器虚拟化，可用更少的物理服务器托管众多虚拟服务器。虚拟机与物理主机数量的比例称作盘整比率。例如，如果一个物理主机上有 40 个虚拟机，则盘整比率为 40∶1。此例所节省的成本巨大，因为只需一家企业购买一个物理服务器。的确，虚拟化软件会提高成本，但是总体购置成本却普遍下降，因为需要的物理硬件更少，于是所需的数据中心也更小。

数据中心空间大，运营非常昂贵（电费、制冷、物业、人力等），因此数据中心虚拟化可大幅削减成本（见图 26）。高盘整率也称作高密度，意味着大量虚拟机挤在一个主机上。数据中心虚拟化可大幅削减信息技术成本。服务器采购和部署的过程也在转型，因为这些过程都可以虚拟化。虚拟机的部署可以在几分钟内完成，而硬件的采购周期和部署过程通常需要数周时间。虚拟机的部署资本和运营成本比物理服务器的成本要低很多。由于 21 世纪初的企业很难"少花钱多办事",也很难借助信息技术变得更加高效、经济,因此虚拟化是很好的解决方案。虚拟化基础设施(如虚拟机、存储和网络)引领了自动化提升和软件定义数据中心(SDDC)的崛起。SSDC 进一步升级成了私有和公共云,本章后续会详细讲解。

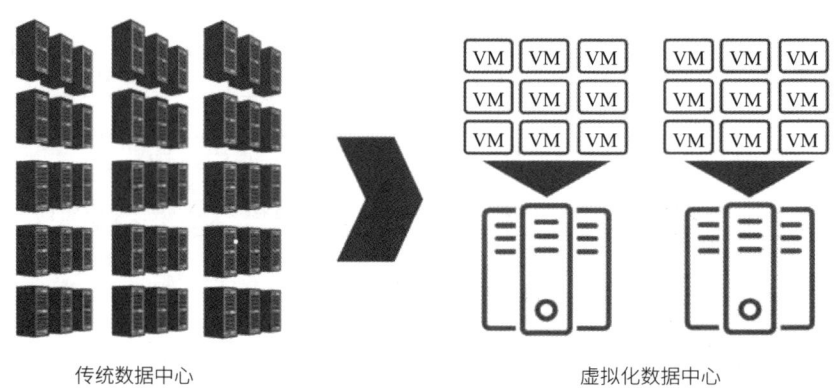

传统数据中心　　　　　　　　　　　虚拟化数据中心

图 26　数据中心虚拟化——转型

提高服务器密度的下一波技术浪潮来自容器技术(container technology)。虚拟机监视器软件层提供硬件抽象化,但是该性能低于本地化的(如真实物理服务器)性能。这一经常性开支未来会显著下降,但开支依然存在。每个虚拟机的客户操作系统可以做到自给自足,但还会增加经常性开支和额外的计算资源(CPU+RAM)、存储需求。容器技术(如来自 Docker 等提供商)提供封装应用程序,不需要客户操作系统或虚拟机目标,这些应用程序已经容器化(虚拟化沙盒)并使同样的主机操作系统(参见图 27 的图表区分)。主机操作系统只能有一个,而应用程序必须由该主机操作系统支持。容器可以部署在物理服务器内、虚拟机内或云端,进一步提升了物理主机的密度,提高敏捷性。由于应用程序位于虚拟化容器(如虚拟化沙盒)中,如果某个应用程序失效,其他容器不受影响。

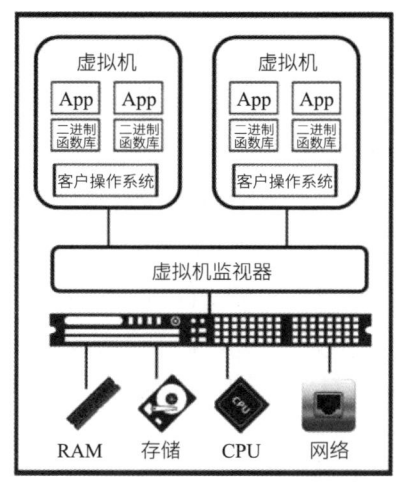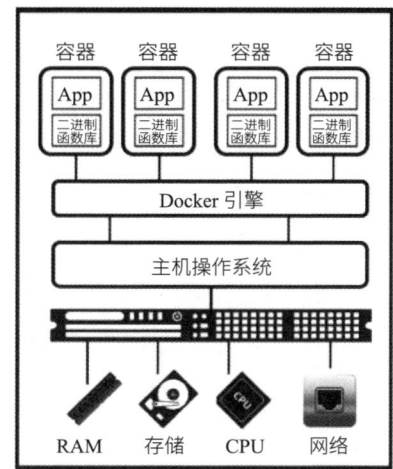

图 27　虚拟机对比容器

第二个优势是隔离。同一个物理服务器上托管的虚拟机互不影响。虚拟机仍是互联互通、按群组运行的（如网格支持应用程序，工作平衡应用程序、共享数据等），但一台虚拟机或虚拟机的定义组不会影响其他虚拟机。

第三个优势是快照或快速创建和部署。可以在事件（如测试软件批次或升级软件）前及时快照，如果成功再确认是否修改或在事件前还原为快照。信息技术开发和部署工具，如 CHEF，让虚拟机创建和部署的自动化更快、更简单。测试过程和工作流因借助虚拟机变得更为高效。开发者可以创造并部署虚拟机，进行测试，再卸载虚拟机，从而让整个流程更加经济。使用 CHEF 工具的配置步骤可以按"菜谱"捕获，从而使标准和再利用升级。

虚拟化的第四大优势是迁移。已经可以把正在运转的虚拟机迁移到另一个物理主机上。这一做法称为热迁移。当虚拟机未运行（未启动）则执行的是冷迁移，由于虚拟机封装而成为可能。这两种迁移把纯粹物理服务器极难完成的任务变成了可能。虚拟机为了性能或维护（如维护主机）而迁移到其他主机。虚拟机也可迁移到其他数据中心，这都因虚拟化而成为可能。2014年，脸书（Facebook）将虚拟机从一个数据中心迁移到另一个数据中心，未影响"照片墙"（Instagram）的两亿用户（Metz，2014，June）。这一工程庞大，牵扯多个服务和超过200亿张照片的迁移，而正是虚拟化等技术助其完成。

第五个优势是更强大的高可用性（HA）和灾难恢复（DR）。虚拟化使并行部署虚拟机更简易，确保了服务可获得性，也能更快速部署必要的虚拟机。虚拟机可以迁移或存储在另一个现场以获得更好的灾难恢复选择和更低的成本。

云计算比虚拟化范围更广，但它是虚拟化升级的结果。本章后面将介绍顶级云提供商——威睿和亚马逊网络服务（AWS）形成联合伙伴关系创建了混合云模型，即结合本地部署的私有云和虚拟机并将其迁移或集成到公共云环境。微软可提供这一混合方法，因为虚拟化技术和云服务都由同一个提供商拥有和运营，让集成或迁移无缝连接。

二、大数据

数据生成和数据消费的增加给企业带来了挑战和机遇。数据提升如此巨大，导致了三大挑战。一是大规模接入热、冷数据；二是数据的分析和计算；三是数据的存储。谷歌引领并尝试解决其中的两大问题——计算和存储。大型服务器（以大量CPU和RAM垂直扩展）和网络存储是解决挑战的传统手段，但非常昂贵且无法跟上数据成长的速度。谷歌及后续的Hadoop框架借助模型的可扩展架构去解决这些问题，而这些架构利用了相对廉价的通用服务器。在模型架构中，计算节点数量从数十到数以万计不等。这一架构增加了对管理自动化和舒适度的需求。企业可以部署并管理此类环境，或者也可以从云服务获取更简便、更经济的选择。云计算的财务模式允许用户只在必要时才有偿使用资源（如计算和存储）。正如利兹教学医院案例（参见第一章），用户可以利用云计算能力捕获、存储和分析大量数据而无需担心创建环境或管理解决方案的复杂性（见图28）。

图 28　在数据中存放的数据，2016—2021，思科（Cisco）GCI

来源：思科全球云指数（2016—2021，22）。

西塞尔（Cecere）强调（Cecere，2013），需求规划、订单管理和价格管理是可能从大数据中受益的三大领域（分值为：1=没有受益，7=极大受益）（见图29）。

欧盟委员会（EC）的报告预计，欧盟百强制造商通过大数据获得的洞见一共可节省4250亿欧元的开支。该报告还预计，到2020年大数据分析将让欧盟的经济额外增长1.9%，即2060亿欧元的国民生产总值（GDP）（European Commission，2016c，4）。云提供商正在支持开源软件框架用于大数据的商业可扩展软件（如功能软件、支持软件）的解决方案。这样的广泛产品利用了快速发展的技术，用户获得了更多选择，采用云技术更加经济。Hadoop框架的详细说明本书不予细究，但本章将介绍它的高级生态系统。第四章将介绍世界两大公共云提供商（AWS和微软）的高级云产品。技术生态系统的部署、编排（corchestration）、管理和使用让用户倍感压力，这会阻碍他们采用大数据策略。

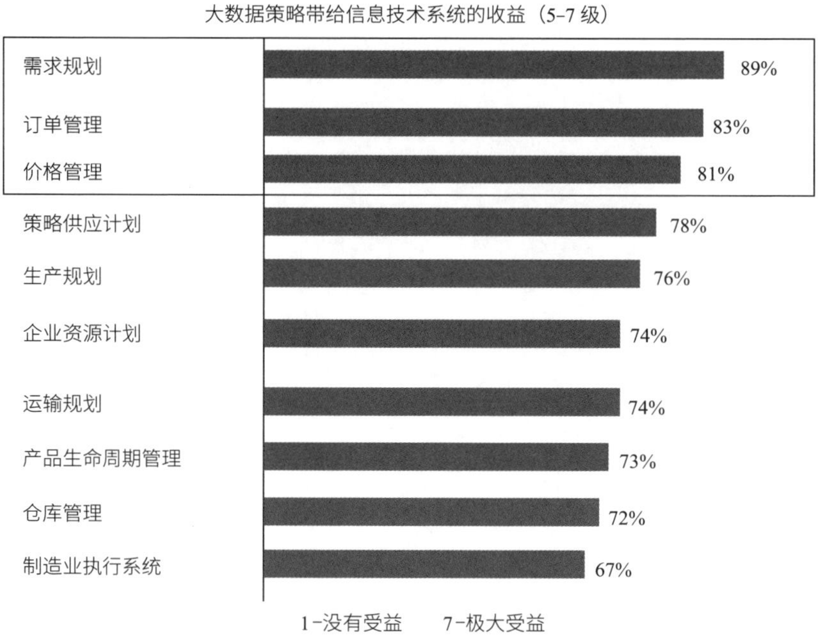

大数据策略带给信息技术系统的收益（5-7级）

类别	百分比
需求规划	89%
订单管理	83%
价格管理	81%
策略供应计划	78%
生产规划	76%
企业资源计划	74%
运输规划	74%
产品生命周期管理	73%
仓库管理	72%
制造业执行系统	67%

1-没有受益　　7-极大受益

图 29　大数据带给信息技术系统的收益

来源：Supply Chain Insights LLC（2013）。

（接前段）云服务提供商可极大地减少部署该生态系统的时间、精力和复杂性。用户大可放心使用开源或兼容软件，采用多个选择，还可以"移植"（例如，代码和程序可以跨不同环境重复使用）。云端大数据也能降低成本。例如，用户可选择在该环境中根据使用时间付费（即付即用收费模式）。与纯物理环境相比，虚拟化可合理地降低精力投入、时间和成本，但因自动化、可扩展性、专业技术和规模经济使得云端大数据策略十分可行。图 30 阐述了大数据部分大型开源生态系统。

1. 软件工具和组件

Apache Ambari

Ambari 已经成为大数据生态系统的标准工具，可以安装不同的组件并进行相关的管理。

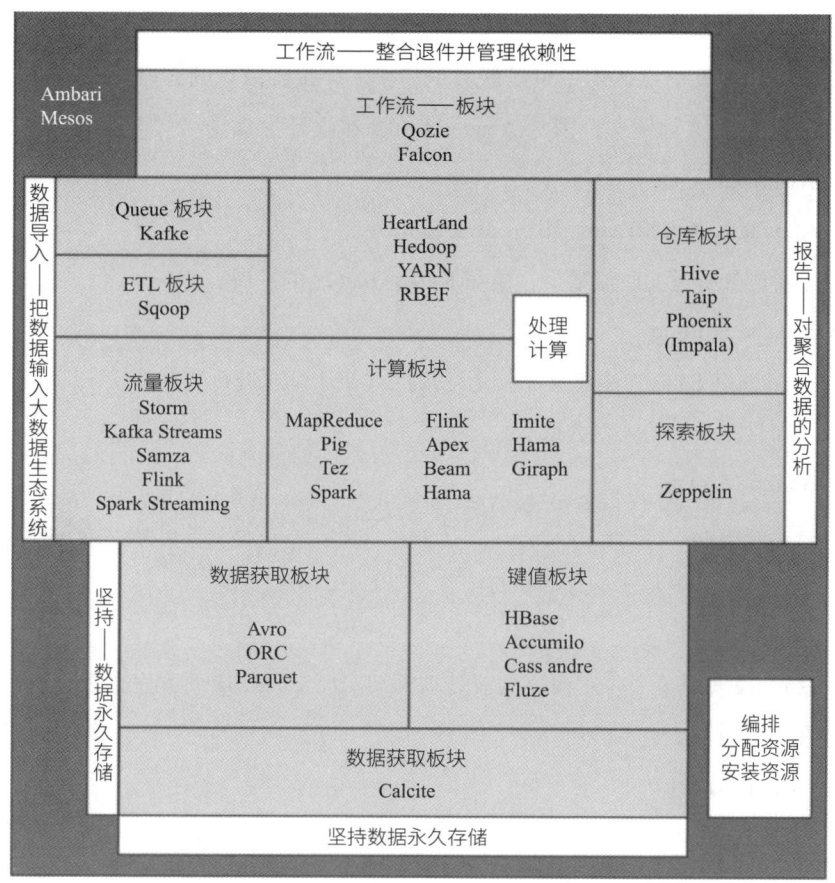

图 30 大数据——开源生态系统

来源：Fischer and Vinkler（2017），66—70。

Apache Mesos

Mesos 工具用于处理集群。用户将可扩展性极高的集群视作一个系统。Mesos 无需担心向 Hadoop 集群添加服务器节点，而是允许对骨干网络（backbone）进行抽象化，管理员只需考虑是否向环境增加计算能力。Mesos 也用于云编排工作。

Apache Kafka

该组件处理消息队列中可扩展数据的接入。接收信息的客户机必须可以处理同一消息的重复发送,因为 Apache Kafka 在设计上保证了"至少发送一次"(deliver-at-least-once)。

Apache Kafka Streams 和 Apache Samza

二者能分析近实时流数据,是对 Kafka Queues 的扩展。

Apache Squoop

Squoop 是 ETL 的首选组件,允许按批次处理模式进行数据的接入,适用于接入不同目标系统的大型数据。

Apache Storm

该组件为流处理专门打造,可以快速地计算流入数据。它会调动大量内存进行处理,所以系统必须具有足够的计算(CPU+RAM)资源。

Apache Flink

Flink 提供了一个应用程序的流处理框架,而支持的应用程序要求具有高可用性和高性能。

Apache Spark

Spark 组件为大规模数据处理提供一个快速、通用的引擎。Spark 允许结构化查询语言(SQL)结合流分析与复杂分析。Spark 可调用多个函数库,这些函数库注重于 SQL、串流、机器学习和图形算法。

Apache Oozie

该组件是 Hadoop 生态系统的构件,支持工作流调度,尤其是 Hadoop 作业。

Apache Falcon

Falcon 用于处理数据集和管理 Hadoop 集群。

Apache Hadoop

借助分布式机器集群,该框架可处理大型数据集。Hadoop 集群可能只有一个机器节点,也可能有上千个,而每个集群的计算机节点可提供本地存储,方便了近数据端计算和大规模并行处理。它的另一个优势是数据的高可用性，同时将冗余的数据副本复制到不同节点。通用硬件可降低这些大型网络的成本，但也会发生硬件故障。Hadoop 架构在设计时考虑到了上述故障，通过集群管理和跨集群的多个节点的自动化数据复制解决该问题。

Apache Avro

该组件是一个数据序列化系统。利用伴随数据模式，数据被序列化（转换成一种存储格式）处理。

Apache YARN

YARN 是另一种资源协调者（yet another resource negotiator，YARN）的英文首字母组合，是集群内工作调度和资源管理的框架。

Apache MapReduce

该组件提供对服务器 Hadoop 集群间大数据集的并行处理能力。

Apache Cassandra

Cassandra 是个多主机数据库，可扩展且没有单点故障。

Apache HBase

该组件提供了极强的图表处理能力，可以存储几十亿行和数百万列，这些都可以在使用通用硬件的计算机集群完成。HBase 表格是非关系数据库，随机读、写方面性能极高。

Apache Hive

Hive 是 Apache 项目，旨在通过 SQL 等友好语言在 Hadoop 生态系统中读、写数据。很多数据工具提供 SQL 特性，而众多数据科学家和信息技术人员都对 SQL 熟悉。这使得数据访问的抽象化更容易，也使得数据的使用更便捷。

Apache Pig

Pig 是一种独特语言，致力于让编写和执行数据分析程序更加自然。在 Hadoop 框架的早期版本中，每个处理工作都要求具备 Java 编程知识且定制代码。Pig 旨在让数据分析作业的创建更简单、快速。Pig 程序允许并行处理，因而是处理大数据集的理想选择。

Apache Tez

Tez 是计算能力的核心组件，且具有灵活性。它通常跟 Hadoop 生态系统的其他部分一起使用，可提供数据处理功能，可应对批量处理和用户交互处理。

Apache Apex

该组件依赖 YARN 组件，把批量处理和串行处理产生的数据合并。它高度可扩展，呈分布式，提供所需的大数据性能，具备容错力。

Apache Beam

Apache Beam 是一个平台中立（platform neutral）抽象层，用于调度多个执行引擎，具有编程语言的灵活性，而这些编程语言用于创建批处理数据和流数据作业。

Apache Hama

该组件使用批量同步运行（BSP）计算模型，可用于同时运行的大型计算任务，获得大量数据。

Apache Ignite

Ignite 专门用于内存的数据处理。使用内存远快过使用硬盘，所以这一组件性能极高。它包含了一组键值和 SQL 引擎，具有极高的灵活度。

Apache REEF

REEF 含义是"可保留的计算执行框架"（retainable evaluator execution framework, REEF），旨在提供函数库，用于开发便携应用程序管理集群资源。

Apache Calcite

该组件提供基于行业标准 SQL 的数据库，使用关系代数表示 SQL 询问。

Apache Flume

Flume 是 Hadoop 生态系统中的一个组件，用于捕获、聚合和转移日志存储的大量数据。

Apache Tajo

该组件旨在为 Hadoop 生态系统提供扩展式数据仓库系统，用于在 Hadoop

分布式文件系统（HDFS）上存储的大数据集的可扩展即席查询（ad hoc queries）和 ETL。在 HDFS 上设立了多个数据湖。Tajo 也支持 SQL 标准，使访问不同的数据系统和资源变得简单、灵活。

Apache Zeppelin

该组件是一个面向网络的笔记本，支持交互式用户驱动数据分析。它可以获取 HBase 等数据源并允许用户挑选编程语言（如 Java、Scala 和 Python）。

Apache Accumulo

受谷歌 BigTable 启发，Accumulo 组件是一个键值存储库，把数据存储在 HDFS 上。它也使用 Apache Zookeeper。

Apache Zookeeper

该组件对于能否成功维护所部署的 Hadoop 生态系统的配置信息至关重要，因为调动 Hadoop 框架分布式应用程序用的正是这些信息。

Apache Phoenix

如果应用程序要求低延迟则使用该组件。它提供基于 Hadoop 框架的联机事务处理（OLTP）能力，遵循 SQL 标准。Apache Phoenix 与 Hadoop 生态系统的其他组件集成，如 Spark、Hive、Pig、Flume、MapReduce，等等。

Apache ORC

ORC 是指优化的列存格式（optimized row column）。数据按照列存储，而 Apache ORC 添加了独特索引，在分析时可以跳过不相关的数据。该特性兼具行存储和列存储的优点。

Apache Parquet

该组件也是列存储的格式，但与 Apache ORC 略有区别。如果处理数据和维度有嵌套的属性（例如，类似树状结构），则 Parquet 更合适。

* * *

现在看来，这类框架复杂且难以部署、管理和运行。把难题外包给云提供商，用户可以更便捷地使用技术而无需担心后端系统和组件。云提供商亚马逊网络服务（AWS）和微软 Azure 提供的服务示例将在第四章专门讲解。本章首节侧重陈述引发云计算的历史里程碑事件，后节则着重于云计算的定义和分类，以及全球市场中的部分云服务提供商。

关于云计算的观点和定义众多，但最被普遍接受的定义来自美国国家标准与技术研究院（NIST）。NIST 对云计算的定义如下：

云计算是一种计算模式，能够提供随时随地的、便捷的、按需的网络接入，访问可配置的计算资源池（如网络、服务器、应用程序和服务）。这些计算资源需要的管理精力投入最少，与服务提供商之间的交互最少，可以被快速提供和释放。云模式包含五大基本特性、三大服务模式和四大部署模式。（NIST，800-145，2012）

2. 云特性

NIST 定义了云计算的五大特性，被视为云计算的标准要求，具体如下（见图 31）：

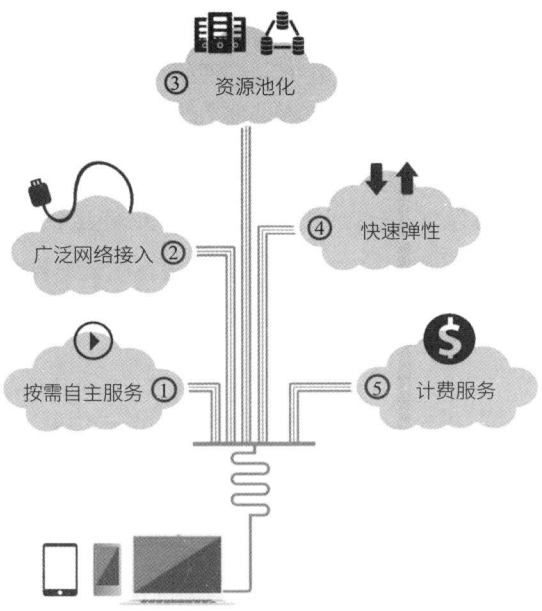

图 31　云计算五大特性

第二章 云计算概述
Introduction to Cloud Computing

1. 按需自主服务
2. 广泛的网络接入
3. 资源池化
4. 快速弹性
5. 计费服务

（1）按需自主服务

用户需要云资源的自主服务，因此提供商应具备提供计算资源的能力，如服务器、虚拟网络和存储。用户也应能够选择并使用任何已有的云服务。选择可以由用户主导，通常使用门户网站界面选择。也可以通过编程接入，使资源和服务的步骤、部署和取消部署自动化。自动化一般通过提供商自定义的应用程序编程接口（API）完成，该接口对使用云资源和云服务的企业和消费者个人是可用的，提高了自动化和使用便利度（如部署数十、数百或数千的虚拟服务器）。云端专用 API 可通过其他工具和界面提供，或包含在脚本程序中。常见的脚本方法是使用 Windows PowerShell（一种编程语言）和提供商自定义的指程序令（command-lets）（具有参数和逻辑的 cmdlet 特定功能代码块），从而极大地减少了编码时间，且方便使用。这种按需自主服务的主要目标是摆脱对云提供商的依赖。用户可以按其需求，一年 365 天、一周 7 天、一天 24 小时随时使用服务，而无需外部干预，否则会让云计算的工作流处理变慢、敏捷性变低。这就相当于成年人走到自助餐厅挑选喜欢的食物，自主决定想要多少、何时食用而不需要服务员干预，最后按拿了并吃了多少付钱。

（2）广泛的网络接入

企业可以在全球范围内运营，消费者遍及全世界，这需要访问云端资源（如存储、虚拟服务器）和云服务（如网络托管、数据库、数据仓库、分析等），而且遍及全球的客户都能访问计算机网络。计算机可通过有线的（如网线）或无线的（如 Wi-Fi、手机）接口接入网络。消费者使用"胖"客户端（如计算机站、笔记本电脑）和"瘦"客户端（如平板电脑和手机），而且必须能通过任意接口、设备接入云端。

（3）资源池化

用户享受云提供商带来的规模经济效益。云提供商负责部署大型数据中心，容纳云计算的物理资源（如主机服务器、存储、网络接口等）。他们从采购物理资源中获得经济收益，再把结余的资本收益传递给云端消费者。例如，微软、脸书、西班牙电信和其他公司联合铺设了一条横跨大西洋的海底电缆，容量大，全长四千英里（Microsoft Press，2017），单个企业承担不起这种大型项目。云消费者可以从云提供商的投资和后端资源受益。云资源池化通常形成"多租户"现象。例如，企业 A 的虚拟机跟企业 B 的虚拟机共用一个主机或主机集群。虚拟机之间的切换更动态，通过调度避免性能问题或避免主机维护产生的停机时间。云计算的终端消费者或企业知道要跟多租户共享，不关心也不担心虚拟机的具体位置（如数据中心内的哪台主机）。

云提供商也为消费者提供专用资源，需额外付费（如分给企业 A 虚拟机的专用主机），这也适用于 SaaS 等云服务。这些云服务对后端使用资源池的云消费者普遍可用。微软 Office 365 是 SaaS 产品的代表，后端便是服务多个用户（亦称租户）的资源池。云提供商一般能够让用户选择高级部署决策（如选择愿意消费云资源和云服务的国家、南北大区、数据中心等）。这种灵活性给予企业多个选择、计划的高可用性和灾难恢复能力，还能管理数据保护条例。举例来说，欧盟的数据处理方法必须有别于美国。德国等有些国家要求数据在本国存储。微软等云提供商为德国量身打造云环境，满足了监管需求，解除了用户担忧。还有，创造个体数据中心提供只针对政府的云和云服务，公共云提供商也解决了政府部门的特殊要求。但是，商业租户不得使用政府云或主权云。政府云的数据中心位置信息和接入比商业云保护得更严格，尽管商业云已经相当严格、安全。

（4）快速弹性

云计算带给用户的巨大优势之一是可以使用基于工作负载要求而扩展或收缩

的资源（如计算、内存和存储）。该特性能极大地提升效率和成本效益。在传统的计算模型中，这些资源必须预先计划、采购和部署。因计算资源的额外容量可用可不用，如果工作负载的需求没有实现，则资源将被闲置（见图32）。此情况在云端进行了优化，可根据需要添加或减少资源，具体视调度而定，且能完全自动化，不需要系统管理员干预。识别该弹性模型的应用程序可根据需要利用附加资源，避免了停机或中断。用户只对消费内容付费，同时资源可以缩小，不会浪费资源或资金。

弹性计算模型的示例之一是"黑色星期五"促销活动。用户通常希望在该周期内需求会增加。由于促销和营销活动会导致官网出现较高访问量，为了避免网页过载（如网络浏览滞后、访问者过早离开导致失销），企业在"黑色星期五"期间增加资源（如增加计算节点分散工作量），此后再把资源减少至正常水平（见图32）。

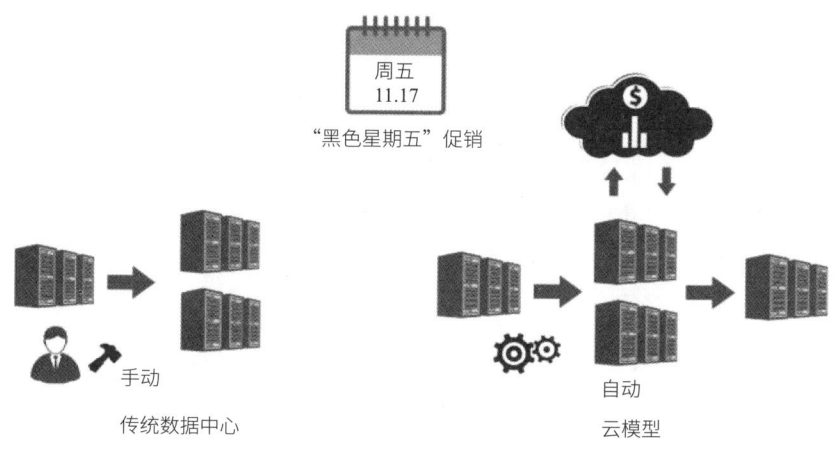

图32 "黑色星期五"传统和云

如上操作可以完全自动化，无须停机或安装，也不用对额外组件进行配置。许多组织选择主动应对，并在"黑色星期五"之前（通过自动化）安排弹性增长。

案例分析：微软社交体验平台——SXP（2011）

社交体验平台（SXP）是一项网络服务，向 Microsoft.com 提供人机对话内容。在本案例中，网站流量增加是由滚动了一、两天的广告所致，常规网站流量接近 100%。如果计算资源不足，则该网络服务不可获取，从而导致负面的用户体验和失销。传统的数据中心模式下，一般会提高计算能力应对通信流的激增。而额外的计算能力需提前购买。这种模式的缺点是额外的计算能力大部分时间闲置，因为常规需求小于高涨的需求。此案例中一般的基准需求接近 100%。因此，传统做法浪费资源，造成长期成本居高。云计算自动化可能让后端网络服务组件的能力翻一番。

随着广告在大众传播，计算能力提高由 IT 部门负责调度，该部门本身负责 SXP 的正常运转。资源的提升通过自动化技术和微软 Azure 云平台的组件实现。完成该任务（扩展后端能力）的人工时间以分钟计算，而完成工作（组件的自动化配置等）的总时长约为 30 分钟。负责 SPX 平台的信息技术团队监控平台的使用，当发现需求再次降至正常水平后，团队决定将后端容量削减至正常水平。这仍然是完全自动化的，需要最少的人力干预和时间。资源增加的成本是 70 美元（按云资源消费的粒数级计量）。用户可以因云计算的弹性而受益，有需要时扩展资源，不再需要时则减少容量，提高成本效益，而自动化带来了更高的灵活性和敏捷性，减少应对此类挑战所需的时间和精力。

来源：Bartr（2011）。

（5）计费服务

云提供商提供一个抽象级别（如量度）用于计量对云中资源的消费，该参数在云消费者端显示为吞吐量、容量和性能。计算资源可以由用户控制，而用户本

第二章 云计算概述
Introduction to Cloud Computing

身控制希望消费的内容和消费体量。提供给云计算用户的监控和报告能力会提升透明度，相关信息允许用户根据成本信息做出使用决策。财务成本是用户行为的重要驱动因素，而涉及云计算，则是开支影响了用户做规划和决策。公共云提供商根据用户的不同使用场景给出区别化成本模型。最常见的成本模型之一是即付即用（PAYG）。该模型在粒数级衡量资源，而用户在消费资源（如计算能力）过程中只对使用资源的数量付费（如秒、分钟、小时、天数）。不同提供商之间的衡量和收费粒数级也不同，但最常见的粒数级模型允许间隔数分钟或数小时。不同地理区域和一天内的不同时段使用云资源，费用不同。公共云提供商也可能对突发容量（如暂时增加计算资源）区分收费。消费的云服务和云提供商不同，消费商品和对应费用也有区别。例如，无服务器计算会对多个工作处理收费而不是对服务器收费，因为后端全部作为一项服务管理。

其他成本模型允许在某些时间使用公共云提供商的空闲容量（整体需求低而云提供商具有充分的额外容量）。云提供商可以对原本空置的资源收费。而消费者则因为该模型的低价格而受益。但是该模型的缺点是价格和时间窗不可预计。这类资源可能后续会被公共云提供商在任何时间（在较短报警期内）重新捕获并重新分配给高溢价客户。因此，若利用这些不可靠的短期计算能力，则应用程序必须容错，能应对并恢复在处理过程中突然不可用的资源。AWS 将该成本模型称作竞价实例（spot instance）。微软 Azure 将其称作低优先级虚拟机。

在另一个云端成本模型中，用户可以预测长时间段（如 1~3 年）内的常规使用。每天频繁使用的应用程序可能符合该场景，此时 PAYG 成本模型更昂贵（尽管一个用户可能从支付云资源中获益的时间只是从周一到周五的营业时间）。为了支持此场景中的用户，公共云提供商给出了长期的贴现价成本模型（如超过 3 年）。AWS 或微软 Azure 将此长期成本模型称作预订实例（RI）。

公共云提供商通过为用户提供成本选项而提高财务可行性：

① 即付即用（PAYG）；

② 竞价实例（亦称低优先级虚拟机）；

③ 预订实例；

④ 使用量增加导致单价折扣。

AWS 提供线上计算器预估可能成本。表 1 中给出了相关案例。

表 1　AWS 成本计算示例

描述	实例编号	使用	类型	计费选项	每月成本
8 个 vCPU 32GB RAM	1,000	75% 每月	Linux m4.2xl arge 8 个 vCPU 32CB RAM	按需 PAYG	$219,600
8 个 vCPU 32GB RAM	1,000	75% 每月	Linux m4.2xl arge 8 个 vCPU 32CB RAM	一年部分预先保留	$86,140
8 个 vCPU 32GB RAM	1,000	75% 每月	Linux m4.2xl arge 8 个 vCPU 32CB RAM	三年部分预先保留	$58,400

来源：https: 1/calculator. s3. amazonaws. com/ index. html（AWS, October 2017）。

了解服务器使用情况的用户可选择更长期的贴现价（如 1~3 年）。公共云提供商允许免预付款，或只承担部分预付款。如果用户在整个活跃期贴现价使用，则通常可以在云计算合同上调整支付费用，但是调整的灵活性取决于云提供商。获得 Azure 价格示例，可访问 URL http://azure.microsoft.com/en-us/pricing/details/batch。

技术和硬件成本随着时间推移会下降，而且过去 5 年的开支下降使得云计算更加普及。研究和咨询公司 451 Research 制作了一个云价格指数（CPI），涵盖了 12 个云服务，包含最常用的服务，如计算资源、存储资源、数据库、无服务器计算服务等。

标准价格和最佳价格波动范围都在下行，分别下跌 2% 和 10%，最佳价格指标遭受指数级下跌，而标准价格下跌较慢（见图 33）。公共云提供商间的竞争升级导致了价格战，也导致服务和经济价值提高，使所有采用云计算的用户从中受益。

3. 服务模型

云端的五大特性（NIST，800—145，2012）催生出云端的三大服务模型，见图 34。用户过去大多先尝试"基础设施即服务"（IaaS）模式，而如今，全世

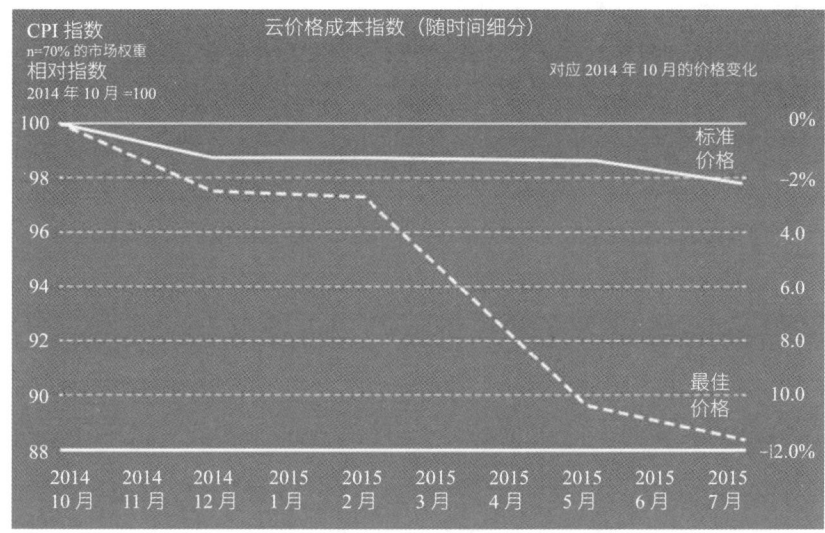

图 33 云价格指数——451 Research 集团

来源：Rogers, Fellows, and Atelsek（2016，2）。

（接前段）界的公司更愿使用"平台即服务"（PaaS）和"软件即服务"（SaaS）这两个模型。

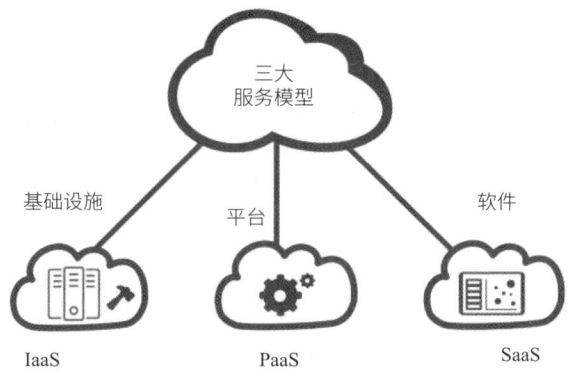

图 34 三大云服务模型

（1）基础设施即服务（IaaS）

用户可以自我供给计算资源、存储、虚拟化网络和部署并运行软件应用程序的其他资源。用户通常可以选择一个内装操作系统的虚拟机，或选择空虚拟机，使用自选的操作系统和定制程序。云消费者不能从云数据中心获取实际硬件或任何实体。使用基础设施即服务，用户全面掌控虚拟机、操作系统和应用程序。云端自动化供应资源是大规模自主服务自动化的关键。这类数据中心亦称为"软件定义数据中心"（SDDC）。云提供商有运行的具体任务和职责。例如，对数据中心的维护和运营、专门安全任务（如保护物理资源和场地的准入）。消费云资源的用户负责对虚拟机内的操作系统打补丁和维护，对虚拟机或虚拟机内的应用程序实现安全接入。这种责任的平衡称作责任共担模式。

在责任共担云模式中，单一责任制（如用户完全负责本地部署组件）转变成联合责任制模式，其中具体的职责和责任转移至云提供商，但是其他职责和责任仍归于消费云服务的用户。在高级云服务（如 PaaS 或 SaaS）中，大多数责任转移至云提供商。AWS 的责任共担模式作为示例卡参见图 35。

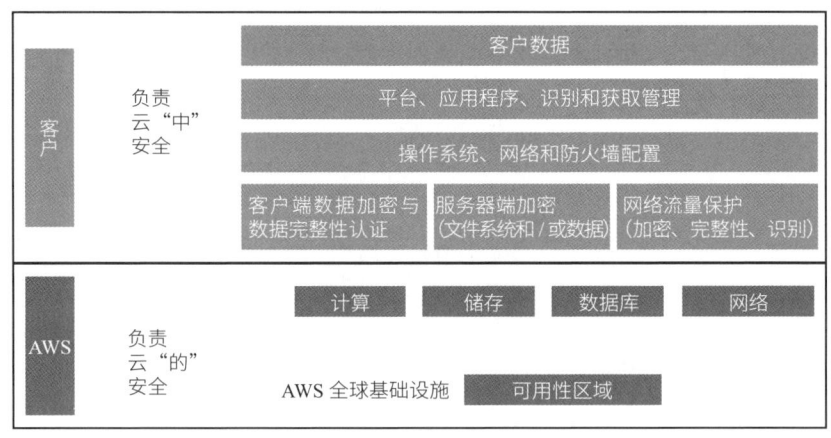

图 35　AWS 责任共担模式

来源https: 11 aws. anaz on. com/campliance/ shar ed-responsibility-model/ （2017）。

AWS 把自己的责任共担模式版本界定为属于云本身的责任和云内部的责任。

消费云服务的用户负责云内部（in the cloud）的安全。即包括对云端的数据、操作系统（如果使用一个 IaaS 云服务），客户端的资源获取等负责。AWS 则是对云本身（of the cloud）的安全负责。这通常包含对云数据中心的管理、维护，对硬件的操作（如计算、存储和联网）以及用户可选的高级云服务，如作为服务的数据库（AWS）或对平稳操作、性能、备份、高可用性和灾难恢复等（见图 36）。

Azure 市场	查看全部	特点	查看全部
开始		Windows Server 2016 Data Center 快速入门教程	
计算			
联网		Red Hat Enterprise Linux 7.2 学习更多	
存储			
网页 + 手机		Ubuntu Server 16.04 LTS 快速入门教程	
容器			
数据库		SQL Server 2016 SP1 Enterprise on Windows Server 2016 学习更多	
数据 + 分析			
人工智能 + 认知服务		预留虚拟机实例 学习更多	
物联网			
企业整合		Service Fabric Cluster 学习更多	
安全 + 识别			
开发者工具		容器的网络 App 学习更多	
监控 + 管理			
插件			

图 36　微软 Azure 门户快照——IaaS 示例

（2）平台即服务（PaaS）

平台即服务是采用云服务的下一个进阶。它所遵循的路径与 IaaS 一样，因为它允许资源自主服务，而同样也有责任共担模式。在该 PaaS 云服务模型中，更多的责任落在云提供商身上。举例来说，用户可以选择预配置环境来将交易数据存储在数据库中。在该情境中，云消费用户可以选择 PaaS，其虚拟机中已经安装并配置了关系数据库。自主服务和自动化使得这类环境的部署十分迅速（通常在数分钟内）、简单。同样，云提供商负责潜在的云资源、虚拟机、操作系统和关系数据库。要确保数据库有充分的性能，数据库备份能自动进行，高可用性以及避免灾难或从灾难恢复（如硬件故障、停电、整个数据中心故障）。相对 IaaS 环境，云消费用户不接入虚拟机、操作系统或此例中的数据库的管理。云提供商管理潜在的基础设施，因此环境得到了严格控制（见图 37）。

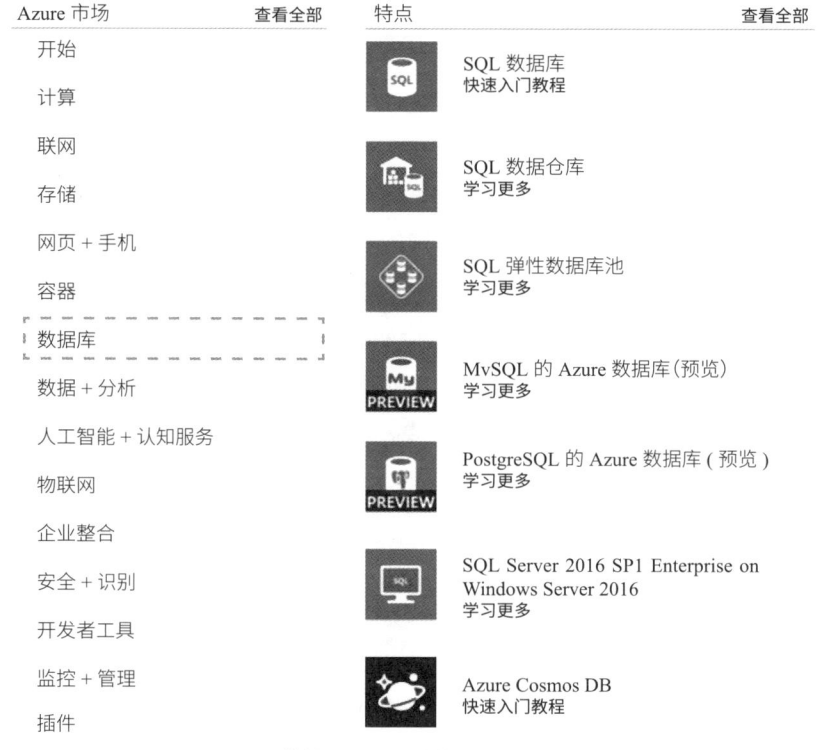

图 37　微软 Azure 门户快照——PaaS 示例

（3）软件即服务（SaaS）

软件即服务是云服务的最高级用法。管理和责任多归于云提供商，用户消费软件应用程序服务而不需要部署或管理任何内容。软件即服务最著名的示例之一是 Salesforce.com。用户消费云端应用程序而无需部署、管理或担心任何潜在基础设施或应用程序，不管开发工作，也不管额外软件组件的整合。应用程序维护和升级是云提供商的责任。在 SaaS 模型中，使用云端软件，支付月订阅费（subscription）或年订阅费。另一个软件即服务的重要示例是微软 Office 365。Office 套件通过互联网获取，由微软维护。在基于订阅的授权和成本模型中，该服务的消费者收到该应用程序的持续升级和新特点。软件即服务可能是三大云服务（IaaS、PaaS、SaaS）中增长潜力最大的，可参见图 38。

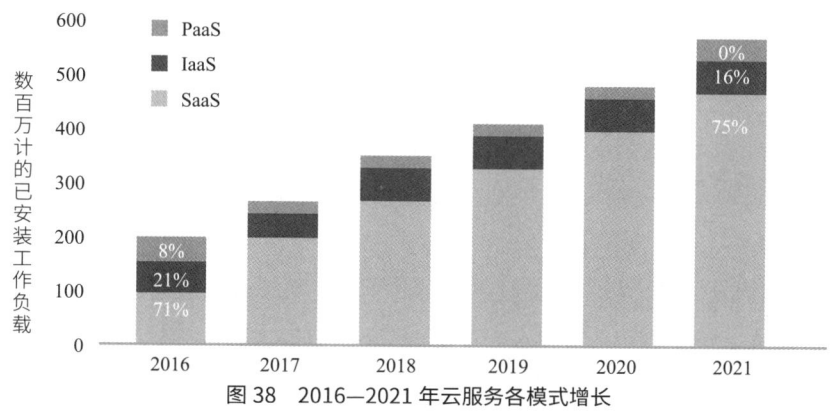

图 38　2016—2021 年云服务各模式增长

来源：思科全球云指数（2016—2021）（2018，18）。

多个领头羊企业正在建立自己的软件即服务市场，可参见图 39。

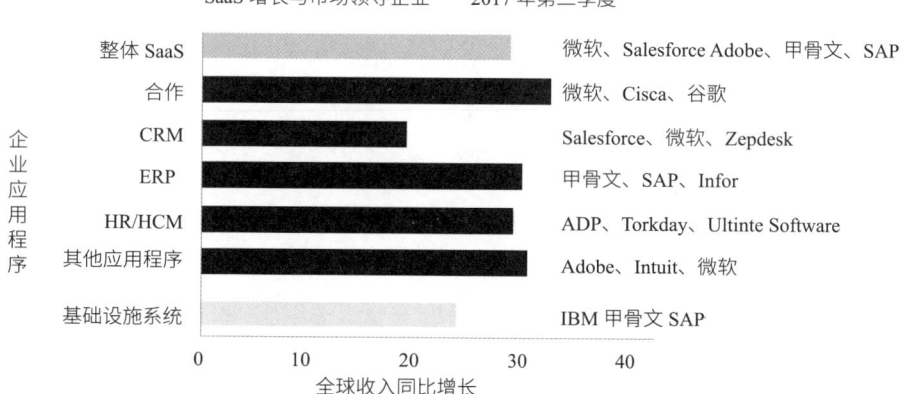

图 39　企业 SaaS 增长和市场领导企业，2017 年第二季度

来源：Synergy Research Group（2018）。

4. 部署模式

五大特点融入三大云服务类型中并最终按四大部署模型落地（NIST，800—145，2011）（见图40）。如前所述，向云端转移开始于虚拟化，然后逐步进入私有云和此后的公共云。私有云利用自动化成为了软件定义数据中心（SDDC）。这些私有云具有一定程度的自主服务、敏捷性和灵活性，但是程度不如公共云高。

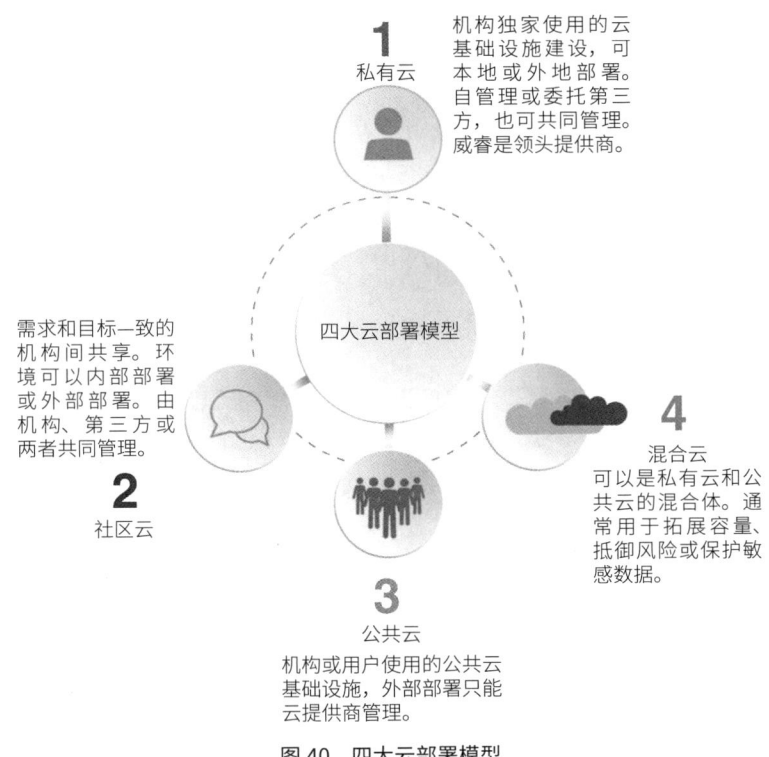

图40 四大云部署模型

私有云通常部署在用户现场，而用户只对私有云内的基础设施和对象（object）（如虚拟机、存储、网络、数据等）负责。因此，私有云及其部署组用户法从真正有弹性的可扩展性、规模经济或快速发展（如平台即服务或软件即服务的发展）中获益。有些用户可能无法完全信任公共云模型，或者它们具有敏感数据不可在公共云内部署。上述理由也许是影响采用公共云服务的最常见障碍。

第二章 云计算概述
Introduction to Cloud Computing

社区云（community cloud）是个小众类，但可以解决一些关键的保密问题，如涉及政府或军队的。一个专用云（special cloud）环境可能用于服务同一国家的多个政府部门，但排除一般大众或其他国家的接入。数据留在一个常驻国。公共云提供商解决敏感需求的方法是提供政府专用云端基础设施（亦称主权云，sovereign cloud）。在另一例中，由于当地的监管和担心，所有数据应留存在本国。如德国就要求数据留在德国，无论云服务的用户是政府还是私有组织。微软 Azure 一款产品的本地云数据中心由合作方管理（德国的 T-Systems），非德国居民无法接入这个位于德国的云环境。

公共云或许是最常见的云类型，企业和私人消费者皆可使用，均可利用巨大的弹性容量，并从规模经济和持续增长的云服务数量，以及自动化、使用便捷和安全性上受益（见图 41）。

全球云工作负载超过传统工作负载到 2021 年全部工作负载的 94% 将位于云端。

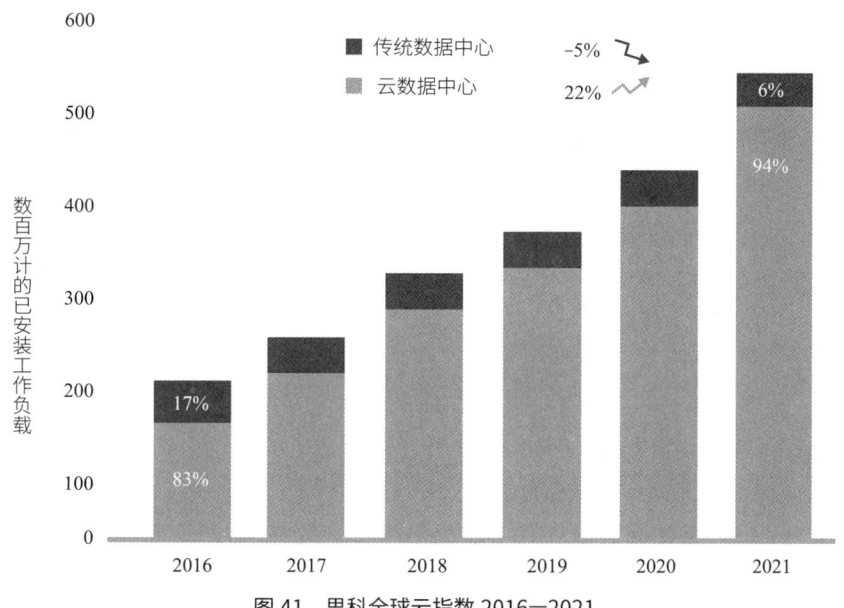

图 41　思科全球云指数 2016—2021

来源：思科全球云指数（2016—2021，14）。

公共云提供商正在增强安全性（如静态数据加密、动态数据加密），为数据保护提供更多选项。至 2020 年，95% 的云安全故障将由客户引起（Skyhigh，2016，3）。Gartner 在 2017 年 6 月发布的《2017 年全球云端基础设施即服务魔力象限》中，认为 AWS 和微软是云端基础设施即服务的两大领导者。报告中位列高梯队的还有阿里云、CenturyLink、富士通、谷歌、IBM、Interroute、Joyent、NTT Communications、甲骨文、Rackspace、Skytap 和 Virtustream。注意在该魔力象限报告中涉及的"能力（capabilities）"是指云端基础设施即服务（IaaS）的能力。

注：Gartner 不支持出版物中描述的任何提供商、产品或服务，并不建议技术使用者只选择有最高评价或其他指示数据的提供商。Gartner 研究出版物包括 Gartner 研究组织的观点，因此不应当视作事实陈述。Gartner 对本研究不承担任何明确或暗示的担保，包括任何适销性或适用于特定用途的担保。

第四个云部署类型（NIST，800—145，2011）是混合云模型。此云模型通常用于平衡私有云和公共云之间的收益与风险。用户可以随时随地扩展或突破进入公共云提供商的容量和服务。微软可以通过其内部虚拟化（Hyper-V）功能或借助旨在利用云服务的技术提供这样的混合。微软 SQL Server（数据库技术平台）就是这样，数据可驻留本地，也可在必要时扩展至公共云。这允许用户在需要时利用弹性容量，或利用异地灾难恢复选项。本地部署和云端的微软 SQL 引擎一致，用户可开发应用程序和工作负载，并无缝整合，在必要时轻松迁移。

AWS 和威睿合作，允许用户将内部虚拟机迁移至公共云，也可反向迁移（Barr，2017）。RightScale 的一项调查显示，96% 的受访者使用云技术，其中 71% 使用混合算法，21% 只用公共云，只有 4% 使用私有云（RightScale，2018，12）（见图 42）。思科全球云指数（GCI）强调，尽管私有和公共云继续增长，私有云的使用将在 2021 年降至 27%，而公共云的使用有可能提升至 73%（Cisco Global Cloud Index，2016—2021，27）（见图 43）。私有云将继续与公共云并行存在，为数据敏感的使用案例提供服务。也有一些因其他理由需要将私有云与公共云一起使用的情况。

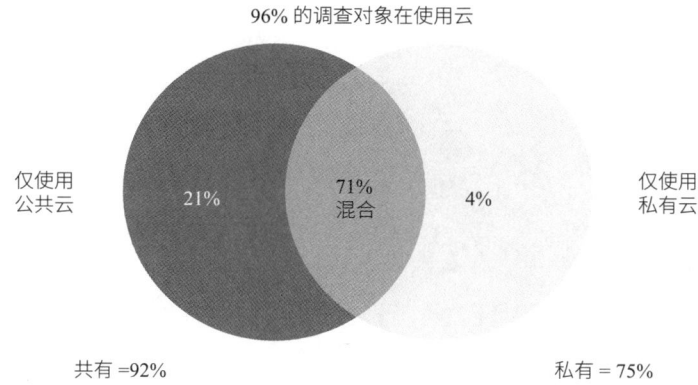

图42 公共云 vs 私有云

来源：RightScale，2018，12。

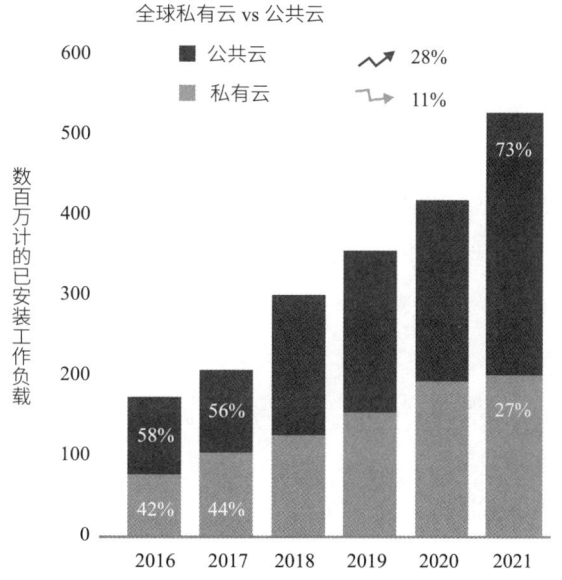

图43 全球私有云 vs 公共云

来源：公共云思科全球云指数，2016—2021，27。

　　公共云空间三大云提供商（AWS、Azure 和谷歌）已颇具规模，前两名提供商占据绝大部分市场份额（超过65%），见图44。其他两个提供商，SoftLayer 和 Rackspace，分别占有市场份额的 3.4% 和 2.9%（Skyhigh，2016，17）。

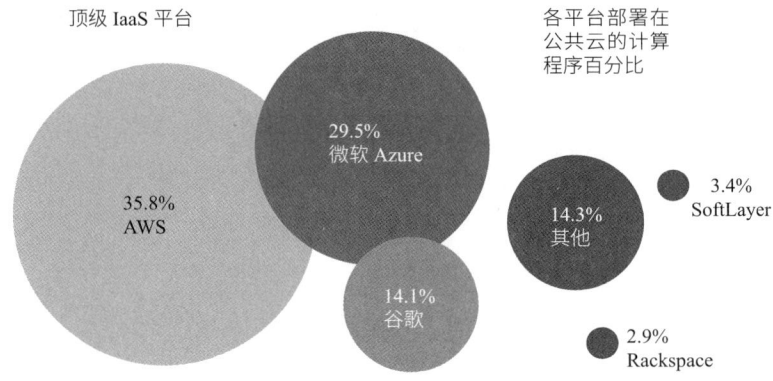

图44 顶级 IaaS 平台——公共云

来源：Skyhigh（2016，17）。

5. 云收益

云计算和相关技术预计会持续增长至 2020 年以后（Manyika 等，2013）。研究显示 2018 年全球云市场增长达 1.3 万亿美元，而欧盟云市场份额高达 448 亿欧元，同时欧盟各成员国国内生产总值累计增加 4490 亿欧元（Wauters 等，2016，ii，52）。不同国家和行业的收益和水平可能略有不同，并受业务性质、当地法规和态度的影响。采用云计算的最常见收益是（不按任何优先级排序）：

- 降低信息通讯技术（ICT）成本
- 信息技术成本从资本支出转移至运营支出
- 可扩展性和适应性
- 用户及其产品或服务更快上市
- 更简便管理（如时间效率、自动化和任务外包）
- 成本降低
- 性能
- 高可用性和灾难恢复选项

第二章 云计算概述
Introduction to Cloud Computing

例如，在2010—2015年间，采用云计算让英国、德国、法国、意大利和西班牙的信息技术总体成本节省约1.4亿欧元。类似地，在2010—2015年间，英国、德国、法国、意大利和西班牙全体的信息技术运营支出（运营成本）和信息技术股本支出（资本支出）分别节省了1.3亿欧元和1.54亿欧元。

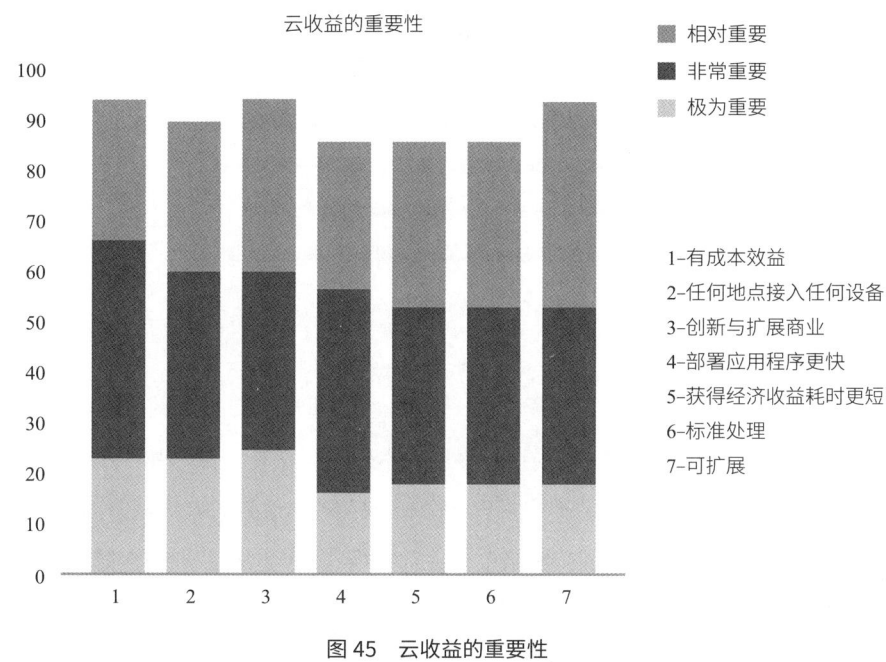

图45 云收益的重要性

来源：欧盟委员会，2014，35。

这些利益在不同企业和国家之间共享，正如RightScale一份对收益重要性排行的调查中所强调的那样。成本节约和效率的确很重要，但与云计算的其他收益相比其重要性程度仍然较低（见图46）。更快速接入基础设施、获得更大可扩展性（如计算和存储容量）、更高可获取性（如服务和应用程序的正常运行时间）和更快投入市场（如应用程序开发，云计算加速产品或服务的开发）被评为云计算的四大优势。对比2016年和2017年的结果，这四点的重要性不相上下，百分比接近。其他优先顺序在重要性上已出现少许下降（如信息技术员工效率、成本节约）(RightScale, 2017)。

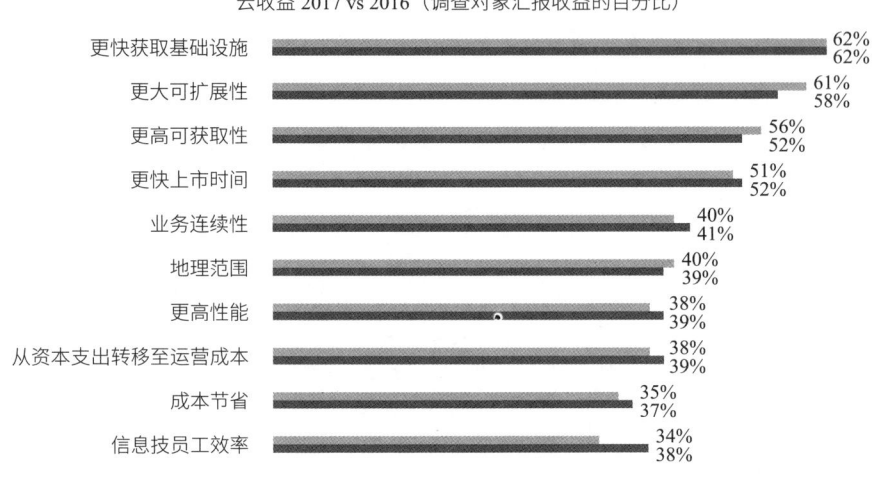

图 46　云收益 2017 vs 2016

来源：BightScale，2017，15。

在供应链的背景下，云计算的这些优势可以通过云提供商的成本模型（如 PAYG 或贴现预定实例）来帮助用户提高成本效率。计算资源的弹性也会为用户带来收益和灵活度。例如，用户可以在分析需求驱动预测的大规模时间序列时，优化计算库存，或者补充供应网络中的大量数据和多个网络路径（多梯级）时扩展计算资源，随后在不需要时收缩。用户可以通过云计算利用物联网（IoT）等新的颠覆性技术。利用物联网技术和云服务可以帮助用户收集来自联网设备的需求信号，并处理和存储它们，以便近实时地决策和分析。

高可用性和业务连续性尽可能提高用户服务的正常运行时间。可以通过自动化和扩展资源的弹性来应对需求的飙涨（如在季节性购物期间）。也可利用云提供商的相关服务而提升业务连续性。例如，数据可以无缝地镜像到由云提供商运营的不同数据中心或区域。依赖应用程序的设计，还可以使用备用计算机节点来提高性能或处理某些节点的故障。例如，零售商使用的在线购物门户网站具有网络应用程序和支持后端服务，连接了若干计算机节点，应对需求激增的时间段（如"黑色星期五"、圣诞节购物时间），或者在主计算机故障时用待机计算机节点处理需求。云提供商还可以在全球范围内提供此类网络应用。以上做法都为终端消费者（如英国的消费者访问位于欧洲的零售商的在线购物门户）提供快速响应的购物体验，而且如果一个区域失败或过载可提供其他高可用性选项。

如前所述，行业的性质、当地法规以及当地对云计算的态度都会影响这些平台和技术的采用率（见表2）。

表2 2013—2015年工业部门各行业公司采用至少一种云解决方案的公司百分比

行业	至少一种公共云，包括办公室/协作		至少一种公共云，不包括办公室/协作		至少一种私有云服务	
	2013	2015	2013	2015	2013	2015
金融	69.1%	76.4%	69.1%	76.4%	32.7%	43.8%
制造业	55.0%	65.3%	54.5%	65.3%	20.3%	44.2%
医疗/教育	54.4%	65.7%	52.8%	64.2%	32.1%	49.2%
分销	68.8%	74.3%	68.8%	74.3%	20.3%	45.4%
电信/媒体	71.2%	80.3%	79.8%	80.3%	31.1%	45.3%
其他服务	66.3%	75.9%	66.1%	75.9%	25.4%	52.2%
全部商业领域	63.3%	72.4%	62.8%	72.2%	26.0%	47.7%
政府	53.0%	60.0%	52.7%	59.2%	27.7%	49.6%
欧盟整体	61.5%	70.3%	61.0	69.9%	26.3%	48.0%

来源：欧盟委员会，2014，21。

随着时间的推移，挑战、担忧、不采用云计算的理由都在逐渐减少。数据敏感性、法规、风险意识会极大地影响云计算的采用（见图47）。不采用云计算或暂缓采用公共云计算的理由有很多，最常见的有如下几个（排序不分主次）：

- 安全
- 专业知识不足（组织内部）
- 合规
- 治理与管控
- 成本管理

- 控制
- 兼容性（如应用程序）
- 提供商锁定
- 性能

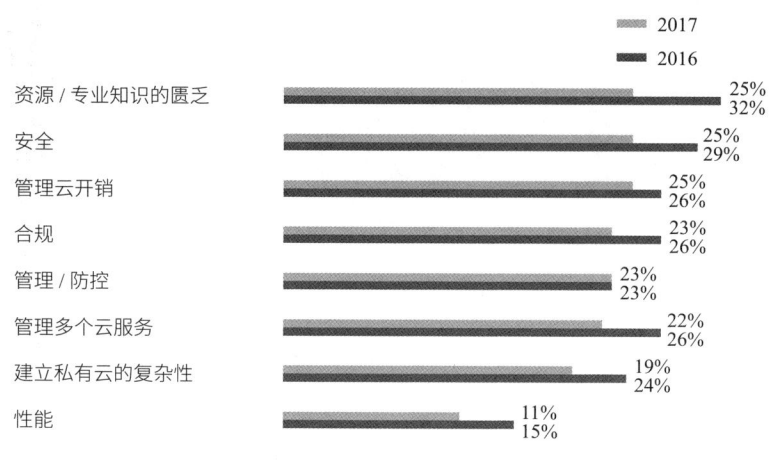

图 47　云挑战　2017 vs 2016

来源：RightScale，2017，16。

　　大多数企业将安全性列为公共云计算最关键的风险因素。一份云端基础设施环境调查调查中显示，约有 63% 的受访者认为公共云应与自己的数据中心一样安全或更加安全（Skyhigh，2017，13）。企业必须修改其过程和程序以适应云平台。在公共云计算责任共担模式中，组织对自己的数据负责，公共云提供商可提供多个选项，如静态数据和动态数据的加密、安全接入和身份认证。

　　随着企业对云计算的采用经历各个成熟阶段，这些挑战不再棘手。图 48 阐述了其中重要的挑战因素在云初学者、云探索者和云聚焦的三个成熟度级别中的排名。随着对云技术的愈发了解，企业在遵守治理、内部程序和法律法规的同时也在相应地调整运营。公共云提供商和用户的责任共担模式，若能被正确采用，可以共克挑战，降低风险。

第二章 云计算概述
Introduction to Cloud Computing

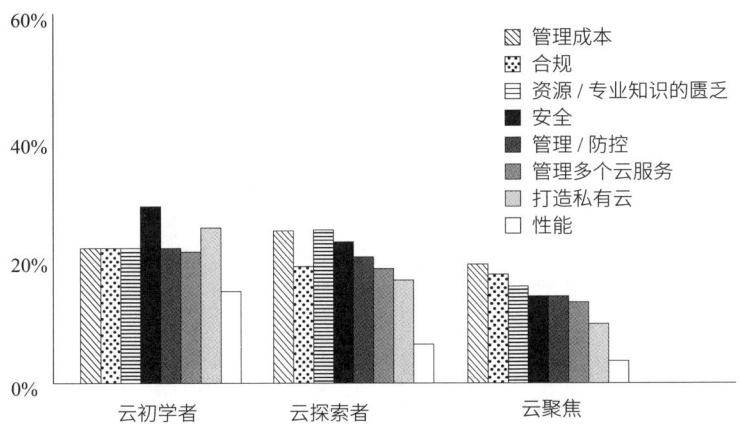

图 48　云越成熟，挑战越少

来源：RightScale，2017，17。

欧盟国家的企业表示认同或非常认同利用公共云安全性的提高使组织得以使用最新的信息技术，公共云也更加可靠且易于使用（见图 49）。收入增长也是采用云计算的一个优势，可参见表 3。利用云计算带来的收入增长百分比均匀分布在小型、中型和大型企业中（欧盟委员会，2014，41）。该研究强调，大多数调查对象认为采用云计算会带来 5%~19% 的收入增长。

表 3　归因于采用云的收入增长

归因于采用云的收入增长	调查对象百分比
1%—4%	15%
5%—9%	36%
10%—19%	23%
20%—29%	15%
30%—49%	8%
不知道	4%

来源：欧盟委员会，2014，41。

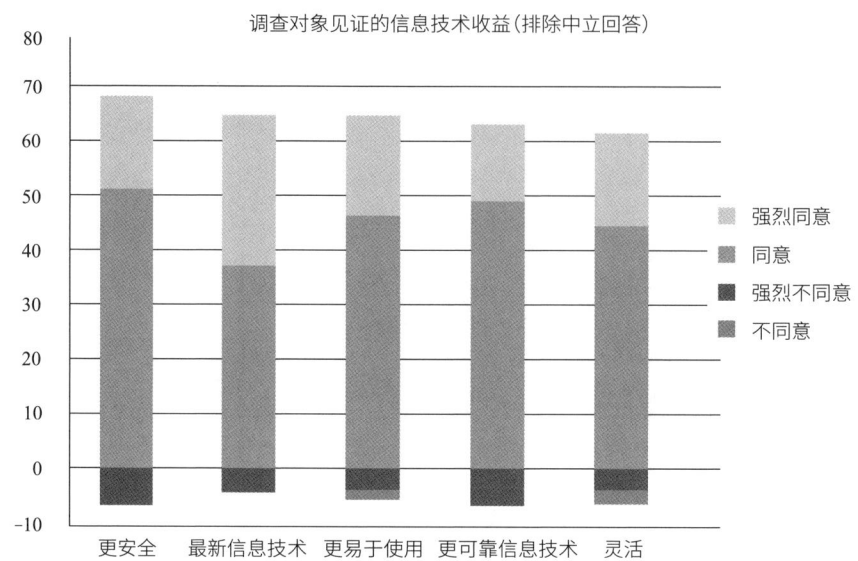

图 49 云计算的信息技术收益

来源：欧盟委员会，2014，38。

如前文所述，云计算的重要程度在不同行业间有区别（见表2）。在制造业，云计算是一种提升供应链管理的方式，也可优化存货、订单和分销。一项经济学人智库调查中，60%的调查对象将云计算视作一种支持生产过程的方式，而54%的调查对象认为云计算提供更好的供应链管理（经济学人智库，2016，7）。

随着企业采用云计算并消费更多公共云服务，财务成本随之增加。企业必须选择最适合其业务的成本模型，也必须确保内部流程能适应云运营的新方式。运营规程会帮助企业避免成本浪费。公共云提供商提供监控和报告信息，以及自动决策方法，以求平衡业务需求和成本。尽管使用云让开支增长，但是净收益还是大于成本（见图50）。

总之，云计算已经进化至一种成熟和被广泛采用的平台。过去的数个开创性技术和里程碑事件催生了云计算，而新兴趋势如大数据、IoT等继续促进对公共云的需求。预计到2020年，以联网设备（如飞机、汽车、工厂、建筑、医院、

第二章 云计算概述
Introduction to Cloud Computing

公共安全、天气传感器等）打造的智慧城市将每天生成两亿吉字节数据（思科全球云指数，2015—2020，14）。帮助企业适应这些新挑战的云服务数量也将增加。企业会进一步加大对云技术的采用力度，预计未来几年会出现指数级增长。尽管可以预见，未来私有云和混合云将会共存，但是绝大部分的使用场景还将集中在公共云。相关法规、具体行业规则和需求，以及组织的态度，会继续影响云计算的采用率。下一章将重点介绍迁移到云平台有哪些可选项。

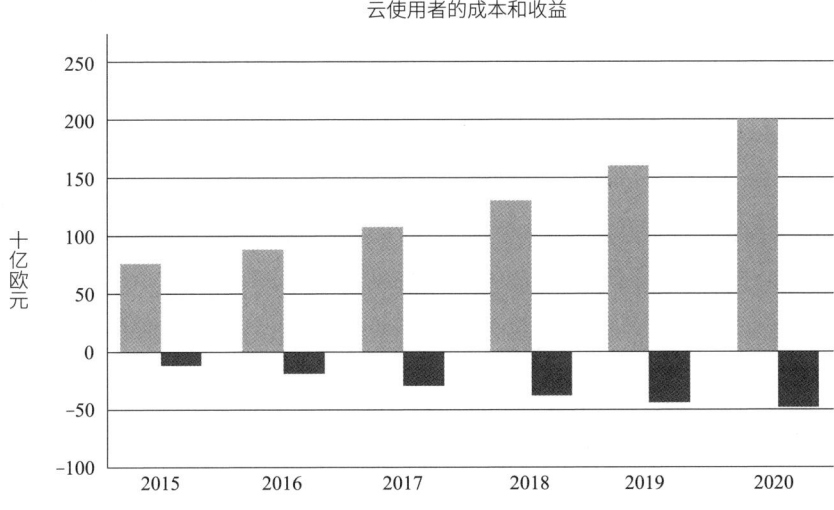

图 50　云使用者的成本和收益

来源：Wauters等，2016，104。

第三章

向云端迁移

Migrating to the Cloud

第三章 向云端迁移
Migrating to the Cloud

向云端迁移需要制定明确的策略,各企业也应充分考虑长、短期目标,指导办法和详细规划。在筹划迁移时,可以选择单打独斗,也可以寻求专业公司和云提供商的协助。安永、毕马威会计事务所和麦肯锡等咨询公司可在策略的明确、规划和执行等阶段提供帮助。云提供商通常提供分析工具与服务,为计划向云端迁移的公司提供多个建议,这些建议是经综合衡量策略、商业、技术和财务需求而得出的。咨询服务公司或云提供商的分支组织可以提供计划执行团队(如信息技术团队、项目管理团队)。转移到云端(如私有云、公共云、混合云)并科学地选择服务类型(如基础设施即服务 IaaS、平台即服务 PaaS 和软件即服务 SaaS),需要对信息技术的运营、工作流和设计进行范式转换,因而要认真评估。为这一转变和云端迁移之旅选择合适的战略合作伙伴关乎成败,所以对每家候选企业应当根据合适的标准,谨慎评估。企业因其所处的行业和区域位置不同,优先顺序也不同,因此评估标准也要相应调整。

本章将着重介绍云端迁移规划的常见做法和指导方法。指导方法有多种,而普遍接受的是 R 模型。AWS 云拥有一套 6R 模型,而本章着重讲解如何利用这两个模型向云端迁移。云就绪检查是向云计算进化路程中有益的一步,有些检查工具在本章也会被专门提及。

云迁移的高级"旅程"通常经历五个步骤(见图 51):

① 明确云迁移的商业理由;

② 云就绪检查;

③ 运用 R 模型;

④ 明确要使用的云类型、云服务和提供商;

⑤ 迁移工厂(资源、人员、项目管理、测试等)。

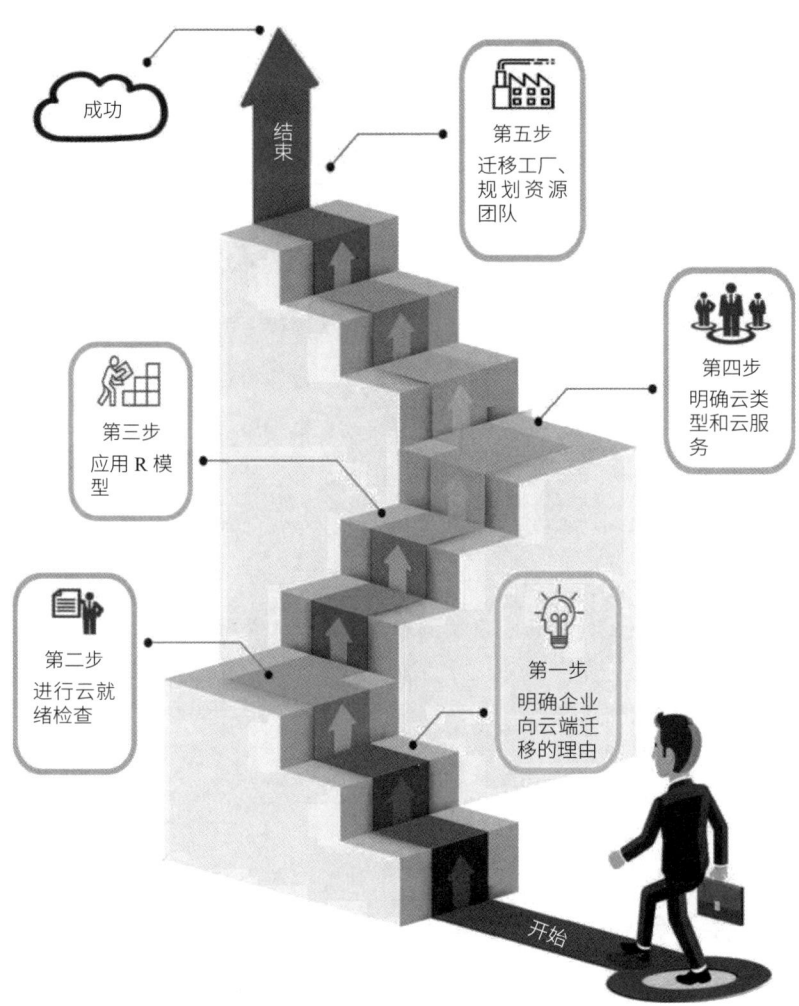

图 51 向云迁徙的五个步骤

一、明确云迁移的商业理由

此步骤最为关键。各企业必须明确面临的商业挑战和采用云计算的正当理由。每个企业有着独特的问题和迫切需求，后续决策也会相应地受到影响。之所以选择云计算,因为它能减少成本、提高灵活度、提高可用性等(参阅第二章获取更多信息)。一个企业业务所属的行业也会决定云计算的使用与否。不同的风险认知、规章制度和地理区位,会影响其采用云计算、云服务和云提供商类型的选择等决策。例如,对欧洲企业的一项问卷调查显示(图52),安全漏洞的风险、数据位置的不确定性、法律和司法的不确定性、高成本、知识不充分是阻碍不同规模的企业使用云计算的原因(Wauters等,2016,41—45)。

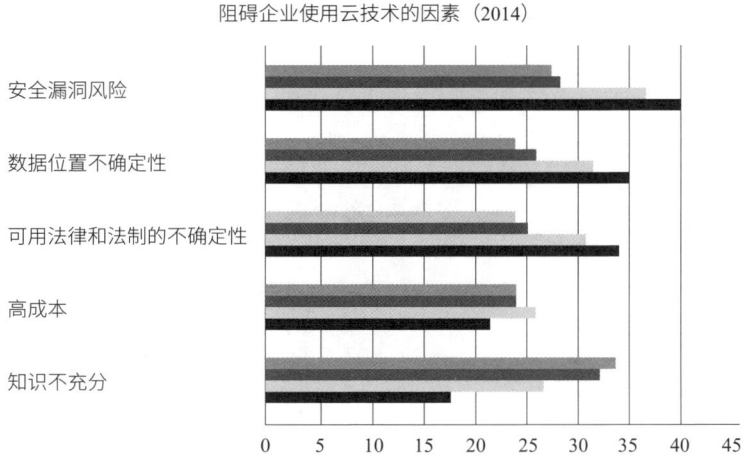

图52 阻碍企业使用云技术的因素

来源:Tauters等,2016,75。

明确商业原因有助于在后续步骤找到合适的选项。企业的风险状况会影响云类型(私有、公共或混合)、云服务(IaaS、PaaS、SaaS)和可能面临的风险。各企业必须同样遵循所在行业的各项规章制度,以及所在国和当地的法律法规。如《通用数据保护条例》(GDPR)等新条例对数据和信息保护提出了新要求。GDPR适用于任何在欧盟开展业务的公司(无论总部所在地为何处),它专门为欧盟制定。

图 53 着重列举欧盟不同行业的风险状况和担忧。明确优先顺序，进行成本效益分析，并做针对性风险分析，而第四步骤中会用到上述分析。在第四步对云类型（私有、公共、混合）、云服务（IaaS、PaaS、SaaS）和云提供商进行遴选。

阻碍 领域/使用案例	数据保护	知识产权	机密信息	过时的遗产法	信息安全担忧	监督检查	国家主权	国家安全	辖区可执行性	采购规则
公共领域	X	X	X	X	X	X	X	X	X	X
税收和社会保险	X		X		X	X	X	X	X	
医疗保险和法律服务	X		X		X	X		X		
媒体和娱乐	X	X						X		
金融服务	X									
国家归档	X						X		X	
制造业/消费者		X			X					

图 53　阻碍企业使用云技术的因素

来源：Wautars 等，2016，76。

二、云就绪检查

云就绪检查的深度和形式取决于评估服务的提供方。多个信息技术提供商或咨询服务商提供免费的自主服务就绪检查。通常为网站问卷形式，问卷评分后与其他企业对比（只对比排行，其他信息隐匿），或把得分与可能得分进行对比（见表 4 和图 54）。这种基准评分可使企业在采用云计算之前先确定起始定位，并提供洞见，告知哪些方面可以改进。还可以选择与咨询公司合作，获得更深入的咨询评价，提供更具针对性的评估和具体建议，提高评估的价值。这里展示了云就绪检查的一个案例，它选择平均响应来模拟一开始就全面采用云计算的公司。

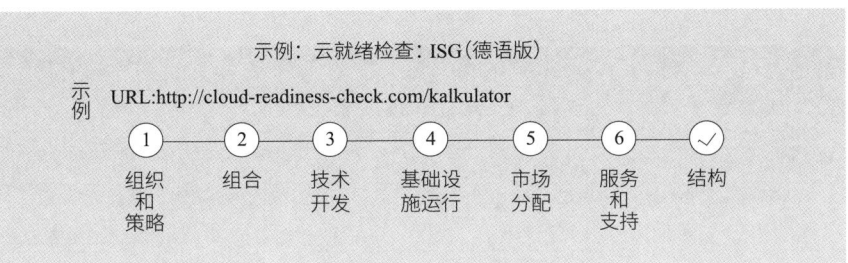

表4 云就绪检查示例（ISG）

问 题	回 应
你的企业雇佣多少员工？	5,000
你的企业主要在哪个部门运营？	实施部门
你的行业关注是什么？	大型分销/零售
通过复制软件解决方案，你预期省多少百分比的收入？	10%—20%
去年多少收入由软件驱动？	500—1000万欧元
你的主要客户受众群体是什么？	私人消费者
未来几年你面临的最大挑战是什么？	数字化转型
你的企业处于云计算的什么发展阶段？	分析和评估
未来三年新业务的多少百分比归因于云计算？	11%—20%
在你的企业开发和分布的软件是什么类型？	移动应用程序
你的商业模式进程是否会采购专门的客户数据？	是
你的企业计划在哪个领域使用云端软件？	电子商务、电子商店、社交媒体
什么形式的云组合与你的客户相关？	标准公共云产品
你采用什么类型的成本模型提供给软件？	购买授权、PAYG
结合一个IT解决方案，你打算向客户提供什么咨询服务？	战略型建议
你的应用程序是否支持多租户，它能否通过互联网提供？	是
你的应用程序是网络为基础还是客户服务器为基础？	网络为基础
你的应用程序遵循微服务平台设计吗？	否
你使用哪个框架开发软件？	Node.js、Java、Python、Net
你的客户关心数据在哪里处理和存储吗？	是
法律是否主导数据在哪里存储和处理？	是
你是否测试过任何云平台？	AWS、微软Azure
你是否运营任何云端的生产环境？	目前没有
你计划在未来使用哪种云类型？	公共云
你计划建立自己的运营还是使用合伙方？	外部运营，外部数据中心
数据中心应位于什么地点？	欧洲
你的产品在欧洲分销还是也在国际分销？	国际

(续)

问　　题	回　　应
你是否具有国际分销资源？	是
你是否考虑过用云端分销模型？	否
你是否思考过云端营销选项？	否
你是否优化了自己的内部流程去适应云计算？	没有，但在计划中
你计划通过云端提供什么支持服务？	电邮、网页支持、免费通话支持

结　　果

类　　别	平均分	你的得分
机构和策略	68%	24%
组合和服务	55%	35%
技术和开发	47%	30%
基础设施和运营	41%	18%
营销和分销	61%	43%
服务和支持	57%	19%
整体评估	39%	25%

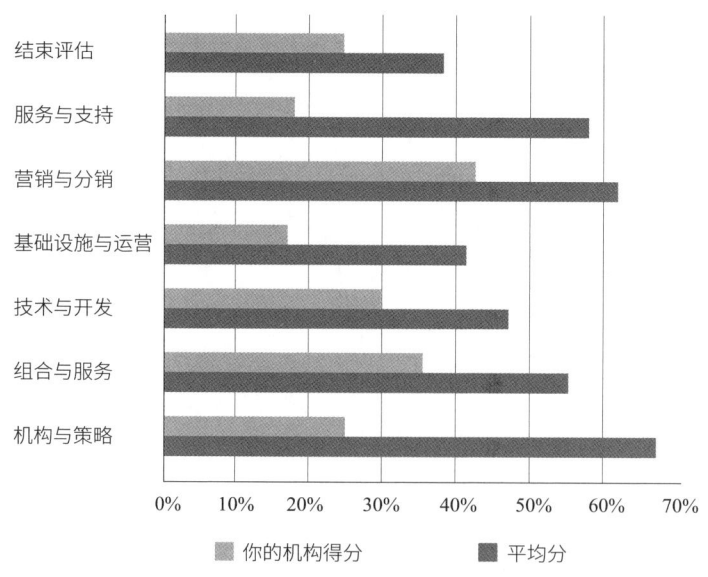

图 54　ISG 云就绪结果示例

思科提供了一个类似的就绪检查工具并使用蜘蛛图，按行业基准对照组织的评估结果。用打分制（满分 100）就当前状态与期望状态进行对比，分数越高越好。

思科就绪工具 URL：

www.cisco.com/c/m/en_us/solutions/data-center/offers/Digital-Readiness-Assessment/index.html。

EMC 也提供了一个简易工具，评估私有云或公共云计算的使用情况。这类云就绪检查比此前的示例更简单，为更加个性化的评估提供咨询服务。使用多个就绪检查方法（大多数免费）了解某类型的领域，并为企业建立基准是个很好的实践。这类评估应设法确保所提出的建议是中立的。

EMC 云就绪工具 URL：

http://www.emc.com/cloud/hybrid-cloud-computing/suitability/index.htm。

三、应用 R 框架

用户把应用程序迁移至云端通常借助 R 模型（见图 55）。该框架提供五、六个关键选项，把应用程序迁移到云端时，这些选项可以结合起来使用。将五种技术结合起来灵活度更高，并且可以降低风险，因为不必把所有应用程序都放入同一个模型。有不同的技术、业务和授权准则指导应用程序向云端迁移。R 模型框架能够识别采用的云计算成熟度的起始和终结状态，且不同应用可按不同速度经过这个成熟度模型框架。因此企业无需"大爆炸"方法（一蹴而就），而是分阶段进行。

营业收入和财务回报也按照此方法分阶段增加，但是风险降低并分散在不同阶段。企业可以根据喜好找到最佳定位（如哪些应用程序适合公共云还或私有云，哪些应用程序需要再设计等），也可以积累必要的内部技能、经验和方法去执行所选策略。这一执行阶段通常称作迁移工厂，这一整套方法包含对要迁移的应用程序进行评估、实际迁移和测试最终状态。通常做法是先使用简

图 55 示例 R 框架转移至云端

易应用程序测试流程,在内部建立对范式转变的信任。选择简单、低风险的应用程序去测试可行度,使用"工厂化"风格执行——这通常称作"摘熟透的果子"。

亚马逊云的 6R 模型如下:

① 停用(Retire);

② 保留(Retain);

③ 更换主机(Re-host);

④ 更换平台(Re-platform);

⑤ 重新购买(Re-purchase);

⑥ 重新架构(Re-factor)。

所谓 6R 框架的亚马逊云做法(亚马逊网络服务,2015,11)详见图 56。

第三章 向云端迁移
Migrating to the Cloud

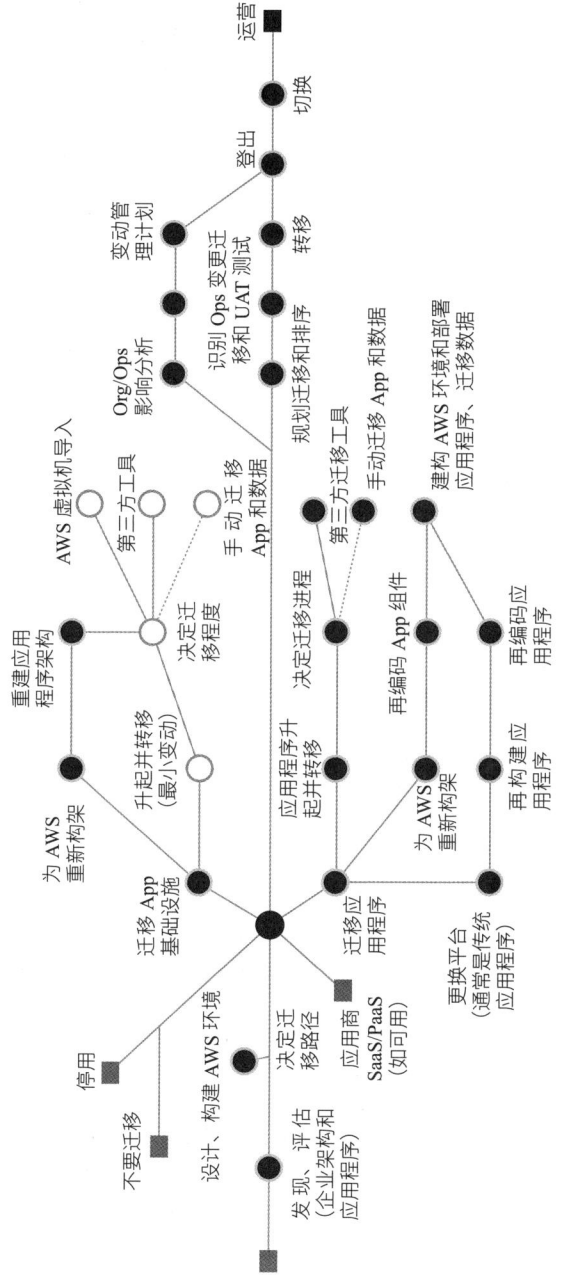

图 56 AWS 云迁移——6R

来源：亚马逊网络服务，2015，11。

图 56 的决策树详细叙述了为框架找到合适选项的过程。在该 AWS 的 R 模型框架中，不同的应用程序可通过不同的 R 进行迁移，没必要强制所有类型的应用程序通过一个进程进行配合。企业必须识别恰当的选项（如从 R 框架中选择），用于不同的应用程序或软件程序类别，将风险最小化，实现成功迁移。AWS 通过 AWS 云采用框架（CAF）提供指导。

亚马逊 CAF 强调了希望迁移至云端的用户应在规划阶段提前思考的不同方面。亚马逊云 CAF 模型包含 7 个方面，详见表 5。

微软有类似的框架，向着云端前进。微软框架使用的是 5R 模型（Briggs、Kassner，2017，17—20）：

① 停用（Retire）；

② 替换（Replace）；

③ 保留和包装（Retain and wrap）；

④ 更换主机（Re-host）；

⑤ 重新设想（Re-envision）。

（1）停用

企业应进行应用程序的成本效益分析。如果一个应用程序没有带来商业价值或没人使用，就该考虑停用了，没必要把它迁移到云端。而这也被视作应用程序盘整。

表 5　AWS 云采用框架

方面	关注领域
商业方面	认识到利用云技术服务的商业价值。帮助用户确保商业与技术策略一致，而且为资深利益相关方提供支持
平台方面	关注复杂环境中技术与服务的关系
成熟度方面	评估当前成熟状态和用户的能力。识别一个用户关注的未来状态
人员方面	明确运营和进程的基准评估；明确人力资源、知识和经验；明确卓越中心，并进行差距分析确保人员可以运营新的云模型
进程方面	明确进程、更新流程、项目管理和执行角色，确保商业结果按时、按预算达成

(续)

方面	关注领域
运营方面	注重更改程序、采用云端运营的新模型
安全方面	明确用户具体的安全需求,尤其是数据安全。确保遵守行业和地域法律(如财政、健康、美国法规和欧洲法规)

来源:亚马逊网络服务,2015,4。

(2)替换

可以用更加现代的应用程序替换传统应用程序,以解决相同的商业挑战。软件即服务(SaaS)应用程序或其他原生云应用程序能够成为企业内现代化应用构架的可行选项。

(3)保留、包装和扩展

应用程序如果确定具有商业价值,会被保留。一个应用程序现代化的方法是,对旧应用程序添加"包装纸"(如通过新的应用程序接口[API]管理工具),或添加触发器和功能以集成数据、分析、机器学习等云服务。

(4)更换主机

该选项会帮助用户把现有应用程序"提升并转移"(lift、shift)至云端。应用程序服务器可以虚拟化并托管在云端。如果用户正在使用本地部署的虚拟机(VM),这些虚拟机可以接入云端。使用该选项时,应用程序不必再设计或变化架构。这是低风险选项,但无法提供云计算的更高价值,因为迁移是简单的1:1的"提升并转移"。

(5)重新设想

在这一点,用户识别出可以从现代化和云意识升级中受益的应用程序(如从弹性中受益)。通常要对应用程序和架构进行重新设计。应用程序重新设计的风险较高,但是收益通常更高,因为现代应用程序可以从云技术中受益(例如,从快、慢串流中集成数据,利用近实时分析,以及机器学习,等等)。架构更改通常涉及可根据性能需求进行水平和垂直扩展的应用程序。重新设计也包括从整体设计(如客户服务器)转移到现代化的微服务为基础的设计。新技术和开发框架

(如 DevOps)使企业具有更多敏捷性和灵活度,以应对新的挑战。云意识应用程序通过集成云提供商不断扩展的服务,根据用户的商业要求持续完善。

毕马威会计事务所提出了决策者向云端迁移的十点思考(Heppenstall、Newcombe、and Clarke, 2016, 28—29)。按运营就绪度详述,帮助决策者开发一套整体、持续的方法,评估数据和服务,决定合适的安全包装、评估云服务、记录责任分配、评估服务提供商、评估服务条款、接受可靠度测试,最终做出明智的决定。

用户应有一套更新流程和一个特别小组负责向云端的迁移。该特别小组应帮助识别用户的目标并映射到云策略中。在技术变更之外,也需要调整企业流程、行政管理和文化,做到成功迁移并使用公共云。

上述更新流程应评估商业、技术、法律要求,筛选出云提供商、数据存储与处理位置和所用的云服务类型。这也会帮助进一步评估入围的提供商(如1—3家提供商)。明确必要的云服务类型,解决当前的商业挑战同时向企业提供创新平台,可明确概念验证的严格标准。

用户应认真评估和筛选云提供商。其基本标准包括市场评分、财政稳定性、独立认证声明和其他独立检查。可将风险分割,也可通过使用多个提供商来避免锁定提供商,这样能够对冲风险,但会增加云策略的复杂性。在选择一家云提供商时,必须符合行业的和其他监管的要求。例如,德国企业更倾向于选择一家在德国有多个数据中心的云提供商,从而确保数据只在德国存储并处理。企业应使用 Gartner 魔力象限等全球或区域级评估模型帮助决策,挑选云提供商。

2018年5月,《通用数据保护条例》生效,将严惩不合规行为,因此用户必须确定在公共云存储和处理哪些数据,只保留有关数据,并只按要求时长保留。企业应利用数据加密技术(如静态和动态数据加密),必须牢记且遵循责任分担模式。

服务级别协议(SLA)、许可体系和支持流程也必须认真评估,才能向云端迁移。这将确保云战略有效(effective)、高效(efficient)且经济(economical)(也称为3E测试)。

应尽可能地测试和改进新的操作、流程和管理模式,使其切合实际。训练和

第三章 向云端迁移
Migrating to the Cloud

记录这些更新将有助于推动组企业的文化和流程变革，推动云迁移的成功。在这样的环境中，云计算被接纳，企业从变化、创新和敏捷性中持续受益，成功实现云端迁移（见图 57）。

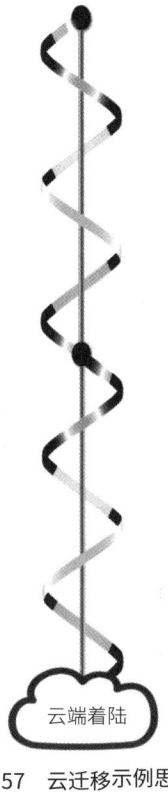

更改流程
理解变化的含义并适应流程和评估

特别小组
评估企业的需求并引领更改流程。

供应商评估
筛选供应商并评估哪些供应商达成更符合目标。

概念验证
定义评估标准，评估云供应商和优先云服务。

云类型
明确云类型（如 IaaS、PaaS、SssS）。

评估
识别企业的商业、技术和法律需求。

云服务
获取云服务、成熟度、生态系统和路径以满足企业当前和未来目标。

授权、SLA 流程
审议授权模型、SLA 支持和其他流程。

开展计划
定义渐变或大爆炸式的向云端迁移做法。

迁移
使用系统集成商、合作伙伴和云提供商来采取有经验的和最佳实践。

云端着陆

图 57　云迁移示例思考

一旦企业认识到云计算对业务的潜在利好，就会开始制定云策略，评估所选择的云提供商，再评估企业应用程序，要么迁移到云端，要么在云端使用（如应用 R 模型）。企业应从低风险和低复杂度，且提供高商业价值的应用开始。银行、零售、制造、教育和健康领域认识到了云技术在各自行业中发挥着重要影响（经济学人智库，2016，3—14）。在制造业中，54% 的企业认为使用云计算更好地支持了供应链管理（经济学人智库，2016，6）。

四、明确云类型、云服务、云提供商

"五步迁移到云"框架的前两步应帮助用户明确云类型（如私有云、公共云或混合云）。第三步（应用 5R 框架）确定要迁移的应用程序类型和消费何种云服务（如基础设施即服务、平台即服务或软件即服务）。很多企业以 IaaS 作为向云迁移的开端，而后评估应用程序和其他工作负载，再采用云提供商提供的 PaaS 和 SaaS 产品。也可以使用不同云提供商提供的多个服务，然后选择最好的服务产品（如数据服务、物联网服务、分析技术，等等），价格最合算，地点最合适（如存储和处理数据的云数据中心所在国）。有些企业已经发现，把应用程序向云服务迁移时，某些应用程序带来了优异回报。

上述自我评估可帮助用户进一步明确向云端过渡的备选应用，而该评估进程通常是迭代的和演进的。用户应先尝试简单、低复杂度和低风险的应用程序。该评估进程需创建一个评估和筛滤流程和标准清单（如业务重点、技术重点、软件授权重点、风险重点和财务重点）。由于通过云迁移了较多应用程序，他们可以再假设并挑战更久之前的设定和假设，而这种结构化和持续改进的过程将有助于实现组织目标，即提高云技术的采用（见图58）。

部分提供高经济回报的应用类型参见表6。应先尝试（如第一波）评估低复杂度（如没有再设计要求、没有复杂架构、低数据敏感度、低风险）的应用程序，再过渡到第二波和第三波的更复杂应用。顺应潮流使企业能测试它们的进程、评估标准、假设和低风险应用程序的性能，该测试在低风险应用程序继续更为复杂的工程之前进行。经过终端用户有效测试的迁移和在业务类迁移经历几次成功后，该进程可以标准化，更多应用随后可按分解的方式重复。有些应用程序可能较敏感，因此可归类到私有云，但软件应用程序也可以在之后再次测试。部分外部因素（如关闭数据中心的时间阶段、软件授权更新周期，等等）可能引起不同的或平行的进程，但如果可能，应采取分阶段做法向云端迁移。

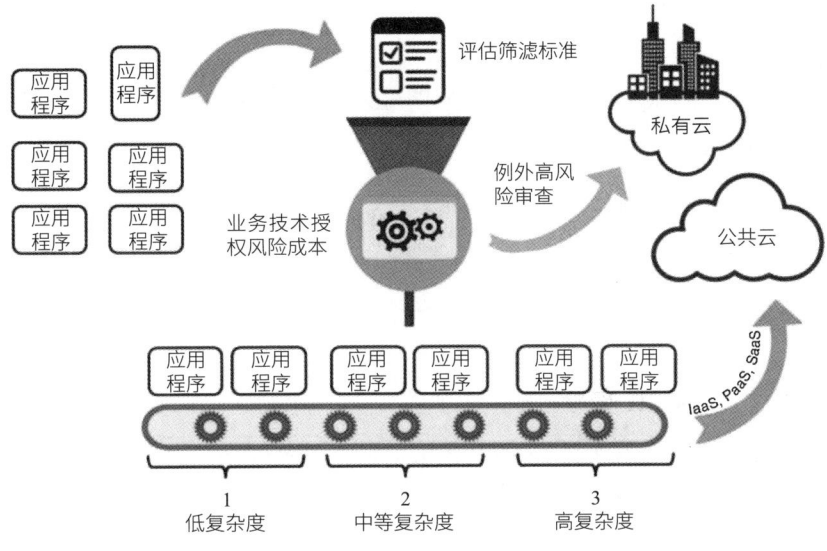

图 58　云迁移工厂方法

表 6　调查对象认为哪些云服务带来最大经济回报

云服务类型	调查对象百分比（%）
电邮/日历/日记	7
内容管理	3
客户关系管理（CRM）	14
会计/后勤	3
人员/人力资源或人才管理	6
应用程序平台即服务	4
数据库管理	9
商业智能/分析	6
应用程序开发者和/或线上测试	1
安全	9
系统和网络管理	6
存储在线、包括备份和/或灾难恢复	9
基础设施/计算能力	7
文件共享和管理	13
不适用	3

来源：欧盟委员会，2014，42—44。

选择云提供商的标准不尽相同，要考虑位置（用户和提供商的）、可选云服务、成本、成熟度、支持水平（如服务级别协议）和市场份额（即稳定性、声誉、知识和经验）等因素。其他可能影响云提供商做选择的内部因素包括用户所属行业、法律要求（全球和本地）、风险规避程度、态度和用户的云策略。

选择云提供商的部分常见因素如下：

- 云提供商的位置
- 可获取的云服务类型（如数据、分析、IoT、存储）
- 服务等级、正常运行时间、灾难恢复服务等级服务等级协议
- 提供商的知识、经验和专业技能
- 提供商的生态系统（如软件合作伙伴、应用程序的市场）
- 实施伙伴的可用性
- 独立认证（如安全）
- 提供商的市场份额和声誉、稳定性和未来可用性

表7突出了影响不同企业选择云提供商的几个常见原因（调查对象位于欧洲）。

表7 云服务提供商的最优选择

提供商类型	调查对象百分比（%）
总部在欧盟之外的纯云提供商	16
总部在欧盟之外的纯云提供商	15
总部在欧盟之外的信息技术服务提供商	7
总部在欧盟内的信息技术服务提供商	11
总部在欧盟之外的软件提供商	10
总部在欧盟内的软件提供商	16
总部在欧盟之外的电信服务提供商	9
欧洲电信提供商	9
不适用	7

来源：欧盟委员会，（2014），42—44。

不同的企业和区域，影响因素的优先顺序和权重各不相同，有些因素最可能驱使用户做出选择云提供商的决策。最常见的主要影响因素在表 8 中有所侧重（调查对象位于欧洲，这类影响因素和重要性在其他大区也很类似）。在这份欧洲调查中，价值比和价格是调查对象认为最有决定性的因素。

表 8　云服务提供商的主要选择因素

因　　素	调查对象百分比（%）
提供服务设备的地理位置	26
提供商总部的位置	29
本地实施伙伴的可用性	31
价格	50
比值质量/提供服务的价格	60
提供商声誉	47
服务级别协议（SLA 或正常运行时间保证）	38
其他/不适用	3

来源：欧盟委员会，2014，42—44。

相比欧洲和其他地区，美国占据云计算市场的最大份额，大概占前 25 至 100 家提供商收入之和的 60%（见表 9）。欧盟是第二大市场，约占美国云提供商数量的一半，大概占前 25 至 100 家提供商总收入的剩余部分。

表 9　前 25—100 名提供商按来源地进行市场对比

来源地	供应商数量	前 25—100 名提供商收入的总体份额	每个参与者份额
欧盟	23	34.1%	1.48%
美国	49	60.7%	1.24%
其他	3	4.1%	1.38%

来源：欧盟委员会，2014，67。

就全球和欧洲市场份额和市场地位，不少提供商在多个独立评估中都位列顶级。这些评估的样例参见图 59 和图 60。各地区都领先的企业有 AWS、谷歌、赛富时和微软（按拼音首字母排序）。

Experton 市场洞见：云提供商标杆(2016)——公共云 德国（IaaS——自主服务）

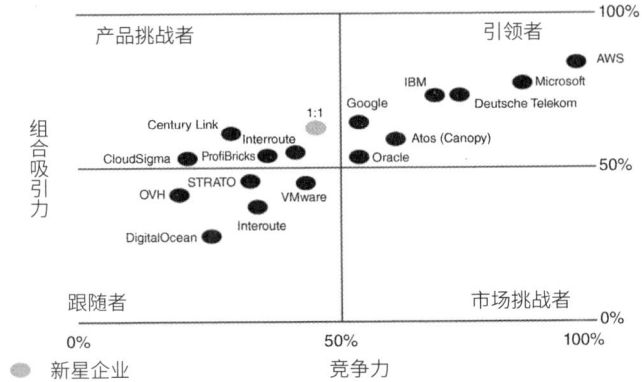

图 59 云提供商标杆（2016）——德国

来源：Henkes，2016，9。

图 60 公共云领导力竞赛

来源：Synerey Research Group，2018。

表 10 给出了欧洲市场的云提供商前 25 强。云提供商包含全球和本地提供商。

表 10 公共云服务提供商 25 强预计欧盟市场份额

西欧排名	提供商名称	总部地点	欧洲市场份额(2013)	欧盟增长(2012—2013)
1	Salesforce.com	美国	6.9%	183%
2	AWS	美国	6.0%	212%

(续)

西欧排名	提供商名称	总部地点	欧洲市场份额(2013)	欧盟增长(2012—2013)
3	微软	美国	2.8%	383%
4	谷歌	美国	2.4%	178%
5	甲骨文	美国	2.0%	153%
6	IBM	美国	2.0%	254%
7	Adobe	美国	1.8%	164%
8	SAP	德国	1.7%	576%
9	Symantec	美国	1.6%	96%
10	Opentext（GSX）	美国	1.4%	105%
11	思科	美国	1.3%	18%
12	Visma	挪威	1.2%	172%
13	惠普	美国	1.2%	96%
14	ServiceNow	美国	1.0%	238%
15	Citrix	美国	0.8%	122%
16	T-Systems	德国	0.8%	328%
17	SmartFocus	法国/英国	0.8%	119%
18	Concur	美国	0.8%	137%
19	Unit4	荷兰	0.7%	203%
20	Cegid	法国	0.6%	193%
21	IntraLinks	美国	0.6%	131%
22	ADP	美国	0.6%	220%
23	Zoho	美国	0.6%	204%
24	Zucchetti	意大利	0.5%	147%
25	Wolters Kluwer	荷兰	0.5%	0156%

来源：欧盟委员会，2014，65—66。

五、迁移工厂

最后一步是组建一个过渡到云端的迁移工厂（见图61）。前四步用到的策略、方法和决策在该步骤融合使用。负责执行迁移的信息技术部门的体量和专业

（即云）技能往往取决于向云端移动的用户的体量大小。用户可以选择自行经营迁移工厂，或者选择执行合作方。这些合作可咨询云提供商的相关部门或咨询专业从事云计算咨询和交付服务的公司。计划和准备是成功的关键，企业应"积跬步以成千里"。

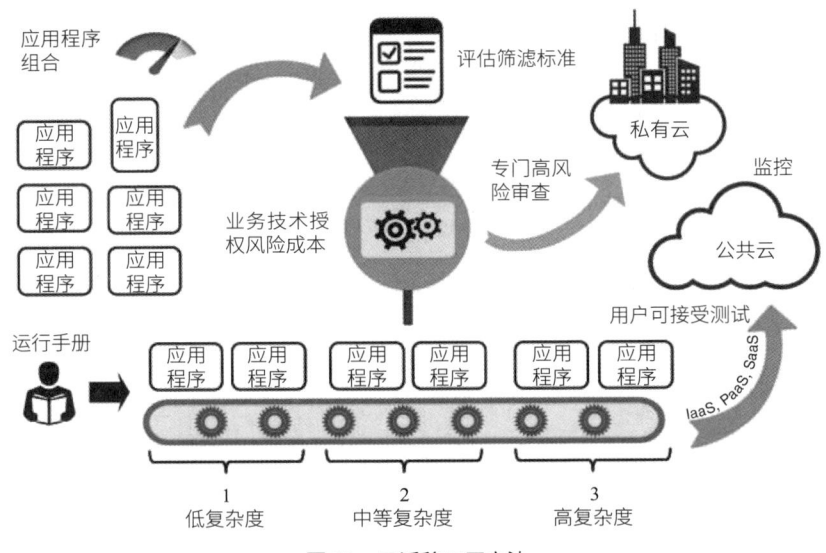

图 61　云迁移工厂方法

所谓的"跬步"包括将迁移的应用程序根据复杂度和风险分成不同的"波（wave）"，先向"熟透的果子"下手（如容易迁移、低风险、商业价值）。应定好与业务和内部管理规定相关的评估标准，同时执行合伙方的最佳实践和经验（如果选择了联合方法）。应用程序性能分析是该进程中至关重要的一步。性能分析一般会根据性能监控要迁移的应用程序（如平均和峰值 CPU、内存和磁盘吞吐量等关键性能指标）和用户接入。应用程序性能分析应至少执行 30 天才算采集到一个可靠的基准。

这些基准之后作为输入项，决定着应用程序的目标性能的高低（例如，虚拟机的大小、数据库的大小与规模、网络应用程序，等等）。迁移团队一般创建"运行手册"，遵循统一的迁移方法，进行多种检查，创建里程碑，验证并批准迁移的成功度和完整度。用户验收测试（UAT）是迁移的重要阶段，应包含在最终的迁移验证步骤中。

案例分析：奈飞

奈飞（Netflix）是一家在云端运营的全球视频流媒体服务公司。早在 2008 年，奈飞公司经历过一次信息技术故障，因此认识到必须从自有的数据中心和传统的软件架构走出来。奈飞的架构师认为，无单点故障的云端横向扩展和分布式系统是最优解。AWS 是奈飞选择的云提供商，规模和服务都满足要求。截至 2016 年，奈飞所有面向消费者的服务和数据中心应用程序已经迁移至云端。奈飞的消费者人数与 2008 年相比提高了八倍，而这需要大量的计算和存储资源。

弹性云资源使奈飞与持续增长的需求保持了同步，能在数分钟内增加数千个虚拟服务器和数拍字节的存储。AWS 云的全球布局使奈飞可以向全世界提供服务而无需担心基础设施和后端系统。奈飞利用了存储、计算、分布式数据库、大数据和分析等服务和功能（如用户的个性化推荐）。

奈飞决定向云端迁移的首要原因是增加计算能力（CPU+RAM）与存储、资源的弹性使用、高可用性和敏捷性。与运营自己的数据中心相比，成本降低是向云端迁移的积极附加作用。尽管提升并转移的做法可能更简单、更快速，奈飞还是决定对自有应用程序和服务再设计，使它们真正变成云原生。这一做法要求更多时间、更高成本和更大投入，但对奈飞来说是优化云端收益的最佳选择。

来源：Izrailevsky、Vlaovic、Meshenberg，2016。

第四章
亚马逊网络服务和微软 Azure
Amazon Web Services and Microsoft Azure

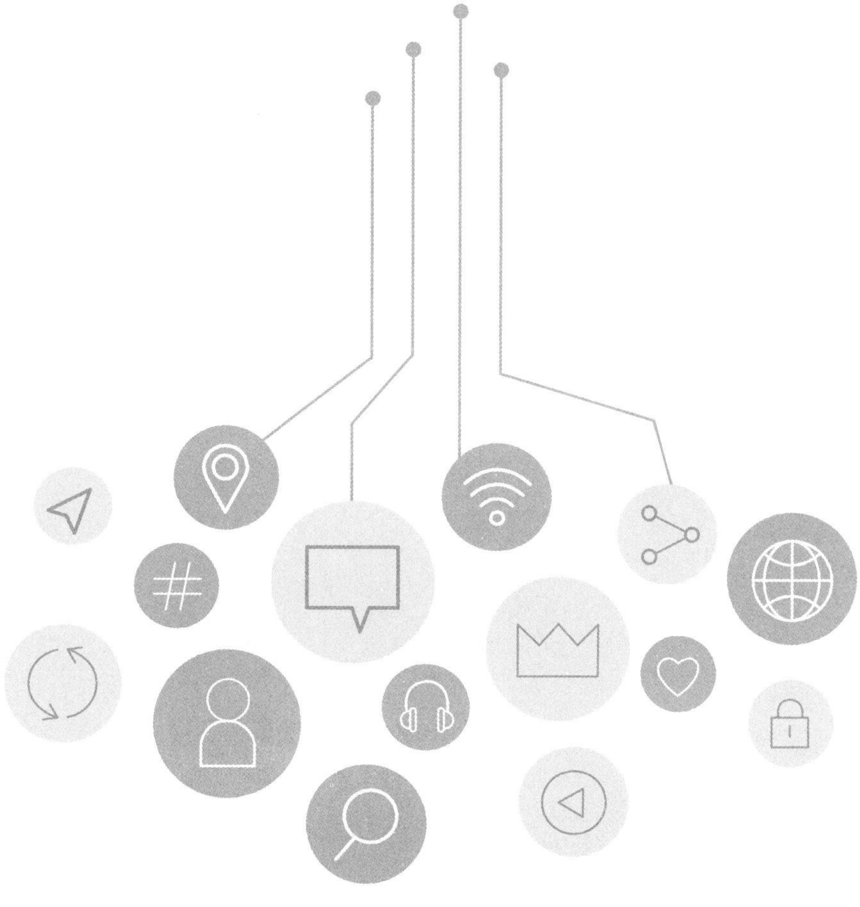

第四章 亚马逊网络服务和微软 Azure
Amazon Web Services and Microsoft Azure

在撰写本书时，有两个公共云提供商占有最高的市场份额，并在市场份额、云服务产品、地理便利性、实施生态保护、云市场（如应用程序存储）和云成熟度方面遥遥领其他提供商。这两个公共云提供商"巨头"就是亚马逊网络服务（AWS）和微软（Azure）。本章旨在概述公共云两巨头和各自的云服务组合。本章的第一节侧重讲解 AWS，也是当前全球的市场领导者；第二节重点是微软 Azure（微软云）。一份 IDC 评估将 AWS 和微软评为两大顶级龙头企业，其他高排名企业还有富士通、谷歌、IBM 和 Rackspace（Mohan、DuBois、Berggren，2017，1）。

一、AWS（亚马逊网络服务）

AWS 于 2006 年开始向公众提供信息技术服务，是独立于线上零售业务的业务部门。它的公共云运营遍及全世界 18 个地理区域（190 个国家），提供 49 个可用区或数据中心分组。AWS 提供的云服务众多，可用服务清单不断增加。本节详述当前 AWS 组合的关键云服务（亚马逊网络服务，2017），请参见图 62。

1. 计算

AWS 计算分类中有多个子类别：

- 亚马逊弹性计算云（EC2）
- 亚马逊弹性计算容器服务（ECS）
- 亚马逊弹性计算容器注册表（ECR）
- 亚马逊 Lightsail
- 亚马逊 Elastic Beanstalk
- 亚马逊 Lambda

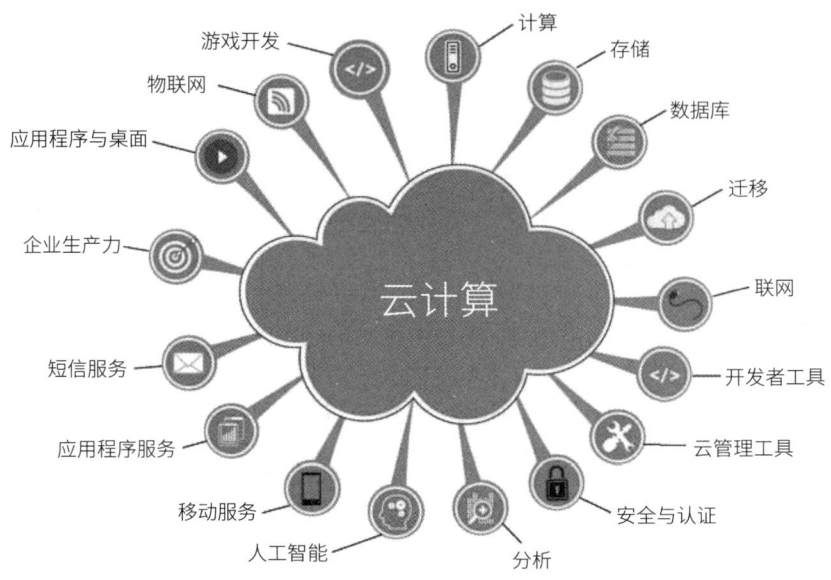

图 62　AWS 云产品组合范畴

（1）亚马逊弹性计算云（EC2）

该云服务的本质是以虚拟机形式向客户提供云端计算能力，是一种配置、接入和使用虚拟服务器的安全方式。虚拟机可调整大小（如增加或减少虚拟中央处理器（CPU）的数量、运行内存的数量或存储器的数量和类型）。虚拟机的配置是一项通过门户网站达成的自主服务任务或一个命令行接口（具有现成的指令程序（cmdlet）辅助开发者或管理者实现任务自动化）。配置的时间按分钟计算，且配置可扩展（如数十、数百或数千服务器）。亚马逊以网络服务应用程序接口设计云服务，更方便管理其自动化和与其他服务的集成，因此，虚拟机配置、关闭和提升容量等任务可以全部按编程、按计划且自动化地进行。虚拟机的可选操作系统众多（如微软的 Windows 系统、Redhat、SUSE 和 Ubuntu 的 Linux 系统）。亚马逊提供的服务级别协议承诺，每个区域（具有可运行云数据中心的地理区域）都保证 99.5% 的可用性。组织可选择的成本模型有多个：

- 按需实例

- 竞价实例
- 预订实例
- 专用主机

按需实例（在本语境特指虚拟机）允许用户按小时或秒支付计算能力，而组织无需担心一次性支付或长期投入，只需为消费云资源的时间付费。这就是即付即用商业模式的精髓，跟手机花费相似，即要么按合同每月固定付费，要么根据使用情况支付。

竞价实例允许用户利用特定时间的闲置容量，价格折扣（如单位成本）在短时间内可达 90%。缺点是亚马逊可能在极短时间就关闭虚拟机，因为云计算能力的需求提升，亚马逊需确保高溢价支付用户足够的性能。在竞价实例中，虚拟机内部署的应用程序必须能从容处理短期关闭而后继续或重开的计算任务。

预订实例跟按需实例价格相比，最高打二五折。对于要求稳定状态和一定最小运行力的应用程序（例如，足够运行的虚拟 CPU 和 RAM 充分运行的性能基准），则通常选择这一成本模型。亚马逊要求选用该模型的用户签署 1~3 年的协议。

地区：美国东部（俄亥俄州）

	vcPU	ECU	Memory (GiB)	lnstance Storage(GB)	Linux/UNIX Usage
一般目的——当代					
t2.nano	1	Variable	0.5	EBS Only	$0.0058 per Hour
t2.micro	1	Variable	1	EBS Only	$0.0116 per Hour
t2.small	1	Variable	2	EBS Only	$0.023 per Hour
t2.medium	2	Variable	4	EBS Only	$0.0464 per Hour
t2.large	2	Variable	8	EBS Only	$0.0928 per Hour
t2.xlarge	4	Variable	16	EBS Only	$0.1856 per Hour
t2.2xlarge	8	Variable	32	EBS Only	$0.3712 per Hour
m4.large	2	6.5	8	EBS Only	$o.1 per Hour
m4.xlarge	4	13	16	EBS Only	$0.2 per Hour
m4.2xlarge	8	26	32	EBS Only	$0.4 per Hour
m4.4xlarge	16	53.5	64	EBS Only	$0.8 per Hour

来源：https://aws.amazon.com/ec2/pricing/on-demand/。

	vCPU	ECU	Memory (GB)	Instance Storage (GB)	Linux/UNIX Usage
优化后计算——当代					
c4.large	2	8	3.75	EBS Only	$0.1 per Hour
c4.xlarge	4	16	7.5	EBS Only	$0.199 per Hour
c4.2xlarge	8	31	15	EBS Only	$0.398 per Hour
c4.4xlarge	16	62	30	EBS Only	$0.796 per Hour
c4.8xlarge	36	132	60	EBS Only	$1.591 per Hour
优化后记忆——当代					
x1.16xlarge	64	174.5	976	1×1920 SSD	$6.669 per Hour
x1.32xlarge	128	349	1952	2×1920 SSD	$13.338 per Hour
r3.large	2	6.5	15	1×32 SSD	$0.166 per Hour
r3.xlarge	4	13	30.5	1×80 SSD	$0.333 per Hour
r3.2xlarge	8	26	61	1×160 SSD	$0.665 per Hour
r3.4xlarge	16	52	122	1×320 SSD	$1.33 per Hour
r3.8xlarge	32	104	244	2×320 SSD	$2.66 per Hour
r4.large	2	7	15.25	EBS Only	$0.133 per Hour
r4.xlarge	4	13.5	30.5	EBS Only	$0.266 per Hour
r4.2xlarge	8	27	61	EBS Only	$0.532 per Hour
r4.4xlarge	15	53	122	EBS Only	$1.064 per Hour
r4.8xlarge	32	99	244	EBS Only	$2.128 per Hour
r4.16xlarge	64	195	488	EBS Only	$4.256 per Hour

来源：https://aws.amazon.com/ec2/。

图 63　AWS EC2 按需定价示例

专用主机允许用户选择一个物理的 EC2 服务器作为专用，其他用户的工作负载不会加载到这类主机上。用户可获得高性能和更高的独立性，而且便于绑定服务器的软件授权。用户以按需方式购买专用主机的容量（按小时计费）或通过预定购买（比按需选项价格折扣高达 70%）。图 63 的示例为多种亚马逊 EC2 的成本模型。

根据按需定价的 r4.16xlarge 实例类型每小时收费 4.256 美元，而竞价实例每小时收费 3.5394 美元。

（2）亚马逊弹性计算容器服务（ECS）

这种云服务产品侧重于容器（container）（详见第二章），提供支持 Docker 容器的可

Linux/UNIX		Windows
r4.4xlarge	$0.1489 美元 / 小时	$0.8849 美元 / 小时
r4.8xlarge	$0.2977 美元 / 小时	$1.7697 美元 / 小时
r4.16xlarge	$0.5954 美元 / 小时	$3.5934 美元 / 小时

来源：https://aws.amazon.com/ec2/spot/pricing/。

扩展和高性能容器管理服务。使用亚马逊 ECS，在亚马逊 EC2 实例托管集群上运行应用程序。容器提升了应用程序开发的敏捷性，提高了设计和架构蓝图的灵活度，还增加了托管密度（如在同一个虚拟机运行多个容器化的应用程序将虚拟服务器使用最大化）。

（3）亚马逊弹性计算容器注册表（ECR）

容器注册表如同集中和管理容器图像的数据库系统。这种云服务集成了亚马逊弹性计算容器服务，提高了用户使用容器的便利度，具有协作式和标准化的工作流。

（4）亚马逊 Lightsail

此服务产品旨在帮助用户快速适应亚马逊公共云。用户可以重点关注应用程序而云提供商（亚马逊）则关注虚拟机、固态硬盘（SSD）、域名系统（DNS）管理和静态互联网协议（IP）地址等基础设施。

亚马逊 Batch 类似于 Lightsail，旨在将用户工作流自动化。有了这项服务，开发者、数据科学家等可以把数以万计批次的计算工作提交给 AWS 公共云。Batch 云服务动态配置所需的计算资源（如虚拟 CPU、虚拟 RAM），批次规划、调度和执行都由 AWS Batch 云服务管理。

（5）亚马逊 Elastic Beanstalk

用户在部署网络应用程序和代码时，可以把后端任务交由云服务和亚马逊处理。基础设施的创建、配置、管理和扩展都自动进行，且包含了先进功能，如负载均衡器和应用程序健康监控。用户仍可以控制资源以控制财务成本。

（6）亚马逊 Lambda

这种云服务方便了用户运行云端的代码而无需担心云基础设施。AWS 在后

云端需求驱动供应链
The Cloud-Based Demand-Driven Supply Chain

Name	API Name	Memory	vCPUs	Instance Storage	Network Pertosmance	Linux On Demand cost	Linux Reserved cost	Windows On Demand cost	Windows Reserved cost
M1 General Purpose Small	m1.small	1.7GiB	1 vCPUs	160 GiB HDD+900MB swap	Low	$0.044000 hourly	$0.020000 hourly	$0.075000 hourly	$0.057000 hourly
M1 General Purpose Medium	m1.medium	3.75GiB	1 vCPUs	410 GiB HDD	Moderata	$0.087000 hourly	$0.056000 hourly	$0.145000 hourly	$0.115000 hourly
M1 General Purpose Large	m1.large	7.5GiB	2 vCPUs	840 GiB (2*420 GiB HDD)	Moderata	$0.175000 hourly	$0.112000 hourly	$0.299000 hourly	$0.232000 hourly
M1 General Purpose Extra Large	m1.xlarge	15.0GiB	4 vCPUs	1680 GiB (4*420 GiB HDD)	High	$0.350000 hourly	$0.224000 hourly	$0.596000 hourly	$0.455000 hourly
C1 High-CPU Medium	c1.medium	1.7GiB	2 vCPUs	350 GiB HDD+500MB swap	Moderata	$0.130000 hourly	$0.051000 hourly	$0.210000 hourly	$0.175000 hourly
C1 High-CPU Extra Large	c1.large	7.0GiB	0 vCPUs	1680 GiB (4*420 GiB HDD)	High	$0.520000 hourly	$0.364000 hourly	$0.040000 hourly	$0.719000 hourly
Cluster Compute Eight Extra Large	cc2.large	60.5GiB	32 vCPUs	3360 GiB (4*840 GiB HDD)	to Gigabit	$2.000000 hourly	$1.090000 hourly	$2.570000 hourly	$1.336000 hourly
Cluster GPU Quadruple Extra Large	Cg1.4xlarge	22.5GiB	16 vCPUs	EBS only	to Gigabit	$2.100000 hourly	unavailable	$2.600000 hourly	unavailable
M2 High Memory Extra Large	m2.xlarge	17.1GiB	2 vCPUs	420 GiB HDD	Moderata	$0.245000 hourly	$0.111000 hourly	$0.345000 hourly	$0.249000 hourly
M2 High Memory Double Extra Large	m2.2xlarge	34.2GiB	4 vCPUs	850 GiB HDD	Moderata	$0.490000 hourly	$0.222000 hourly	$0.365000 hourly	$0.456000 hourly
M2 High Memory Quadruple Extra Large	m2.4xlarge	68.4GiB	8 vCPUs	1680 GiB (2*840 GiB HDD)	High	$0.980000 hourly	$0.444000 hourly	$1.380000 hourly	$0.591000 hourly
High Stotage Eight Extra Large	Hs.8xlarge	117.0GiB	16 vCPUs	48000 GiB (24*2000 GiB HDD)	to Gigabit	$4.600000 hourly	$2.574000 hourly	$4.931000 hourly	$2.961000 hourly
T1 Micro	t1.micro	0.013GiB	1 vCPUs	EBS only	Vary Low	$0.002000 hourly	$0.014000 hourly	$0.002000 hourly	$0.015000 hourly
T2 Nano	t2.nano	0.5GiB	1 vCPUs for a 1h 12ms bur	EBS only	Low	$0.005800 hourly	$0.004000 hourly	$0.008100 hourly	$0.006000 hourly
T2 Micro	t2.micro	1.0GiB	1 vCPUs for a 2h 24ms bur	EBS only	Low to Moderata	$0.011500 hourly	$0.007000 hourly	$0.016200 hourly	$0.012000 hourly
T2 Small	t2.small	2.0GiB	1 vCPUs for a 4h 48ms bur	EBS only	Low to Moderata	$0.023000 hourly	$0.014000 hourly	$0.032000 hourly	$0.024000 hourly
T2 Medium	t2.medium	4.0GiB	2 vCPUs for a 4h 48ms bur	EBS only	Low to Moderata	$0.045400 hourly	$0.029000 hourly	$0.064400 hourly	$0.043000 hourly
T2 Large	t2.large	0.0GiB	2 vCPUs for a 7h 12ms bur	EBS only	Low to Moderata	$0.092800 hourly	$0.050000 hourly	$0.120000 hourly	$0.086000 hourly
T2 Extra Large	t2.xlarge	16.0GiB	4 vCPUs for a 5h 24ms bur	EBS only	Moderata	$0.185600 hourly	$0.115000 hourly	$0.226600 hourly	$0.156000 hourly
T2 Double Extra Large	t2.2xlarge	32.0GiB	8 vCPUs for a 4h 2ms bur	EBS only	Moderata	$0.371200 hourly	$0.230000 hourly	$0.433200 hourly	$0.292000 hourly
M5 General Purpose Large	m5.large	0.0GiB	2 vCPUs	EBS only	High	$0.095000 hourly	$0.061000 hourly	$0.188000 hourly	$0.153000 hourly
M5 General Purpose Extra Large	m5.xlarge	16.0GiB	4 vCPUs	EBS only	High	$0.192000 hourly	$0.123000 hourly	$0.376000 hourly	$0.357000 hourly
M5 General Purpose Double Extra Large	m5.2xlarge	32.0GiB	8 vCPUs	EBS only	High	$0.384000 hourly	$0.245000 hourly	$0.752000 hourly	$0.613000 hourly
M5 General Purpose Quadruple Extra Large	m5.4xlarge	64.0GiB	16 vCPUs	EBS only	High	$0.768000 hourly	$0.491000 hourly	$1.504000 hourly	$1.227000 hourly
M5 General Purpose 12xlarge	m5.12xlarge	192.0GiB	48 vCPUs	EBS only	High	$2.304000 hourly	$1.472000 hourly	$4.512000 hourly	$3.680000 hourly
M5 General Purpose 24xlarge	m5.24xlarge	384.0GiB	96 vCPUs	EBS only	High	$4.608000 hourly	$2.944000 hourly	$9.024000 hourly	$7.360000 hourly
M4 General Purpose Large	m4.large	8.0GiB	2 vCPUs	EBS only	Moderata	$0.100000 hourly	$0.062000 hourly	$0.192000 hourly	$0.154000 hourly
M4 General Purpose Extra Large	m4.xlarge	16.0GiB	4 vCPUs	EBS only	High	$0.200000 hourly	$0.124000 hourly	$0.384000 hourly	$0.308000 hourly
M4 General Purpose Double Extra Large	m4.2xlarge	32.0GiB	8 vCPUs	EBS only	High	$0.400000 hourly	$0.240000 hourly	$0.368000 hourly	$0.616000 hourly
M4 General Purpose Quadruple Extra Large	m4.4xlarge	64.0GiB	16 vCPUs	EBS only	High	$0.800000 hourly	$0.496000 hourly	$1.536000 hourly	$1.232000 hourly
M4 General Purpose Deca Extra Large	m4.10xlarge	16.0GiB	40 vCPUs	EBS only	to Gigabit	$2.000000 hourly	$1.239000 hourly	$3.840000 hourly	$3.079000 hourly

来源：https://aws.amazon.com/ec2/pricing/on-demand/。

第四章 亚马逊网络服务和微软 Azure
Amazon Web Services and Microsoft Azure

端配置并管理服务器,将用户在运行和管理上的经常性开支最小化,从而让用户更专注于开发以及商业价值导向的任务。用户只对计算时间付费。

AWS 在全世界 18 个地理区域运营,提供众多可用区(数据中心分组)。有些云服务无法在全部区域都可用,或者在不同区域按阶段提供服务(见图 64)。

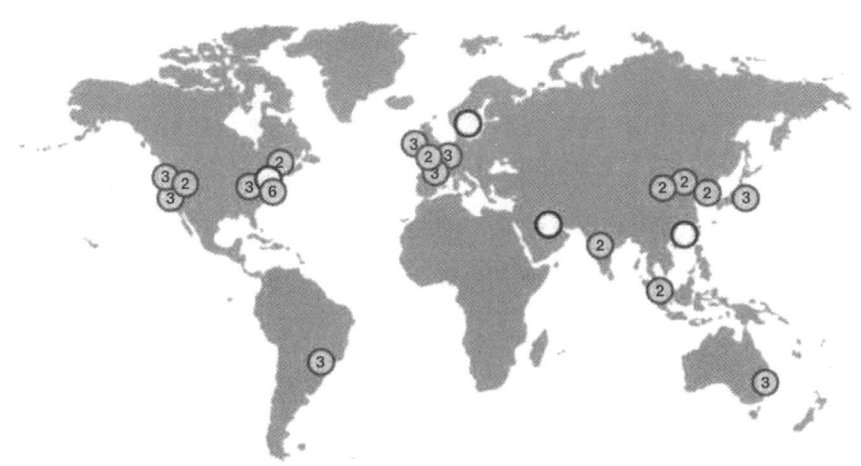

 # 已布局地区和数量

美国东部: 维吉尼亚州东部(6),俄亥俄州(3)
美国西部: 加州北部(3),俄勒冈州(3)

亚太: 孟买(2),首尔(2),新加坡(2),悉尼(3),东京(3)
加拿大: 中部(2)
中国: 北京(2),宁夏(2)

欧洲: 法兰克福(3),爱尔兰(3),伦敦(2),巴黎(3)
南美: 圣保罗(3)
AWS 政府云(美国西部)(2)

○ 即将布局地区

巴林岛
中国香港特别行政区
瑞典
AWS 政府云(美国东部)

图 64 AWS 公共云全球布局

2. 存储

在此分类中有多个关键产品:

- 亚马逊简易存储服务(S3)
- 亚马逊弹性块存储(EBS)
- 亚马逊弹性文件系统(EFS)
- 亚马逊 Glacier
- 亚马逊存储网关

（1）亚马逊简易存储服务（S3）

它是存储类云服务，提供对象存储类型，借助简易网络（web）服务接口（也是行业标准的 REST API 和 SDK），做到全球可获取（通过互联网连接）。用户可以使用亚马逊 S3 存储应用程序数据，把 S3 用作数据湖或用于备份和恢复。亚马逊 S3 具有的服务级别协议能在一年内保持 99.999999999% 的持久性和 99.99% 的可用性，支持全球超过一万亿件对象的存储。亚马逊也向经常或较不经常使用存储能力的用户提供不同的成本模型。上传至亚马逊 S3 的数据经过安全套接层（SSL）传输，而亚马逊 S3 向静态数据提供加密（S3 存储桶），并由 AWS 身份和访问管理（IAM）向用户提供接入和安全管理。用户掌控此云服务的使用地点，可控制延迟，也帮助用户遵守敏感数据的法规要求。

（2）亚马逊弹性块存储（EBS）

此存储类型为亚马逊 EC2 实例（虚拟机）提供持续的块存储卷。这些存储卷在重启虚拟机后可用，并在可用区内自动复制，向用户提供高可用性。可用区一般是三个区域内三个数据中心的集群，数据和虚拟机可以复制到这些集群以支持高可用性并保护它们免于灾难，而复制既可异步也可同步（如在同一时间的两个地点将数据写入一个应用程序以保护数据）。扩展 EBS 卷可以在数分钟内完成，而用户只对配置的内容付费（即便磁盘卷没有实际写入，但也可以被企业配置和使用）。对于拥有的亚马逊 EBS 卷，用户可以选择使用传统硬盘驱动器（HDD）或固态硬盘（SSD）。HDD 更便宜而容量可更大，而 SSD 适合应用吞吐量的程序或进程。每个亚马逊 EBS 卷旨在提供 99.99% 的可用性，数据在亚马逊 EC2 实例和亚马逊 EBS 卷之间静态或动态加密。

（3）亚马逊弹性文件系统（EFS）

亚马逊弹性文件系统（EFS）云服务为亚马逊 EC2 实例提供可扩展文件存储。顾名思义，亚马逊 EFS 云服务提供弹性存储容量，可根据用户需求的变化增加或减少。如果亚马逊 EFS 安装到亚马逊弹性计算云（EC2）实例，则访问和互操作性对于应用程序和其他工具是无缝的。多个 EC2 实例也可以同一时间访问亚马逊 EFS 文件系统，而用户可以把亚马逊 EFS 作为跨多个 EC2 实例的工作负载和应用程序的集中数据源。在本地部署和亚马逊公共云之间使用虚拟专用网络（VPN）连接（源和目标之间的更安全和专用的虚拟网络隧道连接）时，可以使用亚马逊 EFS 和 VPN 把数据从其本地位置迁移或备份到亚马逊云。亚马逊 EFS 旨在做到高度可用，为广泛的应用程序和工作负载类型提供足够的性能。

（4）亚马逊 Glacier

亚马逊 Glacier 云服务是数据归档和存储数据备份的一种低成本、安全、长期存储选项。这种存储服务旨在满足长期存储和不经常的数据访问需求。亚马逊提供的数据检索成本模型的速度不尽相同，数分钟至数小时不等。

（5）亚马逊存储网关

亚马逊云服务提供本地部署和亚马逊云的混合存储选项。亚马逊提供多协议存储设备（设备通常是预先配置的，专用的开箱即用设备）高效通过网络连接到亚马逊云存储服务。用户可以使用此网关将数据迁移到云端，或者如果本地存储不足，可以把数据接入云端。

3. 数据库

亚马逊在公共云端提供多个数据库和数据库服务，包括：

- 亚马逊 Aurora
- 支持如下数据库的亚马逊关系数据库服务（RDS）：

  亚马逊 Aurora

  PostgreSQL

  MySQL

  MariaDB

  甲骨文

  微软 SQL Server

- 亚马逊 DynamoDB
- 亚马逊 Elasticache

（1）亚马逊 Aurora

亚马逊云服务是个托管服务——平台即服务（PaaS）产品。亚马逊 Aurora 数据库是个数据库引擎，与 MySQL（如 5.6 版本）和 PostgreSQL 数据库引擎（如 9.6 版本）兼容。更容易向该数据库迁移，因为无须修改软件代码，而且应用程序是交叉兼容的。亚马逊称，该数据库提供的性能比 MySQL 至少高 5 倍，或者产出是 PostgreSQL 数据库的两倍，而且安全性、可用性和可靠性与通用企业级数据库相当，且成本较低。亚马逊 Aurora 数据库可支持高达每秒 50 万次读取和每秒 10 万次写入。使用只读副本（数据库的多个副本允许更大的并行读取性能），这个规模可以进一步增加，延迟低至 10 毫秒。

亚马逊 Aurora 利用虚拟专用网络（VPN）提高安全性，通过安全套接层（SSL）安全传输和加密数据（如静态数据、备份、快照和同一个集群的副本）。亚马逊 Aurora 数据库的虚拟机实例类型可以从小（如 2 个 vCPU、4 吉字节 RAM）到大（如 32 个 vCPU、244 吉字节 RAM）。数据库的潜在存储性能可根据需要自动增长，而存储范围从 10 吉字节到 64 太字节不等。企业可在三个亚马逊可用区间部署高达 15 份低延迟只读副本，提升只读性能。亚马逊 Aurora 云服务旨在保证 99.99% 的可用性，而实例的故障切换通常在 30 秒内完成。数据库的底层存储目的在于容错。数据的六份副本在三个亚马逊可用区之间复制，且持续备份到亚马逊 S3 的出现。

（2）亚马逊关系数据库服务（RDS）

RDS 云服务使在亚马逊公共云内建立、运行或扩展关系数据库时更简单、更省时。云服务提供商（即亚马逊）负责管理耗时和单调的数据库管理任务（如修补、升级），用户数据库管理员（DBA）可更专注于商业价值和企业特定任务。亚马逊 RDS 云服务支持六个数据库引擎：

① 亚马逊 Aurora

② MariaDB

③ 微软 SQL Server

④ MySQL

⑤ 甲骨文

⑥ PostgreSQL

（3）亚马逊 DynamoDB

亚马逊 DynamoDB 数据库是全面托管（PaaS）NoSQL 数据库的云服务。NoSQL 数据库支持 SQL 询问并通常支持下列数据存储类型：

- 列存储
- 文件存储
- 键值存储
- 图表数据库
- 多模型

亚马逊 DynamoDB 支持文档存储和键值存储数据库类型。NoSQL 数据库类型发展到能够解决大数据、联网设备和高级分析时代的不同挑战。列存储可以按列检索数据，使得只读和分析任务快于传统的逐行方法。文档存储的灵活度和敏捷性更高，因为不需要固定的数据库架构（数据模型）。另外，数据可以存储在 JavaScript 对象标记（JSON）格式等文档中，而且数据设计者不需操心定义数据模型或架构。数据可以插入列表内，且不限制插入时间（如数据类型、数据长度和数据插入顺序）。该方法亦称读时模式，因为数据可以按任何形式或方法插入，后续应用程序定义该如何读取信息。关系数据库使用写时模式，其中数据模型预先定义而限制必须满足插入时间。两种各有优劣，取决于使用场定关系数据库还是非关系数据库（即 NoSQL）的时间。有些应用程序和分析需要快速读取性能并能从现代 NoSQL 数据库类型中受益。关系数据库系统一般用于金融交易的联机交易处理（OLTP）或者在线分析处理（OLAP）使用场景，需要高级分析（如多维度数据聚合和复杂分析）。

键值存储库是一个简单的数据库类型，根据关联键值存储数据，每个键只对应一个值。对应的键可以是文件名、统一资源标识符（URI）或者哈希（harh）。对应值可以是任何数据类型，包括图表或文档。键值以二进制大对象（BLOB）

格式内存储，无需数据库架构。键值存储库常用于快速简易存储和分析。

（4）亚马逊 Elasticache

Elasticache 云服务提供内存缓存。使用内存以非固态硬盘（SSD）或硬盘驱动器（HDD）的性能（读写吞吐量）更好。亚马逊支持两个开源内存缓存引擎：Redis 和 Memcached。具有 Redis 的 Elasticache 云服务是由亚马逊全面托管的服务。根据常规数据需求量，该服务可以从一个节点扩展到集群中的 15 个节点，而该集群的内存数据高达 3.55 太字节。由于此亚马逊云服务支持这两个最常见的内存缓存引擎，用户迁移至该服务也更加简易，因为不必修改软件代码、应用程序或 Redis 与 Memcached 使用的工具。这种快捷性有助于提升网络应用程序、移动应用程序、游戏或物联网性能。

4. 迁移

为了更方便地让企业向公共云过渡，AWS 提供了多个服务和产品：

- AWS 应用程序发现
- AWS 数据库迁移服务
- AWS 服务器迁移服务（SMS）
- AWS Snowball
- AWS Snowball Edge
- AWS Snowball Mobile

（1）AWS 应用程序发现

亚马逊的此项服务旨在帮助系统集成者识别企业内本地运行的应用程序，包括基于基准所监控和推荐的性能指标（例如，跟踪 30 天然后获得 CPU、RAM、网络和存储吞吐量等的关键指标的平均和峰值利用率数据）。识别并映射应用程序的依赖性是应用程序发现服务的关键阶段，确保所有必要的应用程序一同迁移，继续提供整体应用程序服务。该发现服务收集的数据加密并存储在 AWS 发现服务数据库中，系统集成者或用户可以把数据导出至 CSV 或 XML，成为虚拟化工具的输入，让迁移的规划和管理更简便。

第四章 亚马逊网络服务和微软 Azure
Amazon Web Services and Microsoft Azure

(2) AWS 数据库迁移服务

亚马逊迁移服务帮助用户将本地部署数据库迁移至亚马逊公共云云端,支持大多数通用和开源数据库,而该服务允许用户从一个线下提供商迁移到云端的同一个提供商(如从甲骨文到云端甲骨文),或切换数据库提供商(如从甲骨文转移至微软 SQL Server)。该服务可以把数据从亚马逊 Aurora、PostgreSQL、MySQL、MariaDB、甲骨文、SAP ASEE 和微软 SQL Server 等资源转移至亚马逊 Redshift(数据仓库)。

(3) AWS 服务器迁移服务(SMS)

SMS 提供无代理服务(要迁移到云的服务器上未安装软件代理),使用户能够将其本地服务器迁移到亚马逊公共云。用户可以更方便地自动迁移服务器,这些工具多用于迁移工厂。

(4) AWS Snowball

AWS Snowball 是一种亚马逊数据传输解决方案,采用安全设备(具有特殊安全性的开箱即用硬件设备,如防篡改、加密),可扩展至 PB 级存储容量。用户具有大量数据并且关注网络(如因特网)接口的传输时间或成本,则可以使用此服务。

(5) AWS Snowball Edge

这是亚马逊一个专用的硬件设备,旨在转移 100 太字节的数据进出亚马逊公共云。用户可以把该设备用作大数据集的临时存储。当无法接入云时,或用户要求数据本地处理时,可使用该设备。

(6) AWS Snowball mobile

这是个 45 英尺长的货运容器,由半拖车拉动。该容器进行了加固、加密(如 256-bit 加密、密钥通过亚马逊密钥管理服务(KMS)托管),有专门安全人员负责安保,具有 GPS 跟踪、报警监控、24 小时 7 天视频监控,并且在容器运输过程中可能安排安保车辆护送。数据传输通过此设备进入 AWS,然后接入进亚马逊 S3 存储或亚马逊 Glacier 存储。

5. 网络

亚马逊在网络类别中有多个云产品。这些产品可以补充或替代用户当前使用的系统和方法。亚马逊的网络组合可分做以下类别：

- 亚马逊虚拟化私有云（亚马逊 VPC）
- 亚马逊 CloudFront
- 亚马逊 RouteRoute 53
- 亚马逊 Direct Connect
- 亚马逊弹性负载均衡器（ELB）

（1）亚马逊虚拟化私有云（亚马逊 VPC）

用户使用公共云逻辑隔离的资源，可通过专门虚拟化网络沟通。用户全面掌控互联网协议（IP）地址范围的定义、子网（IP 网络的逻辑分类）配置、路径表格（定义网络通讯流动方式的表格）的配置和网络网关（让两个网络相互沟通的设备或软件）。亚马逊 VPC 支持 IPv4 和 IPv6 标准。用户可以在外界和亚马逊 VPC 之间创建一个硬件虚拟专用网络（VPN）链接（虚拟化、安全的互联网通道），使亚马逊云成为用户内部署资源的扩展。

（2）亚马逊 CloudFront

有些用户需要向全球消费者提供网站、视频等资源，云服务可向他们提供全球内容发布网络（CDN）。亚马逊定义了边缘节点，它们分布在全球并位于 AWS 区域数据中心内。终端用户要求内容通过边缘节点交付，且这些边缘节点要与需求来源最近（如欧洲用户在欧洲的位置服务，或美国用户由美国的区域服务）。这种发布流程确保内容（如在线零售网络或按需服务的视频串流服务）的终端用户和消费者获得足够性能。亚马逊对使用该云服务的用户提供 PAYG 成本模型，因此成本通过亚马逊 CloudFront 发布的内容量决定。

（3）亚马逊 Route 53

亚马逊 Route 53 云服务是域名系统（DNS）网络服务。DNS 用作把可阅读的地址名（如 www.acme.com）转换成独特的数字 IP 地址（如 192.168.0.1）。计算机使用数字 IP 地址通信，而 Route53 支持 IPv4 和 IPv6。该服务将用户或应用程序的请求与运行在 AWS 云的基础设施（如 EC2 实例——虚拟机、S3 存储等）对接。用户可以用该服务去配置基于延迟的路由、基于地理位置的 DNS 路由或加权轮询，链接单一 AWS 区域或全球多个 AWS 区域。用户也可通过 Route53 购买并管理域名（如 acme.com）。

（4）亚马逊 Direct Connect

用户可以通过 Direct Connect 在本地和亚马逊云之间创建一个专用连接。这一连接提供更低成本、持续、较高带宽吞吐量。此项服务支持行业标准的虚拟 LAN（vLAN）。使用同一连接可获取亚马逊 EC2 实例或亚马逊 S3 对象等多个亚马逊云资源。

（5）亚马逊弹性负载均衡器（ELB）

亚马逊弹性负载均衡器云服务用于在多个亚马逊 EC2 实例间自动分配应用程序请求。通过该服务可以获取两类负载均衡器。经典负载均衡器是第一类，基于应用程序或网络提供的信息对通信流路由。第二类是应用程序负载均衡器（Application Load Balancer），该高级通信路由是基于请求内的具体应用程序信息。经典负载均衡器适用于多个亚马逊 EC2 实例间的简单通信流负载均衡。用户应在使用微服务和容器架构时选择应用程序负载均衡器。

6. 开发者工具

亚马逊提供多种工具帮助用户以更容易、更快速和更具协作的方式开发云应用程序。主要有下列开发工具：

- 亚马逊 CodeCommit
- 亚马逊 CodeBuild
- 亚马逊 CodeDeploy
- 亚马逊 CodePipeline
- 亚马逊 X-Ray

（1）亚马逊 CodeCommit

这是一个托管云服务，用户在私有 Git 存储库存储应用程序开发的源代码。亚马逊运行所需的后端资源，随用户需求的不断增长而扩展。

（2）亚马逊 CodeBuild

这项云服务由亚马逊管理，用户可以编写源代码、运行测试并生成软件包。用户无需担心构建、配置或管理服务器，因为它是托管云服务。

（3）亚马逊 CodeDeploy

这项云服务使用户更容易把软件代码部署到本地运行或亚马逊云端的虚拟机（如 EC2 实例）运行。

（4）亚马逊 CodePipeline

CodePipeline 旨在快速升级基础设施，使用户可以在软件代码出现任何变化时，创建、测试软件代码并将其部署在基础设施中。

（5）亚马逊 X-Ray

该云服务帮助开发者对应用程序进行除错或分析，而这些应用部署于预生产或生产环境内。X-Ray 服务帮助开发者获取请求和信息在应用程序中的运行细节，并用于简化架构（如客户端服务器），或用于优化使用微服务的设计。

7. 云管理工具

为了帮助用户高效、经济地使用云资源，亚马逊提供多个协助管理、监控、编排和治理工具：

- 亚马逊 CloudWatch
- 亚马逊 EC2 系统管理者
- 亚马逊 CloudFormation
- 亚马逊 CloudTrail
- 亚马逊 Config
- 亚马逊 OpsWorks
- 亚马逊服务目录

- 亚马逊信赖顾问
- 亚马逊个人健康仪表盘
- 亚马逊托管服务

（1）亚马逊 CloudWatch

CloudWatch 云服务帮助用户监控亚马逊云资源和应用程序。用户可以使用该服务记录并观察关键指标，捕获并审查日志文件，定义报警（基于参数基准触发的通知或行动，如 CPU 使用率超过 80%）。该云服务收集并凸显资源和日志文件的使用，整体把握云资源使用、应用程序健康和性能。

（2）亚马逊 EC2 系统管理者

该服务自动收集目录（用于治理、合规和审计），将软件包应用于操作系统，或创建虚拟机镜像（EC2 实例的模板）。亚马逊 EC2 系统管理者既可用于本地，也可用于亚马逊云环境（虚拟化基础设施，即虚拟机——EC2 实例）。

（3）亚马逊 CloudFormation

CloudFormation 为开发者或管理员提供一种简单的方法，以标准化的方式创建并运行云资源，使用模板提升标准化水平并减少错误和精力投入。用户可以利用亚马逊提供的模板或自建模板。该云工具可通过 CloudFormationDesigner 完善，后者将模板以图表呈现，管理员可以通过拖放界面进行编辑。

（4）亚马逊 CloudTrail

亚马逊 CloudTrail 云服务可以用于记录用户亚马逊云订阅的 API 调用。这些信息存储在日志文件内，之后解析并用于审计跟踪或故障排除。通过用户界面（如亚马逊管理控制台）、命令行工具（common line tools）或亚马逊软件开发工具包（SDK）的 API 调用都可以记录，而记录的信息类型包括：

- 发出 API 请求的人或服务的身份
- 发出 API 调用的时间戳
- API 调用的 IP 地址源
- API 要求包含参数

- 亚马逊云服务 AWS 返回的响应值

（5）亚马逊 Config

使用这项 Config 云服务记录配置历史，记载云资源的文档库并通知配置变更的时间，因此这一服务可以辅助安全和治理规定。可以查看的信息包含亚马逊云已有资源以及云端已删除资源的详情。用户可以使用该项服务检查亚马逊云资源的合规规则。该服务可用于审计、安全分析、故障排除和变更跟踪情况。

（6）亚马逊 OpsWorks

OpsWorks 云服务用于通过 CHEF（信息技术基础设施自动化的平台）管理配置。CHEF Recipes 是以可重复和标准化方式将任务自动化的模板或指标。OpsWorks（使用 CHEF）可以将服务器本地配置和部署自动化，也可将 EC2 实例（虚拟机）在亚马逊云的配置和部署自动化。获取更多 CHEF 的信息，可访问 URL：www.chef.io。

（7）亚马逊服务目录（ServiceCatalogue）

使用此亚马逊服务目录服务可以创建并管理信息技术服务目录，而该目录是内部批准在亚马逊云使用。一个企业内部的用户和部门可以在内部协助下从这类目录中选择信息技术服务（如虚拟机、平台即服务产品或软件即服务产品），从而确保用户和部门符合组织管理、合规性和安全要求。

（8）亚马逊信赖顾问（Trusted Advisor）

此工具旨在帮助用户节省成本、提升性能，遵循最佳实践和安全原则。它也提供实时建议，督促用户根据最佳实践完善对亚马逊云的使用。

（9）亚马逊个人健康仪表盘（Personal Health Dashboard）

用户内部的运行资源（如管理员、卓越运营中心）可使用此工具快速查看与云资源相关的信息。在亚马逊资源中，可能影响用户的事件或问题以个性化方式展示（如只描述用户的亚马逊资源）。信息技术员工可以主动使用这些信息作相应的规划或提示任何潜在问题、性能瓶颈或中断。

（10）亚马逊托管服务（Managed Services）

可以将此服务作为一个 IT 流程外包概念，专用于云端基础设施。用户可关注商业价值和自身的应用，让亚马逊把每天的 IT 任务自动化，例如，变更请求、监控、备份、安全性或配置和补丁。

8. 安全与识别

为应对安全和识别管理挑战，亚马逊提供多个云服务，其中包括：

- 亚马逊云目录（Cloud Directory）
- 亚马逊身份和访问管理（IAM）
- 亚马逊检查者（Inspector）
- 亚马逊证书管理者（Certificate Manager）
- 亚马逊 CloudHSM
- 亚马逊目录服务（Directory Service）
- 亚马逊密钥管理服务（KMS）
- 亚马逊组织（Organizations）
- 亚马逊盾（Shield）
- 亚马逊网络应用程序防火墙（WAF）

（1）亚马逊云目录（Cloud Directory）

这项云服务可以创建多种类型信息的逻辑目录，例如，组织结构图、设备目录或者内容编目。该目录服务有别于基于轻型目录或轻量级目录访问协议（LDAP）的目录，其中一点是，亚马逊云目录可使用多个维度的多个目录。希望以多种方式使用信息的用户灵活性更高；例如，用户可以通过不同的管理报告结构，或通过位置报告或基于财务成本中心的理由浏览组织结构图。亚马逊云目录是托管服务，能够扩展至数千万个对象。亚马逊负责基础设施，用户定义架构、创建目录，然后开始使用信息和对象（如服务器列表、人员列表等）填充索引。

（2）亚马逊身份和访问管理（IAM）

用户控制对其所使用和付费的亚马逊云服务和云资源的访问。使用亚马逊

IAM 可以创建用户和组。可以创建粒数级安全控制，允许或拒绝对亚马逊云资源的访问。借助设备（如智能手机）及其应用程序，可以定义快捷键、密码乃至多重身份认证。亚马逊云服务可承担用户指定的 IAM 角色，并遵循界定的安全原则。联合用户（组织内的用户和群体）也可通过亚马逊 IAM 访问该组织的亚马逊云资源。

（3）亚马逊检查者（Inspector）

亚马逊检查者用于评估云端应用程序存在的缺陷，以及应用程序与最佳实践的偏离。检查的结果以详细的列表突出展示，以风险最高的最佳实践偏离分类排序。最佳实践规则序列经常由亚马逊安全团队升级，确保最全面的保护。

（4）亚马逊证书管理者（Certificate Manager）

用户可使用该亚马逊云服务管理并部署安全证书（即安全套接层［SSL］和安全传输层协议［TLS］)，这些证书由亚马逊服务使用。SSL 和 TLS 证书通过互联网认证安全网络通信。亚马逊证书管理者服务使得用户更容易请求、部署和更新证书。

（5）亚马逊 CloudHSM

有些产业对数据的存储和处理有更加严格的监管和安全性要求。专门的硬件安全模块（HSM）可用于生成、存储和管理用于数据加密的密码钥匙。亚马逊 CloudHSM 实例与其他租户（其他云端顾客）相隔离，配置在用户资源的亚马逊私有云（VPC）中，从而进一步提升安全和隔离。

（6）亚马逊目录服务（Directory Service）

这项云服务亦称亚马逊微软活跃目录（AD），因为它专门为微软 AD 提供目录服务。用户不需要把它们的本地部署 AD 数据复制或同步至云端。通过这项服务，可以把亚马逊 EC2 事例或亚马逊微软 SQL 服务器事例添加到它的域中，并且允许单点登录，从而使用户、部门或者应用能更容易横跨资源环境（本地部署和亚马逊云）沟通。

（7）亚马逊密钥管理服务（KMS）

亚马逊密钥管理服务是一项托管云服务，用于控制数据加密的密钥。硬件安全模块用于保护用户所使用的密钥。亚马逊 CloudTrail 云服务可以用于记录和登记密钥的使用，从而满足监管要求。

（8）亚马逊组织（Organizations）

亚马逊组织是用于管理一家用户拥有的多个订阅的逻辑分组。这些订阅可以集中管理，且计费可能变得更为直接。

（9）亚马逊盾（Shield）

这项亚马逊云服务为用户在亚马逊云中运行的网络应用程序提供保护，免于分布式阻断服务（DDoS）攻击。亚马逊提供两种选择——标准版和高级版。标准版对亚马逊云顾客免费。对于在亚马逊弹性负载均衡器或亚马逊 CloudFront 运行的应用程序，各个用户希望得到额外保护，因此可以订阅亚马逊盾（Shield）的高级版。高级版提供攻击的近实时信息，集成亚马逊网络应用程序防火墙（WAF），并且向企业提供亚马逊 DDoS 响应团队的使用权。

（10）亚马逊网络应用程序防火墙（WAF）

可以使用亚马逊 WAF 云服务保护网络应用程序，避免包含常见的网络漏洞。借助规则集，亚马逊 WAF 让用户掌握通信流的通过和阻拦。这样的规则集可以在几分钟内激活，使用户快速响应安全威胁。亚马逊也提供应用程序接口（API），使规则集的创建、部署和升级自动化。

9. 分析

亚马逊提供多个云服务帮助用户应对分析需求和挑战。这些服务有：

- 亚马逊 Athena
- 亚马逊 Elastic Map Reduce（EMR）
- 亚马逊 CloudSearch
- 亚马逊 Elasticsearch Service
- 亚马逊 Kinesis
- 亚马逊 Redshift
- 亚马逊 QuickSight

- 亚马逊数据 Pipeline
- 亚马逊 Glue

（1）亚马逊 Athena

亚马逊 Athena 使用户通过标准结构化查询语言（SQL）分析存储在亚马逊 S3 中的数据。如需执行分析，数据科学家或用户可通过数据模式（定义数据结构、维度、数据类型和格式）同亚马逊 S3 建立链接，并可以通过 SQL 查询数据。因为用户无需担心任何基础设施的管理，这项云服务亦称 serverless 服务。亚马逊扩展并维持必要的基础设施，而用户只对执行的询问付费。数据可以继续存在亚马逊 S3 中，对 ETL 过程或工具没有要求。

（2）亚马逊 Elastic Map Reduce（EMR）

EMR 是 Hadoop（大数据的垂直可扩展框架和部分分析情景）环境的托管服务，通过弹性扩展亚马逊 EC2 实例实现。用户可以结合 Apache Spark 等其他框架或亚马逊数据存储（如亚马逊 S3 或亚马逊 DynamoDB）使用该服务。可以在涉及大数据的多个使用场景中应用此云服务，如日志分析、机器学习、科学或医学。

（3）亚马逊 CloudSearch

可以采用 CloudSearch 这一托管服务为网站或应用程序增加可扩展的搜寻解决方案。该服务支持 34 种语言并提供关键特性，如自动完成搜索项或地理空间搜索功能。

（4）亚马逊 ElasticsearchService

这项托管的云服务提供可扩展的日志文件分析、全文检索及其他搜索功能。该服务集成亚马逊 Kinesis Firehose、亚马逊 Lambda 或亚马逊 CloudWatch。用户可以用较少的精力快速获得洞见并让数据留在原位置。

（5）亚马逊 Kinesis

使用 Kinesis 云服务将数据流式传入亚马逊云端，这一服务尤其适用于要求快速数据接入和分析的情景。联网设备（如 IoT、工业传感器、可穿戴设备等）和手机设备能快速生产大量数据，而此云服务以更简单、更价廉的方式利用亚马

第四章 亚马逊网络服务和微软 Azure
Amazon Web Services and Microsoft Azure

逊 Kinesis 框架。在撰写本书时,亚马逊(AWS)在该领域提供了三种云服务:
- 亚马逊 Kinesis Firehose
- 亚马逊 Kinesis Analytics
- 亚马逊 Kinesis Streams

亚马逊 Kinesis Firehose 将数据从数以十万计的数据源快速接入至亚马逊云、亚马逊 Kinesis Analytics、亚马逊 S3、亚马逊 Redshift 或亚马逊 Elasticsearch 服务中。亚马逊管理该服务,因此用户无需担心底层基础设施或任何管理。该服务根据数据需求扩展,具有数据批次处理的功能,压缩节省存储空间,以及安全存储加密。

亚马逊 Kinesis Analytics 通过标准 SQL 以近实时方式处理流数据,可根据所需数据量和吞吐量自动扩展。

亚马逊 Kinesis Streams 可以创建自定义应用程序,处理或分析流式数据。该云服务可以自动扩展、捕获、处理、存储每小时数太字节的数据,涉及数万个数据源。该服务可用情景包括点选流分析(如来自网站)、金融交易、社交媒体或位置跟踪(如可穿戴设备)。数据可以进一步分享给亚马逊 S3、亚马逊 Redshift、亚马逊 EMR 或亚马逊 Lambda。

(6)亚马逊 Redshift

亚马逊 Redshift 是一个受托管的数据仓库,可扩展拍字节维度并把数据接入商业智能工具。Redshift 使用列存储(数据以虚拟的垂直列方式存储并读取),数据压缩极大地提升了分析和报告大数据集的性能。该云服务旨在用于 MPP(大规模并行处理)数据仓储、高性能分析、商业智能和报告。本地附加存储用于吞吐量最大化,而亚马逊允许在硬盘驱动器和固态硬盘之间选择。

(7)亚马逊 QuickSight

应用此服务可以创建商业智能可视化界面和报告。生成的可视化界面和商业智能仪表盘能用网络浏览器或移动设备(如平板电脑或智能手机)阅读。

(8)亚马逊数据 Pipeline

该云服务把数据从本地部署转移至亚马逊云,或者在亚马逊云内转移资源。

数据的转移可以调度，而数据流以可视化方式呈现。数据可以转型或处理，而任务可通过数据 Pipeline 流触发。最终目标可以是亚马逊 S3、亚马逊 Redshift、亚马逊 EMR 或亚马逊 DynamoDB。

（9）亚马逊 Glue

使用这一托管云服务可以将数据从一个位置提取、转换、加载（ETL）至另一个。该云服务旨在简单化且自动化数据发现（如识别数据、数据类型和格式）、数据变换和工作调度（即 ETL 工作）。亚马逊 Glue 支持亚马逊 S3、亚马逊 RDS、亚马逊 Redshift 和任何与 Java 数据库互联（JDBC）兼容的数据源。用户可以继续使用熟悉、顺手的工具（如 Python 或 Spark）。用户不需要管理任何基础设施，而且支付用于处理 ETL 的资源。

10. 人工智能（AI）

亚马逊提供多个云服务，用人工智能实现语音或图像识别、文本转语音功能和机器学习（ML）。这些服务可分为：

- 亚马逊机器学习（ML）
- 亚马逊 Lex
- 亚马逊 Polly
- 亚马逊 Rekognition

（1）亚马逊 ML

用户可以通过亚马逊 ML 服务，快速上手机器学习技术。云服务具有可视化界面和工作流，指导用户创建采用复杂机器学习算法和技术的机器学习模型。使用机器学习算法，以自动化和科学的方式发现大量数据中的规律。机器学习通常用于规范性分析。

（2）亚马逊 Lex

借助亚马逊 Lex 云服务可以在应用程序中创建一个对话通信（即声音和文字）界面。亚马逊 Lex 将深度学习用于自动化语音识别（ASR）和人类语言转换文字，包括能识别文本内容的自然语言理解（NLU）。这类服务可为网站或移动应用程序部署智能聊天机器人。使用亚马逊 Lex 等云服务，用户可以更简单廉价地为其消费者提供高级交互应用。

（3）亚马逊 Polly

Polly 云服务把文字转换成类人语言（man-kind speech），可以创建含语言功能的产品和服务。亚马逊 Polly 也使用深度学习，能模拟 24 种语言的 47 种声音。音频结果可以近实时地传输，响应与终端用户的交互式对话，或者音频以 MP3 等常见音频格式存储。

（4）亚马逊 Rekognition

亚马逊 Rekognition 云服务可以分析应用程序内的图像。作为人工智能服务，它可以识别图片中的面部和对象，也可以搜索图片内含的或图像集里的图片。该技术基于亚马逊 Prime Photos 云端服务（每天分析数十亿张图像）的研究和经验（客户可在云端存储图像）。用户只需为分析的图像和存储的元数据（图像相关数据）付费。

11. 移动服务

很多企业在为客户开发并提供移动应用程序，因为消费者越来越精通技术且联网程度越来越高，渴望获得按需提供的产品、服务和信息。亚马逊提供以下云服务回应上述要求：

- 亚马逊 Mobile Hub
- 亚马逊 Cognito
- 亚马逊 Pinpoint
- 亚马逊 Device Farm
- 亚马逊 Mobile SDK
- 亚马逊 Mobile Analytics

（1）亚马逊 Mobile Hub

该云服务支持移动应用程序的开发，为开发者提供控制台，将后端特性集成至一个移动应用程序中。开发者选择移动应用程序所需的特性，亚马逊 Mobile

Hub 在后端添加必要的组件。亚马逊 Mobile Hub 支持的亚马逊云服务众多，例如：

- NoSQL 数据库
- 应用程序分析
- 云逻辑
- 应用程序内容交付
- 对话机器人
- 用户数据存储
- 用户登录
- 通知推送

（2）亚马逊 Cognito

使用 Cognito 云服务，在移动和网络应用程序中，方便开发者添加用户登录（注册移动或网络应用程序服务）属性。亚马逊 Cognito 也可通过可靠的身份提供者（如脸书、推特或者用户的识别系统）支持身份识别。开发者可在用户设备上配置亚马逊 Cognito，做到本地存储用户数据，因而开发者即便在线下也可使用移动或网络应用程序。用户认证、用户管理和跨设备的信息同步等功能由亚马逊 Cognito 云服务处理，开发者专注于开发所属企业的应用程序的独有特性。

（3）亚马逊 Pinpoint

可以应用亚马逊 Pinpoint 云服务，在移动应用程序（移动端 APP）内做个性化推送（针对用户的、专门的短信或促销）。该云服务帮助企业理解移动应用程序用户的行为，识别目标用户，明确内容，确定信息发送时间，后续还可跟踪个性化推送的结果。使用数据驱动方法（如收集并分析用户行为和应用程序使用形态以驱动行为），可获得的响应率比使用通用的大众推送宣传更高。亚马逊只根据推送的目标用户数量和收集的事件收费。

（4）亚马逊 Device Farm

此云服务专门用于测试应用程序。用户可以测试其跨越多个平台（安卓、iOS 或网络）的应用程序。测试者可审查日志、性能相关数据、截图或视频，在应用程序发布通用版本（GA）之前评估程序质量。

（5）亚马逊 Mobile SDK

亚马逊 Mobile SDK 可提高移动应用程序开发的便利度。与多个亚马逊云服务集成，例如，亚马逊 Lambda、亚马逊 S3、亚马逊 DynamoDB、亚马逊机器学习和亚马逊 Mobile Analytics，Mobile SDK 能快速开发出适用于安卓、iOS 或 FireOS（使用定制操作系统的亚马逊设备）的高级移动应用程序。

（6）亚马逊 Mobile Analytics

Mobile Analytics 云服务用于衡量其移动应用程序的使用情况，并衡量使用这些程序获得的收益，跟踪并记录关键指标，如新用户、老用户、应用程序用户保有量数据，或者应用程序内行为。用户可以通过 Mobile Analytics 控制台审查这些数据，或者将这些数据导到亚马逊 S3 或亚马逊 Redshift 获得更专业的分析和报告。

12. 应用程序服务

为了帮助开发应用程序或服务，亚马逊提供多个专业云服务：

- 亚马逊 Step Functions
- 亚马逊 API 网关
- 亚马逊弹性代码转换器（Elastic Transcoder）
- 亚马逊简单工作流（SWF）

（1）亚马逊 Step Functions

此云服务通过可视化工作流界面，设计分布式应用程序和微服务。应用程序的组件随着亚马逊控制台用户界面的步骤而可视化。应用程序漏洞（软件缺陷）分析更为简易，因为可以连续跟踪每一个步骤，而且记录在应用程序工作流的每一个步骤的日志文件。亚马逊 Step Functions 云服务管理和扩展底层基础设施，允许开发者专注于应用程序开发，而不必参与基础设施的配置和管理。

（2）亚马逊 API 网关

这一托管云服务让开发者更容易创建、升级、部署和监控应用程序接口

(API)。API 网关用作前端应用程序和后端系统的接口。

网关提升了标准化、安全性和使用便利度，因为多个应用程序通过一个网关通信而不需要为每个应用程序或云服务提供单一连接。亚马逊 API 网关负责验证（例如，验证基于应用层的向数据库等后端服务提出的请求的证书和权限）、访问控制、监控等，开发者的工作更容易管理。该云服务可同时处理数万个 API 调用。

（3）亚马逊弹性代码转换器（Elastic Transcoder）

转码是指将视频从原格式转换成新格式。此服务可使用不同的视频和音频编解码器，转换视频格式（如将含杜比数字音频的 MPEG2 视频转化成含 AAC 音频的 H.265 视频），而代码转换提供了多种格式，可用于各类设备（如电视机、平板电脑和智能手机）及串流情景（如按需的视频串流服务）内容。格式代码转换过程大量占用 CPU，使用更多的 CPU 和图形处理器（GUP）、更大的内存和快速存储技术可以提高代码转换速度。亚马逊弹性代码转换器是一个云端媒体代码转换器，可扩展且成本效益更高。

（4）亚马逊简单工作流（SWF）

该云服务可以跟踪应用程序处理的状态。应用程序任务失败，SWF 可以协助开发者恢复或重试任务。

13. 消息服务

AWS 可提供多种云服务，帮助用户收发消息，其分类如下：

- 亚马逊简单队列服务（SQS）
- 亚马逊简单通知服务（SNS）
- 亚马逊简单邮件服务（SES）

（1）亚马逊简单队列服务（SQS）

亚马逊 SQS 是一项提供消息队列功能的托管云服务。用户可以使用亚马逊 SQS 传输大量数据，这种服务可保证"至少一次处理（at-least-once processing）"及"先进先出（first-in, first-out，FIFO）"处理。应用程序必须能够适应该技术（如处理一次或多次发送的消息）。

（2）亚马逊简单通知服务（SNS）

这是一项可将消息推送给一名或多名接收人的托管云服务。这种消息可以用于移动应用程序、邮件，或同其他通知服务一起使用。亚马逊 SNS 支持向苹果、谷歌、Fire OS 及诸如 Windows 等利基（niche）设备后，或中国等地理区域发送通知。

（3）亚马逊简单邮件服务（SES）

可以利用这种云端邮件服务向客户群发邮件、营销消息和其他内容。亚马逊 SES 也可用于接收内容并将信息存储于亚马逊 S3，或触发其他处理。

14. 业务效率

为帮助用户提高办公效率，亚马逊提供了以下云服务：

- 亚马逊 WorkDocs
- 亚马逊 WorkMail
- 亚马逊 Chime

（1）亚马逊 WorkDocs

这是一项提供安全的企业级存储和文件共享功能的托管云服务。通过此服务集中存储文件，能避免邮件（文档共享和审查的标准方式）发送多种版本的文件。企业用户可以将文件上传至中央存储库，集中更新版本，并确保此服务提供所需的安全。由于它是一项云服务，用户可以使用任何设备，如基于微软 Windows 的个人电脑、macOS（苹果的桌面设备操作系统）、平板电脑或智能手机。

（2）亚马逊 WorkMail

亚马逊 WorkMail 是一项云端邮件托管服务，可通过桌面或移动邮件客户端提供商务邮件和日历服务，包括最常用的商务邮件应用程序——微软 Outlook。通过此云服务，企业用户可以通过网页浏览器接口、iOS（如 iPad、iPhone 设备）或安卓邮件应用程序收发工作邮件。

（3）亚马逊 Chime

需要安全的企业级云服务进行在线会议，包括视频、音频、聊天和内容共享的用户可以使用亚马逊 Chime 云服务。

15. 应用程序与桌面串流

亚马逊为串流应用程序或桌面提供了从云环境到终端用户设备的多种云服务：

- 亚马逊 Workspaces
- 亚马逊 AppStream 2.0

（1）亚马逊 Workspaces

Workspaces 是一项云端桌面服务，通过任何可支持的设备（如微软 Windows、苹果 macOS 计算机、谷歌 Chromebooks、iPad 或安卓平板电脑、谷歌和火狐网页浏览器）访问托管于亚马逊公共云的虚拟桌面。用户可以选择按小时或按月计费模式。提供公共云服务的费用可能低于本地部署的虚拟桌面基础设施（VDI）解决方案。

（2）亚马逊 AppStream 2.0

作为一项托管的云服务，亚马逊 AppStream2.0 提供应用程序串流功能。可以将亚马逊公共云端运行的桌面应用程序串流至支持网页浏览器（应为 HTML5 可兼容的网页浏览器）的设备。如果设备连接网络，企业用户可以连接到云服务，并将其所需的应用程序串流至任何位置。因未在终端用户设备上存储任何数据，集中管理的应用程序能提供标准化、一致性的用户体验和安全保障。

16. 物联网（IoT）

"创建连通、可识别和可寻址的物理对象的普遍和自组织网络，使用嵌入式芯片（集成电路或微处理器）、传感器、执行器，低成本小型化，实现关键垂直扇区内和跨关键垂直扇区的应用开发，今天的互联网就构成了物联网"（Schindler 等，2012，8）。思科 GCI 预计，至 2021 年，人、机和物将会产生 850 泽字节的数据（思科全球云指数，2016—2021，23）。据估计，一个人口为 100 万的城市，每天能产生 2 亿吉字节的数据（思科全球云指数，2015—2020，14）。如图 65 所示，美国工业互联网的经济潜力预计为 32.3 万亿美元（Evans 和 Annunziata，2012，13）。

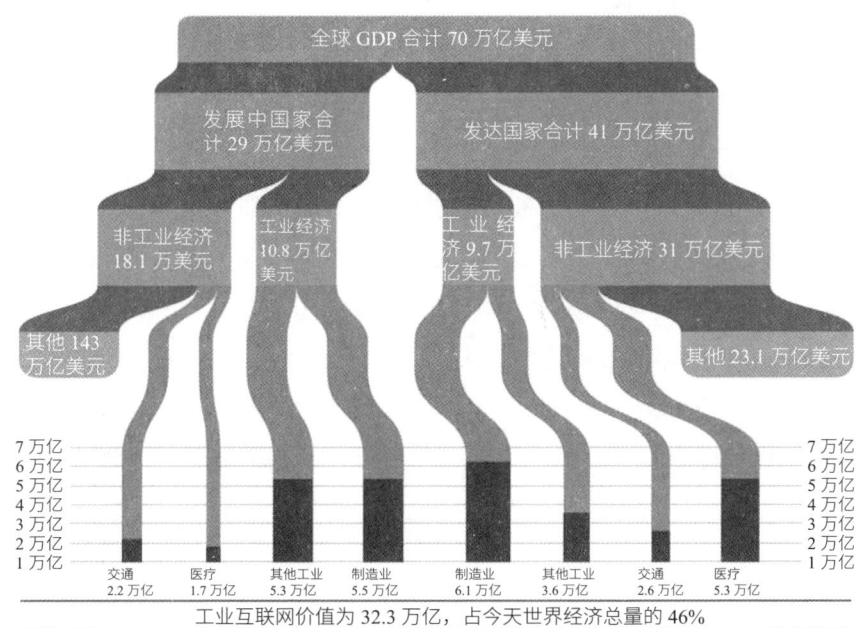

图 65　工业互联网经济潜力

来源：Evans and Annuziata，2012，13。
原出处：世界银行（2011）和通用电气。

物联网（IoT）可为企业带来巨大的收入潜力并帮助其提升整个价值链内的运行效率。IoT 也能帮助用户更多地依赖于智能和数字价值链，加快信息化或自主决策的速度。

云计算设施非常适合帮助用户收集、处理和存储大数据。用户也可以利用云计算，使 IoT 设备执行协调分布式操作（欧盟委员会，2013，11）。使用 IoT 时要注意一些问题（如数据安全和敏感性），是否采用 IoT 将取决于经营活动相关的行业（如法规）及其风险。

随着对 IoT 服务需求的日益增长，公共云提供商如亚马逊可提供以下云服务，帮助用户实施 IoT 战略并实现目标：

- 亚马逊 IoT 平台

- 亚马逊 Greengrass
- 亚马逊 IoT Button

（1）亚马逊 IoT 平台

亚马逊 IoT 是一项托管的云服务，将用户设备连接到亚马逊云、云端应用程序或其他亚马逊云服务。这项云服务能够支持数以万计的设备及设备发出的上万亿条消息，也可以将此云服务与亚马逊的其他云服务连接，如亚马逊 Lambda、亚马逊 Kinesis、亚马逊 S3、亚马逊机器学习或亚马逊 DynamoDB 等。因此，用户可以快速高效地创建 IoT 支持的应用程序，从联网设备上接入数据并处理、分析和存储。

（2）亚马逊 Greengrass

即使 IoT 设备未连接到网络，这款亚马逊软件也使将消息或数据缓存在本地联网设备上，并与其他联网设备通信成为可能。数据可能会间歇地被上传至亚马逊云，即按小时或天分批次上传。它可以节省费用，在不大可能实时连接网络或网络不可用的情况下提供帮助。例如，飞机可以通过机载 IoT 设备收集大量数据，而后当飞机停进网络连接较快且费用较低的机场内时，将数据分批次上传至云。

（3）亚马逊 IoT Button

亚马逊 IoT Button 是一种基于亚马逊 Dash Button（亚马逊的零售业务）的按钮状独特硬件设备，带有 Wi-Fi 功能。开发者可以编写按钮按下的逻辑程序来执行大量操作，如订购产品（如为亚马逊 Dash Button）、拨打联系电话，打开/关闭家用电器，如带 Wi-Fi 功能的灯泡等。

17. 游戏开发

亚马逊云服务组合中，最后一种云服务类别用于游戏开发。游戏市场有极大的盈利潜力，亚马逊提供了两种云服务帮助游戏开发者：

- 亚马逊 GameLift
- 亚马逊 Lumberyard

（1）亚马逊 GameLift

这是一项托管的云服务，能更容易地部署并弹性扩展虚拟服务器，进行多人游戏

第四章 亚马逊网络服务和微软 Azure
Amazon Web Services and Microsoft Azure

开发。需要为游戏玩家占用的计算资源和带宽缴费，不承担每月或每年的合同义务。

（2）亚马逊 Lumberyard

亚马逊向开发者免费提供这款跨平台 3D 游戏引擎，使其专注于创建游戏的玩法及积累用户群，而不是将时间和精力消耗在基础设施或游戏引擎上。

* * *

简要地说，AWS 是一个跨国公共云提供商，是公认的公共云计算领域的市场领导者。它有大量的云服务组合，可借助基础设施即服务（IaaS）、平台即服务（PaaS）或软件即服务（SaaS）帮助用户采用云技术（见图 66）。用户根据不同目标采用不同成熟度和阶段的云服务，云服务（IaaS、PaaS 和 SaaS）的混合模型为各行业及全球企业提供了选择和机会。PaaS 和 SaaS 市场正在迅速增长，来自于其他提供商（如微软和谷歌）的竞争也日趋激烈。这种竞争能使用户在降低成本方面有更多选择。与 IaaS 相比，PaaS 和 SaaS 使云提供商更具特色，原因在于它们向云提供商和消费者均提供了更多的增长和创新机会。

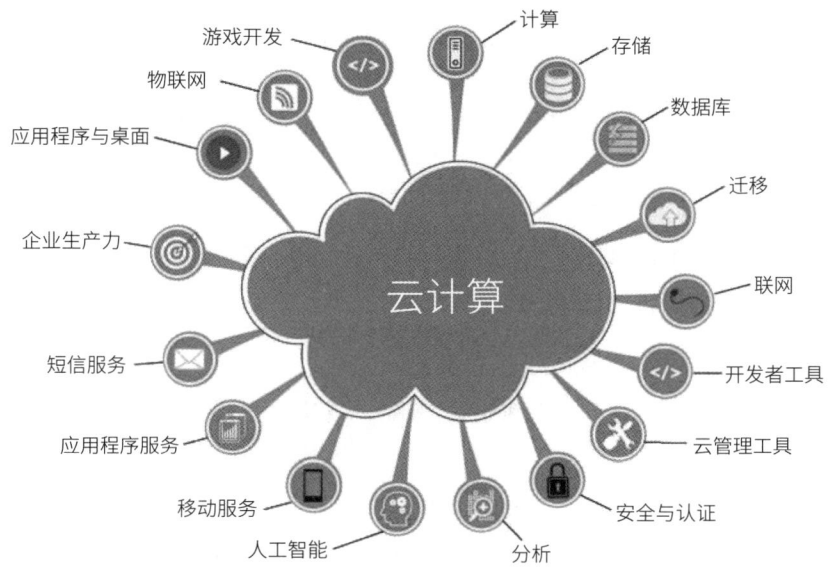

图 66　AWS 云服务组合

二、微软 AZURE

微软（MSFT）成立于 1975 年，该公司的操作系统 Windows 可能最为著名。其他热门产品包括微软 Office、微软 Dynamics、微软 SQL Server、微软 Xbox 游戏控制台及近期开发的微软 Azure 云。微软在全球有 124 000 多名员工，其中约 40% 的员工为工程类。微软年收入大约为 895 亿美元（微软，2017，6）。微软历史悠久，且未来可期。对于希望采用云计算的企业来说，微软是一个可行的合作伙伴。微软 Azure 公共云可在遍布于 140 个国家的 42 个地理区域（包括尚不可用的计划区域）使用，支持 17 种语言并接受 24 种支付货币。微软还为美国和德国政府设立了专用云数据中心。微软已在云数据中心建设方面投资了 150 亿美元。（在撰写本书时）Azure 云服务组合中纳入了 62 种合规产品，多于任何其他云提供商，世界 500 强中有 90% 的企业正在采用微软 Azure 云。微软 Azure 云取得的独立行业认证也多于任何其他云提供商，包括（未完全列出）：

- SO/IEC（如 ISO 27001、ISO 27017、ISO 27018、ISO 20000-1：2011、ISO 22301：12012）
- 云安全联盟（CSA）/云控制矩阵（CCM）
- 国际武器贸易条例（ITAR）
- 刑事司法信息服务部（CJIS）
- 健康保险携带和责任法案（HIPPA）、国内收入署（IRS）1075、美国联邦风险与授权管理计划（FedRAMP）
- 服务组织控制（SOC）1 和 SOC 2
- 澳大利亚信息安全注册评估师计划（IRAP）和新加坡多层云安全（MTCS）
- 英国 G 云（政府核准用于政府用途的云服务）

本节侧重于详细介绍目前微软 Azure 组合中的关键云服务。微软将这些云服务分类如下（见图 67）：

第四章 亚马逊网络服务和微软 Azure
Amazon Web Services and Microsoft Azure

- 计算
- 联网
- 存储
- 网络 + 移动
- 容器
- 数据库
- 数据与分析
- 人工智能与认知服务
- 物联网（IoT）
- 企业集成
- 安全 + 识别
- 开发者工具
- 监控 + 管理

图 67　微软 Azure 云组合范畴

1. 计算

微软 Azure 提供以下属于计算类别的云服务：

- Azure 虚拟机（VM）
- Azure 虚拟机规模集
- Azure 虚拟机预订实例
- Azure 应用服务
- Azure 功能
- Azure 容器服务（AKS）
- Azure 容器实例
- Azure 批处理
- Azure Service Fabric
- Azure 云服务

（1）Azure 虚拟机

这项云服务可以使用户在云端部署虚拟机（VM）。用户可以从公共 Azure 市集（微软或第三方独立软件提供商提供的在线软件库）或从用户特定的图像集中选择 VM 图像（预安装及预配置）。此类虚拟机支持微软 Windows 和 Linux 操作系统（OS），机内的操作系统通常称为客户操作系统。需要注意的是，近几年来，微软已经采用了开源和选择理念。用户有更多的平台、技术、开发界和创新潜力选择。由于许多服务基于开源软件，微软 Azure 云组合体现了开放性。

针对在一个可用性集合中（虚拟机的逻辑组合，可提供管理、高可用性和维护选项），有两个或以上实例的虚拟机，微软 Azure 云为其中一个虚拟机实例提供了 99.95% 服务级别协议（SLA）。对于具有 premium 存储功能的单一实例虚拟机（客户操作系统和数据），SLA 的正常运行时间达 99.9%。微软 Azure 还提供了灵活的业务模型，使其选择即付即用（PAYG）或预留（如一年、三年等）成本模型。微软 Azure 有不同虚拟机，虚拟机系列的可能规范针对于特定的使用场景。微软 Azure 虚拟机的类别如下：

- 通用
- 计算优化
- 内存优化
- 存储优化
- GPU 优化的使用场景
- 高性能计算（HPC）优化

如需查看 Azure 资源的最新数量和价格，可访问以下 URL：

通用虚拟机 URL：http://docs.microsoft.com/en-us/azure/virtual-machines/ windows/sizes-general。

计算优化的虚拟机 URL：http://docs.microsoft.com/en-us/azure/virtual-machines/windows/sizes-compute。

内存优化的虚拟机 URL：http://docs.microsoft.com/en-gb/azure/virtual-machines/windows/sizes-memory。

存储优化的虚拟机 URL：http://docs.microsoft.com/en-gb/azure/virtual-machines/windows/sizes-storage。

GPU 优化的虚拟机 URL：http://docs.microsoft.com/en-us/azure/virtual-machines/windows/sizes-gpu。

高性能计算（HPC）优化的 URL：http://docs.microsoft.com/en-us/azure/virtual-machines/ windows/sizes-hpc。

（2）Azure 虚拟机规模集

用户部署和管理相同的虚拟机（作为逻辑集），创建可扩展的应用程序架构。这些微软 Azure 虚拟机规模集利用 Azure 资源管理器平台（Azure 云端的资源部署标准化的一种方式）。它们集成了 Azure 负载均衡器（balancing）和弹性伸缩器（autoscaling）。用户可以部署 Windows 虚拟机、Linux 虚拟机和自定义虚拟机镜像，可以在几分钟内部署数百个相同的虚拟机。Azure Autoscale 提供了动态满足工作负载所需的弹性资源（如从一个虚拟机扩展到四个虚拟机）。工作负载可以通过诸如微软 Azure 负载均衡器或 Azure 应用程序网关等机制，分布于 Azure 虚拟机规模集内的虚拟机上。这些虚拟机可以容纳容器、微服务集群和无状态的网页前端。

（3）Azure 虚拟机预订实例

相较标准的即付即用（PAYG）模型，预订实例（RI）可节约高达 72% 的成本，而使用 Azure 混合云（即将本地部署资源与公共云资源结合）可将成本减少多达 82%。购买期限为一年或三年的虚拟机，尽管在合约期之初完成付款，但用户可以在任何时间变更期限或取消购买。相比 PAYG 成本模型，该成本模型更方便成本预算和预测。使用 Azure 预订实例（RI），所获资源具有优先计算容量。

（4）Azure 应用服务

无论是平台还是终端设备，这项托管的云服务（即平台即服务 [PaaS]）能创建企业级的网络应用程序或移动应用程序。然后，可以将创建的应用程序部署并扩展于 Azure 云端基础设施端，支持 Windows 和 Linux 及多种常用的编程语言，如 dot Net（.Net）、Java、Ruby、Node.js、PHP 和 Python。开发者可以将微软 Visual Studio 作为集成式开发环境（IDE）并从微软 Azure 云的简单集成（包括连续集成和连续部署）中受益，应用程序更新更容易。借助于该服务，更易于与 Docker Hub（容器技术）和 GitHub（软件代码托管技术）集成。该服务可以与其他 Azure 服务（如 Azure Active Directory）集成，提供单点登录（SSO）和身份认证功能。开发者可以更多关注应用程序，而非管理基础设施和为日常任务（如登录和身份认证等）创建组件。

（5）Azure 功能

开发者可以利用 Azure 功能创建联网设备（如 IoT）或移动设备可访问的 HTTP 端点。Azure 功能提供了事件驱动的服务计算，例如，每隔一定时间执行一次代码（使用 Cron job 语法）或解析 Azure Blob 存储中的新文本文件。Azure 功能可以运行 API 调用并集成其他服务，可创建复杂的工作流程。它支持许多常用的编程或脚本语言，如 JavaScript、C#、F#、PHP、Bash、Batch 或 PowerShell

等。用户不需要管理任何服务器或基础设施，Azure 功能服务被称为无服务器服务。云提供商和服务可以自动部署、配置、扩展和维护这些后端资源。

（6）Azure 容器服务（AKS）

可以借助于该云服务编排、部署和扩展使用 Docker Swarm 和 Apache Mesos 的基于容器的应用程序。这些是最常用于容器技术的开源工具，使用户能够以最少的工作量迁移至 Azure 云。AKS 云服务利用 Kubernetes，后者是一种用于自动部署、管理和扩展容器化应用程序的开源系统。可使用托管的 Kubernetes 平台或部署未托管的 Kubernetes、Docker 或 DC/OS（分布式操作系统 Mesosphere）。用户为占用的资源付费，不按集群付费。

（7）Azure 容器实例

借助于该云服务，用户可以侧重于封装在一个容器中及在云端活动的应用程序，不需要学习或获得容器编排工具方面的技能。该服务的成本模型可以实现按秒计费并为用户提供极高的粒数级成本控制。可以从 Docker Hub 或 Azure 容器注册表中获取容器图像（模板驱动提升标准化和易用性）。微软提供指南，帮助选择适合容器使用的技术。欲了解更多信息，请访问 URL：http://azure.microsoft.com/en-us/services/container-instances/。

（8）Azure 批处理

借助 Azure 批处理云服务，更容易在 Azure 云端运行高性能计算（HPC）和平行工作负载。这种云服务可用于在 Azure 云端执行队列任务、并行工作负载并处理卸载计算作业相关的应用程序。借助于所需工具，在 Windows 或 Linux 操作系统中运行批量作业，根据消费的云资源付费。此项服务负责管理基础设施，其规模可以扩展到成千上万个虚拟机。这意味着用户可以专注于应用程序而不需要操心基础设施了。

（9）Azure Service Fabric

这是一项适用于云端应用程序微服务架构的云服务。开发者不需要关注基础设施，可以将更多时间用在开发企业级应用程序上。用户可以选择编程语言，该服务支持 Azure 云端或本地部署，甚至在其他云端部署的 Windows 或 Linux 操作系统，可以扩展到成千上万的虚拟机来处理工作负载。微软自己将该服务用于业务解决方案，如商务版 Skype。

（10）Azure 云服务

Azure 云服务能帮助用户创建、部署和管理云端应用程序。因为可以借助于该服务管理基础设施，开发者不需要为此担忧。支持常用的编程语言，如 dot Net（.Net）、Java、Node.js、Ruby、PHP 和 Python。底层资源可以弹性伸缩使其满足应用要求。使用该服务的客户包括 Dell、Aviva 和 AccuWeather。

2. 联网

微软 Azure 提供以下属于联网类别的云服务：

- Azure 虚拟网络
- Azure 负载均衡器
- Azure 应用网关
- Azure VPN 网关
- Azure DNS（域名系统）
- Azure 内容交付网络
- Azure 通信管理器
- Azure ExpressRoute
- Azure DDoS 保护
- Azure 网络监视程序

（1）Azure 虚拟网络

用户可以用云服务，在 Azure 云端创建专用的逻辑虚拟网络，并完全管理 IP 地址、域名系统（DNS）服务器及安全规则。通过虚拟专用网络（VPN）通道或通过微软 Azure ExpressRoute 服务提供的专用安全连接，可以将本地部署网络连接到 Azure 云端。虚拟网络能为云端运行应用程序提供隔离和安全。微软已经投入大量费用为其全部地理区域创建专用网络。因此，此专用网络上保留 Azure 资源之间全部通信流，包括地理区域间的通信。用户也可以通过 Azure 集市（如 Palo Alto、Barracuda 或 F5）利用第三方网络。

（2）Azure 负载均衡器

这种云服务旨在将通信流分布于健康的（运行正常的虚拟机）服务器或服务，确保应用程序的性能正常。这种云服务包括健康检查（例如，对配置负载均衡器可访问的虚拟机实例进行的健康检查）和 IPv6。

（3）Azure 应用网关

Azure 应用网关是一项托管的云服务，提供网络应用程序所需的 HTTP 负载均衡器，或基于 cookie 的会话（cookie 存储于应用设备上帮助会话或首选项管理）。网络应用程序可供个人或公众使用。安全套接层（SSL）可卸载到 Azure 应用网关，网络应用防火墙可保护网络应用，以防受到网络漏洞的破坏。微软提供 99.95% 服务级别协议。

（4）Azure VPN 网关

Azure VPN 网关可在微软 Azure 云端的虚拟网络之间，或本地部署网络与 Azure 云之间，创建安全的虚拟网络隧道连接。支持行业标准的点到点 IPSec VPN，可获得 99.9% 正常运行时间的服务级别协议支持。

（5）Azure 域名系统（DNS）

得益于全球性覆盖、冗余和快速响应，这种云服务允许用户将 DNS 托管在 Azure 云端。Azure DNS 利用 Anycast 网络，可自动将 DNS 查询路由到最近的域名服务器，以便快速响应。DNS 记录更新通常只需要几秒钟就可以在 DNS 服务器完成，并反映在新的地址查询中。

（6）Azure 内容发布网络

可以使用 Azure 内容发布网络（CDN）在 Azure 云区域上托管静态内容，并在本地提供前端应用程序。这种全球分布式 CDN 为客户应用程序提供低延迟响应，并为最终用户提供高可用性内容，其使用场景包括为联网设备提供网页、流媒体和软件更新。云服务可提供粒数级控制，帮助用户控制自己的内容。近实时分析架构可深入了解请求最多的内容及地点。

（7）Azure 通讯管理器

这种云服务能够在全球范围内的一个或多个 Azure 数据中心内对网络流量路由。使用这项服务的客户有 Heineken 和 AccuWeather。Azure Traffic Manager 有 4 种路由方法可用：

① 故障切换；

② 性能；

③ 地理；

④ 加权循环调度算法。

（8）Azure ExpressRoute

Azure ExpressRoute 用于在其本地数据中心和 Azure 数据中心之间创建私有和专用网络连接。ExpressRoute 的通讯借助于专用网络，而非因特网。

有关成本的示例，可访问 URL（http://azure.microsoft.com/en-us/pricing/details/expressroute）。

注：对于出境数据传输，区域 1 费用为每吉字节 0.025 美元，区域 2 费用为每吉字节 0.05 美元，区域 3 费用为每吉字节 0.15 美元。

即使最初建立了 ExpressRoute 连接，也可以连接到同一地理区域的其他地区，无需额外费用或附加费用。

例如，如果用户将 ExpressRoute 连接到欧洲的 Azure 地区，它可以在不增加任何额外费用的情况下发送或接受来自欧洲任何 Azure 地区的数据。

- 多达 10000 条专有和公共端对端路径
- Azure 地区的全球互联性
- 每个 ExpressRoute 线路有 10 个以上 VNet 连接

在 Azure Government、Azure Germany 或 Azure China 创建 ExpressRoute 线路，由于这些地区的隔离和主权要求，无法实现其他 Azure 地区的全球互联。

(9) Azure DDoS 保护

微软将其在安全性方面的思想和经验应用于此服务，可使企业免受分布式拒绝服务网络的攻击。该服务可防御第 3 层和第 4 层攻击。

(10) Azure 网络监视程序

可利用此 Azure 云服务来监视、诊断网络健康和问题。这种云服务包括可视化和诊断网络信息的工具，允许网络管理员捕获虚拟机的网络数据包，并使网络拓扑结构可视化。

3. 存储

为了应对存储方面的挑战和策略，微软 Azure 在存储类别中提供了以下云服务：

- Azure 存储
- Azure BLOB 存储
- Azure 归档存储
- Azure 队列存储
- Azure 文件存储
- Azure 磁盘存储
- Azure 数据湖存储
- Azure StorSimple
- Azure 备份
- Azure 站点恢复

(1) Azure 存储

此云存储服务可提供非关系数据存储。用户仅需对其消耗的内容付费。而对于云存储，用户的需求不可能比可扩展的供应更高。以下四种存储服务属于此类别。

(2) Azure BLOB 存储

这种云服务提供基于具象状态传输（REST）网络协议的对象存储，用以存储非结构化数据。用户可以保存任何原始数据类型，如图像、文档或媒体文件。

热存储适用于快速、频繁传入或访问的数据类型。它可以保存数千亿个对象，而且用户可以从热、冷或归档层选择。冷存储通常用于移动缓慢或不常访问的数据，归档存储适用于长期冷存储。价格从每月 0.002 美元一吉字节起。

可选择三种 BLOB 类型使用场景，以提供最佳性能：

- 块（Block）Blob
- 页（Page）Blob
- 追加（Append）Blob

（3）Azure 归档存储

这种云服务针对的是用户的归档需求，这取决用户所属的行业。例如，为符合监管要求，财务、医疗或员工数据必须归档数年。与其他 Azure 存储服务相比，该存储层的价格最低。静态数据通过 AES 256 位加密标准自动加密。

（4）Azure 队列存储

用户可以将这种云服务用于价格优惠的直接信息队列。可以通过行业标准的 REST API 从世界上任何地方以简单的方式访问数据。异步消息队列适用于应用程序组件之间的通信。如果应用程序架构中的某些元素失效，消息将被挂起，并且在这些元素可用时恢复。

（5）Azure 文件存储

这是一个托管文件共享云服务，通过行业标准的服务器信息块（SMB）协议访问。Azure 文件共享可以安装在多个操作系统上，如 Windows、Linux 和 macOS。静态数据和传输中的数据通过 SMB 3.0 和 HTTPS 保护。

（6）Azure 磁盘存储

用户可将这种云服务用于虚拟机的永久磁盘存储。固态硬盘（SSD）为高要求的应用程序提供快速吞吐量（I/O），标准硬盘驱动器（HDD）为一般使用场景或以较低的成本提供可接受的性能。每个虚拟机的最大磁盘吞吐量可以达到 80 000 IOPS 和 2 000 MB 每秒。Azure 磁盘可提供 99.999% 的可用性，在这些磁盘上，用户的数据被复制三次，当出现硬件故障时，提供了很高的耐用性。在默认情况下,静态数据是加密的。微软 Dynamics AX、Dynamics CRM 或 SharePoint farms 等业务解决方案均在 Azure 高级磁盘存储上运行。

(7) Azure 数据湖存储

这种云服务支持大数据策略,可以以任意大小和速度(3-V 大数据)存储任何类型的数据。Azure 为数据的存储、共享和协作提供了企业级的安全性。数据可以从联网设备(如 IoT)或其他来源接入,热存储(移动快速)或冷存储(移动缓慢)均可。Azure 数据湖可以与其他云服务一起使用,如 Azure HDInsight(HDFS,Hadoop 框架),或者与其他大数据平台一起使用,如 Hortonworks、Cloudera 或 MapR。Azure 数据湖可以根据需求缩放,并且可以处理来自多个数据源的快速或缓慢数据流。数据类型可以是结构化、半结构化或非结构化的,单个文件可以超过 1 拍字节(1 拍字节 =1000 太字节)。这种云服务旨在支持存在数据湖中存储的数万亿个文件。动态数据通过安全套接层(SSL)加密,静态数据通过 Azure Key Vault(用于管理加密密钥的 Azure 云服务)或自管理硬件安全模块(HSM)加密。使用 Azure Active Directory,那么可以使用以下安全特性:

- 单点登录(SSO)
- 多重身份认证
- 基于 POSIX 的访问控制表(ACL),提供粒数级安全控制

微软的 Azure 数据湖存储提供了 99.9% 服务级别协议(SLA)和全天候支持。有些 Azure 云服务可能并非在所有地区都可用,因为服务是根据微软标准推出的(如各个地区、不同数据中心性能的客户需求)。例如,西欧地区没有 Azure 数据湖服务(截至 2017 年 12 月)。有关成本的示例,可访问 URL http://azure.microsoft.com/en-us/pricing/details/data-lake-store。如需查看不同地区(如美国、欧洲)的 Azure 云服务,可访问 URL http://azure.microsoft.com/en-us/regions/services/。

(8) Azure StorSimple

这种云服务旨在应对存储、归档和灾难恢复等挑战。Azure StorSimple 采用了混合算法,物理存储列阵放在数据中心,而虚拟阵列放在较小型的企业环境,

如使用网络连接存储（NAS）技术的远程办公室。Azure StorSimple 可自动将非活动数据存档至云，并帮助用户应对备份和灾难恢复的挑战和需求。软件策略适用于数据归档和检索，而不是传统形式，如磁带备份和磁带旋转调度。

（9）Azure 备份

Azure 备份可以保护存储在公司笔记本电脑上的关键业务数据，还可以集成微软系统中心数据保护管理器（DPM），保护关键业务的应用程序（如微软 SharePoint、SQL Server、Exchange）或 Hyper-V 虚拟机（微软 hypervisor 虚拟化技术）。Azure 备份可以用于 Windows、Linux、威睿（虚拟化技术）和微软 Hyper-V。关于执行备份的信息可以通过微软 Power BI（商业数据报告工具）可视化。

（10）Azure 站点恢复

这种云服务可提供灾难恢复服务（DRaaS），通过将私有云复制到异地位置（Azure 公共云），保护关键业务的应用程序。Azure 站点恢复可用于复制物理服务器、基于威睿的虚拟机和微软 Hyper-V 虚拟机。该服务集成了微软 System Center 和 SQL Server AlwaysOn 技术。灾难恢复可以通过 Windows PowerShell 脚本和微软 Azure 自动化运行手册编排。与微软 Azure 云的通信是加密的，从而保护用户的敏感数据。Azure 站点恢复可远程监视受保护的实例（如服务器）。如果选择在自己管理的两个站点之间复制数据，那么数据就会保留在该用户的网络上。如果决定将数据复制到微软 Azure 云（在本示例中 Azure 为辅助灾难恢复站点）上，则将数据传输和静态数据加密。

4. 网络和移动设备

为在网络和移动设备上创建现代应用程序，微软 Azure 提供了以下云服务：

- Azure 应用服务
- Azure 网络应用
- Azure 移动应用
- Azure 逻辑应用

- Azure API 应用
- Azure 内容交付网络（CDN）
- Azure 媒体服务
- Azure 实时和按需流式处理
- Azure Media Player
- Azure 内容保护
- Azure 媒体分析
- Azure 搜索
- Azure API 管理
- Azure 通知中心

（1）Azure 应用服务

这种云服务可以使用户利用云开发网络和移动应用。支持的编程语言包括 dot Net（.Net）、Java、Node.js、Python、PHP 和 Ruby。微软 Windows 和 Linux 操作系统平台均支持，为开发者和用户提供了灵活度。

可以利用 Azure Web 应用创建企业级网络应用程序，支持常见的 Git、Microsoft Team Foundation Server 和 GitHub 等部署框架。开发者还可以利用 WordPress、Umbraco 或 Drupal 技术。

Azure 移动应用可用于创建 IOS、安卓和 Windows、phone 等操作系统平台上运行的移动应用程序。此类应用程序可以通过编程语言（如 C# 或 Node.js）来支持后端处理。

可以利用其对 Xamarin 或 PhoneGap 等框架的支持，开发企业使用的先进移动应用程序。使用这类云服务的客户有 NBC 新闻和派拉蒙（http://azure/microsoft.com/en-us/services/app-service/mobile）。

Azure 逻辑应用服务通过可视化工作界面创建应用程序逻辑。微软 Azure 云为访问微软 Office 365、赛富时（SFDC）和谷歌服务等系统提供随时可用的连接器。由于支持电子数据交换（EDI），可以更轻松地通过 EDOFACT、X12、AS2

等标准来交换数据，以协助商务运作。

Azure API 应用帮助用户快速创建用于云部署的 API。支持 API 的编程语言包括 dot Net（.Net）、Java、Python、PHP 和 Node.js。

（2）Azure 内容发布网络（CDN）

可以使用 Azure 内容发布网络（CDN）在 Azure 云区域上托管静态内容，并在本地提供前端应用程序。这种全球分布式 CDN 为客户应用程序提供低延迟响应，并为最终用户提供高可用性内容。内容的使用场景包括为联网设备提供网页、流媒体和软件更新。云服务可提供粒数级控制，控制用户的内容。近实时分析架构可帮助用户深入了解请求最多的内容及地点。

（3）Azure 媒体服务

这种云服务能够接入媒体、编码或格式化媒体，保护媒体内容并支持流式内容（包括实时和按需流式处理）。串流能力与 Azure 内容发布网络功能相互集成。使用这项服务的客户有微软 Xbox 和 NBC 运动（http://azure.microsoft.com/en-us/services/media-services）。

可以利用这项云服务通过实时 AES 加密和数字版权管理（DRM）来提供实时和按需流媒体内容。Azure 内容交付网络（CDN）的集成带来了全球可用性。随着新媒体编码格式的创建，云服务将其合并，使用户更容易关注内容，而不必担心媒体格式和重新编码。

对于将要传输内容的终端用户设备，Azure Media Player 可自动为其选择最合适的媒体格式。HTML 5、苹果 HTTP 流媒体（HLS）等现代富媒体技术，或类似微软 Silverlight 的旧平台均能得到支持。

将某段媒体内容上传至 Azure 云时，Azure 内容保护可保护媒体内容。内容可以通过高级加密标准（AES）进行安全保护，包括实时媒体传递。安全密钥可对加密提供简单安全的管理。如果内容受到威胁，只需更改其加密密钥，而不必对整个媒体内容存储库重新加密。

Azure 媒体分析可以分析内容（如与媒体内容相关的政策和安全性），提取音频到文本，利用面部识别（如面部表情使用场景），甚至可以修改内容以保护身份。由于它是一个云服务，所以新功能会不断增加，如内容审核功能（在撰写本书时处于预览状态），以防止种族、暴力和儿童色情性质等内容扩散。

（4）Azure 搜索

Azure 搜索是一项托管云服务，可以将高级搜索功能添加到其网络或移动应用程序中。使用这种云服务，可以利用微软在自然语言处理方面的知识和经验。这种知识在微软产品中已经使用了十年以上，如 Bing 和 Office。该服务按小时或按月计费，托管的文档数量可从数千个到数百万个。

（5）Azure API 管理

Azure API 管理服务可安全、高效地向内部开发者或外部合作伙伴发布和管理 API。使用 API 网关有助于标准化、维护和更改，因为开发者专注于通用网关，而不是在软件组件之间使用多个单独的连接器。管理功能支持 REST API、PowerShell 和 Git。

（6）Azure 通知中心

这种云服务可根据需求，提供可缩放的推送服务，并支持发送数百万条消息。可以使用该服务向 IOS、安卓、Kindle 和微软 Windows 平台上的应用程序推送通知。推送通知服务支持苹果推送通知（APN）、谷歌云推送服务（GCM）、Windows 推送服务（WNS）和微软推送服务（MPNS）。与 Azure 通知中心集成的后端系统（即生成消息内容）可以使用 dot Net（.Net）、Java、Node.js、PHP，后端系统可以是云或本地部署。

5. 容器

微软 Azure 提供的数个云服务旨在帮助用户利用容器（增加托管应用密度的技术，计算资源最大化使用，以提供沙盒环境，并使应用程序的开发和更新更轻松）或微服务。微软 Azure 提供了以下与云容器相关的云服务：

- Azure 应用服务
- Azure 批处理

- Azure 容器注册表
- Azure 容器实例
- Azure Service Fabric
- Azure 容器服务（AKS）

（1）Azure 应用服务

无论是平台还是终端设备，这项托管的云服务能创建企业级的网络应用程序或移动应用程序。然后，可以将创建的应用程序部署并扩展于 Azure 云端基础设施端。支持 Windows 和 Linux 及多种常用的编程语言，如 dot Net（.Net）、Java、Ruby、Node.js、PHP 和 Python。开发者可以将微软 Visual Studio 作为集成式开发环境（IDE）并与微软 Azure 云简单集成（如连续集成和连续部署［CI/CD］）。该服务更便于与 Docker Hub（容器技术）和 GitHub（软件代码托管技术）集成，可以与其他 Azure 服务（如 Azure Active Directory）集成，提供单点登录（SSO）和身份认证功能。开发者可以花更多时间在应用程序上，而不必管理基础设施和创建组件执行日常任务（如登录和身份认证等）。

（2）Azure 批处理

这种云服务可更轻松地并行处理任务和高性能计算（HPC）工作负载类型。可以扩展批量计算任务，从数十个到成千上万个虚拟机。HPC 和大批量工作负载在工程或科学行业中非常典型，此类行业中的企业可以利用微软 Azure 云，获得可扩展和价格实惠的计算资源。可用的成本模型包括低优先级即付即用（PAYG）、正常优先级 PAYG、一年期或三年期包年收费（40%~60% 折扣价格）。

（3）Azure 容器注册表

可以利用 Azure 容器注册表服务来集中存储和管理容器映像，并支持 Docker Swarm、Kubernetes、Azure 批处理、Azure Service Fabric、Mesophere DC/OS。Azure 容器注册表与开源的 Docker 注册表 v2 兼容，利用现有的技术、工具和脚本，用户可以更容易地切换至云。

（4）Azure 容器实例

借助于该云服务，用户可以侧重于封装在一个容器中及在云端活动的应用程序，不需要学习或获得容器编排工具方面的技能。该服务的成本模型可以实现按秒计费并为用户提供极高的粒数级成本控制。可以从 Docker Hub 或 Azure 容器注册表中获取容器图像（模板驱动提升标准化和易用性）。微软提供指南，帮助用户选择适合容器使用的技术。

（5）Azure Service Fabric

这是一种适用于云端应用程序微服务架构的云服务。开发者不需要关注基础设施，可以将更多时间用在开发企业级应用程序上。可以选择编程语言，支持 Azure 云端或本地部署，甚至在其他云端部署的 Windows 或 Linux 操作系统。这种云服务可以扩展到成千上万的虚拟机，来处理工作负载。微软自己将该服务用于商务解决方案，如商务用网络电话软件 Skype。

（6）Azure 容器服务（AKS）

可以借助该云服务编排、部署和扩展使用 Docker Swarm 和 Apache Mesos 的基于容器的应用程序。这些是最常用于容器技术的开源工具，已经使用该等平台的用户能够以最少的工作量迁移至 Azure 云。AKS 云服务利用 Kubernetes。后者用于自动部署、管理和扩展容器化应用程序的开源系统。可以使用托管 Kubernetes 平台或部署未托管的 Kubernetes、Docker 或 DC/OS（分布式操作系统 Mesosphere）。用户为占用的资源付费，不按集群付费。

6. 数据库

借助 Microsoft SQL Server 及相关技术，微软拥有强大的数据库技术背景。大数据、分析、在线分析处理（OLAP）、在线事务处理（OLTP），以及提升存储、处理和分析（获取商业洞见）的速度是全世界企业面临的共同挑战，Azure 云平台提供了一些服务和技术来帮助解决这些问题：

- Azure SQL 数据库（微软 SQL Server 云版本）
- Azure Database for MySQL

- Azure Database for PostgreSQL
- Azure SQL 数据仓库
- Azure SQL 延伸数据库（Stretch Database）
- Azure Cosmos DB
- 用于 Azure 的 Redis 缓存
- Azure 数据库迁移服务

（1）Azure SQL 数据库

Azure SQL 数据库服务是微软热门的 SQL Server 关系数据库服务器的云版本，已经拥有云和相关服务的优势。经过现代化升级，该数据库可增加更多功能（不仅仅是一个关系数据库），例如，内存 OLTP、处理 JSON、空间或 XML 数据，是完全托管的云服务。目前在全世界的 38 个（在撰写本书时）Azure 数据中心运行。微软的开发一般先基于 Azure SQL 数据库云版本，然后将功能包含在本地部署版本中（微软 SQL Server），因此需要最新功能的用户应考虑使用 Azure SQL 数据库版本。SQL 数据库使用智能评估模式，并自动调整数据库以确保性能，从而主动避免问题并节省管理员的时间，特别是对那些拥有数千个数据库的用户。

应用程序开发者可以使用 DevOps 和类似微软 Visual Studio 和 SQL Management Studio 等工具，可以使用 dot Net（.Net）、Java、PHP 和 Ruby 等编程语言来开发应用程序。这项云服务提供 99.99% 的服务级别协议（SLA），可以协助灾难恢复对象。例如，如果主动地域复制功能激活，恢复点目标（PRO）的时长约五秒钟。在出现紧急情况时（如硬件或电源故障，或影响整个数据中心的其他灾难）可确保业务关键信息的损失最小化（例如，前面的例子中，灾难减少 5 秒）。Azure SQL 数据库的内存技术可以识别大量访问的数据库表（如在圣诞节假期的高峰期），并将它们移入内存以大大加快响应的时间。微软指出，当大量使用的数据表被自动传送到内存中时，响应速度会高出 30 倍，分析速度也会快 100 倍，对于以毫秒计算的使用场景（如金融欺诈检测）而言，这是异常惊人的速度。用户可以在不改变其服务层的情况下从这些内存中受益，从而提供一致性并进行成本控制。

第四章 亚马逊网络服务和微软 Azure
Amazon Web Services and Microsoft Azure

Azure SQL 数据库包括聚集列存储（整个 SQL 表的物理存储）索引技术。这些索引用于存储和查询大型事实数据表，与传统行存储相比，可以提供 10 倍的查询性能和 10 倍的数据压缩。在某一列中，可存储相同数据维度的值（如邮编、邮政编码）。相同的数据类型使得压缩更加高效，查询也显著改善，因为内存中的覆盖区更小，所有类似数据都存储在一个列中。与逐行读取记录集相比，读取选定的列（如在查询期间）性能更好。Azure SQL 数据库还支持非聚集索引，这是基于行存储表的二级索引。行存储在传统行和关系数据库表的列矩阵中按照逻辑组织数据。

可以根据性能需求和预算，从四个 Azure SQL 数据库服务层中选择：

- 基本层
- 标准层
- 高级层
- 高级层 RS

管理员可手动或以编程方式，随时更改服务层，确保性能，满足业务需求。更多信息请访问 URL http://docs.microsoft.com/en-gb/azure/sql-database/sql-database-service-tiers-dtu。

为了动态适应不可预测的工作负载，减少管理事件和工作量，Azure SQL 数据库云服务提供了一个叫做"弹性池"的功能，可为资源池付费而不是单个数据库。当需要时，弹性池将资源分配给需要的数据库（如 DB1），当不需要 DB1 时，弹性池将资源重新分配给其他数据库。可以将单个数据库与弹性池混合和匹配，最大限度地利用灵活度、性能、易用性和成本效益。为了帮助用户了解其潜在资源需求，并决定服务层，以及是否使用单一数据库或弹性池，微软分别使用了数据处理单元（DTU）和弹性数据处理单元（eDTU）（顾名思义，用于弹性池）的性能指标。DTU 是 CPU、内存和读写速率的混合体。DTU 计算器和相关工具可评估所需的 DTU 数量（http://dtucalculator.azurewebsites.net）。

事务数据、在线存储产品数据库或客户订单数据库等数据对用户的业务至关重要，这种数据平台若失效，会产生毁灭性财务影响。为了帮助灾难恢复规划，

Azure SQL 数据库服务增加了以下可用功能：
- 自动备份（如完整的、与上次不同的有增量的备份，事务日志备份）
- 时间点还原
- 主动异地备份
- 故障转移组

只要 Azure SQL 数据库在自动备份保持期内，就可以将其还原至恢复点。

主动异地备份可以在同一地理区域或另一个区域，最多配置四个辅助只读数据库。例如，由于性能、延迟、可用性和用户体验等原因，一个在全球范围内运营的在线 web 存储的企业可能选择在美国建立一个主数据库，而在欧洲和亚太地区建立辅助只读数据库。

故障转移组有助于保护数据库免遭故障，如果主要组失效，则应用程序自动切换至辅助组。此类组还可用于负载均衡的情况。

为了帮助保护敏感和机密数据，Azure SQL 数据库提供了四个关键的安全属性：

① 透明数据加密（TDE）；

② 全程加密技术（动态数据加密）；

③ 动态数据屏蔽；

④ 行级安全性（RLS）。

透明数据加密（TDE）对数据库、数据库备份和数据库静态数据事务日志实时加密/解密。通常加密和解密都处于动态（如在数据库和应用程序之间）。动态数据屏蔽使底层数据保持不变，但屏蔽了关键信息（如大多数信用卡号码序列，××××-××××-××××-9437）。行级安全性在粒数级别上保护数据，例如，John Doe 可以访问人力资源数据，但不能访问工资数据，工资数据可以作为一个行存储在数据库表中。

（2）Azure Database for MySQL

这是一项用于流行的 MySQL 关系数据库的托管云服务。人们使用 MySQL 的社区版（community version），该服务提供了 99.99% 可用性服务级别协议（SLA）。开发者可以利用喜欢的框架，如 WordPress 或 Drupal，并且这种云服务还集成了 Azure Web 应用。开发者可以利用数据库的弹性来应对意外需求（如在促销期间或营销活动之后），并使用 MySQL 数据库存储产品数据和客户销售订单数据。更多信息请访问 URL https://azure.microsoft.com/en-us/pricing/details/mysql。

（3）Azure Database for PostgreSQL

这是另一个基于热门关系数据库 PostgreSQL 的托管云服务。补丁、更新和维护等任务由云服务提供商（微软）处理。这种数据库云服务利用了 PostgreSQL 的社区版。开发者可以继续使用他们选择的编程语言和框架，例如，Java、Node.js、Python、PHP、C++ 和 C#。托管云服务可缩放计算，并独立存储，以满足需求。

（4）Azure SQL 数据仓库

Azure SQL 数据仓库是一个专门的云服务，它提供了企业级的弹性数据仓库，可以根据用户对云端或本地部署（数据中心）的需求缩放。数据仓库采用大规模并行处理（MPP）架构设计，并以微软 SQL Server 强大的 SQL 引擎为基础。SQL Server 这种仓库可动态按比例放大或缩小，以满足数据和报告需求。Azure SQL 数据仓库与其他 Azure 服务集成，例如，Azure 数据工厂、Azure HDInsight（大数据 Hadoop 框架）、Azure 机器学习，或微软 Power BI（商业智能可视化和报告）。

（5）Azure SQL Stretch Database

这种服务使用户能够动态地将缓慢和快速移动的事务数据（即冷热数据）从本地部署的 MS SQL Server 数据库（如 SQL Server 2016）扩展到微软 Azure。因此，当本地存储耗尽时，可以发挥云的弹性存储优势。冷热数据均可访问，与访问本地数据无异，并且使用微软这种 SQL Server Stretch Database，现有应用程序不需要进行任何更改。用户还可以进一步从全程加密技术（动态和静态数据加密）和行级安全性中受益。对于哪些数据在本地部署中，哪些可以通过软件策略扩展到 Azure 云，用户拥有完全控制权。一旦策略确定，该服务将自动扩展数据。扩展的数据将自动备份在 Azure 云端。

（6）Azure Cosmos DB

Azure Cosmos DB 是一个云托管 NoSQL 数据库，专门存储非关系数据（如没有架构的数据、没有预定义的结构），是具有全球可用性的真正云原生数据库。它是微软专门开发的一个全球分布式及多模型（非关系数据模型类型）NoSQL 数据库。NoSQL 数据库为事务吞吐量和存储空间提供了水平扩展，并可弹性伸缩（当需要更多资源时扩展，当需要的资源较少时收缩）。Azure Cosmos DB 服务确保全球范围内小于 10 毫秒的延迟（读取时延迟小于 10 毫秒，索引读写时延迟小于 15 毫秒）和 99.999% 的高可用性服务级别协议。数据存储在固态硬盘上。该数据库服务适合于各种情景，例如，电子商务和零售业中的全球分布式产品数据库实例。微软在其 Windows 商店和 Xbox Live 游戏服务中利用了这些技术。使用该服务的客户包括 Domino's Pizza、Toyota 和 Asos（http://azure.microsoft.com/en-us/services/cosmos-db/?v=17.45b）。支持的 API 包括 SQL、MongoDB、JavaScript、Azure 表存储。静态数据和动态数据自动加密，包括备份。

合规认证包括以下内容：

- 支付卡行业（PCI）
- 医疗保险可移植性及问责法案（HIPAA）
- ISO 27001、ISO 27018、EU 标准条款（EUMC）
- 联邦风险及授权管理程序（FedRAMP）、IRS 1075、UK Official（IL2）
- 健康信息信任联盟（HITRUST）

Azure Cosmos DB NoSQL 数据库支持以下类型的数据模型（亦称多模型支持）：

- 键值
- 图形
- 列族
- 文档

键值数据模型是一种简单的数据库类型，它存储与键关联的数据。每个键只与一个值关联，所使用的键是一个哈希函数。哈希算法通常有助于确保键在数据存储中的均匀分布。这种存储键的方法非常适合于数据的并行划分，因为哈希函数提供了随机性，使得数据碎片在数据节点上的分布更加均匀（如多个服务器节点）。这种并行化提高了读写速度。键值存储对于基于键的快速简单存储和查找非常有用。价值存储于二进制大对象（BLOB）格式内，这就意味着无需数据库架构。值是按照原子操作原则编写的（这是确保数据一致性的一种方法），因此如果"值"是实质性的，则可能需要一些时间。键值存储中的值可以是简单的数值、文本、图像文件或其他形式。例如，C173DX（哈希键）和John Doe（键值），如表11。键不需要进行哈希运算（如随机化），并且可以是连续的（如产品 ID 或客户 ID）。

表 11　键值数据存储示例

键	值
C173DX	John Doe
CustID12345	Jane Doe
00001	Michael Doe

图形数据模型可以更容易地使用数据节点来查询相互关联的数据，这些数据节点可能有许多关联（亦称边缘），还可以存储边缘的方向数据。边缘也用来描述数据节点之间的关联。此类关联有助于提供潜在客户更全面的信息，并返回结果，如品味、活动、去过的城市、有类似品味或爱好的朋友等。这种互联细节可用于零售情景（如推荐可能与潜在消费者相关的产品或服务）。另一个使用场景可能出现在犯罪情景中（如关联嫌疑人、事件、地点等）。与表格表示相比，具有节点和边缘的图形数据的可视化更方便人眼识别。更多信息请访问 URL http://docs.microsoft.com/en-us/sql/relational-databases/graphs/sql-graph-sample。

列族数据存储类型将相关数据分组到逻辑行和列中，数据不需要标准化。可以有多个列族，此类列族中的行不需要包含每个面向列的数据，这有助于提高存储效率。这种数据模型类型的概念提供了架构设计的灵活度。用于唯一标识值的键通常按顺序指定，而非哈希值（随机）。例如，列族中的一个列可以是一个客户 ID，其序列如 C0001、C0002、C0003 等。然后使用这个客户 ID 列链接多个列族，如名称、地址、所在州等。图 68 为列族的一个简单示例。

客户 ID	列族 1：姓名
C001	名：John 姓：Doe
C002	名：Jane 姓：Doe
C003	名：Harry 姓：Doe

客户 ID	列族 2：地址
C001	1, Acme Street, 27513
C002	2, Acme Street, 27513
C003	3, Acme Street, 27513

客户 ID	列族 3：州—国家
C001	州：北卡罗莱纳 国家：美国
C002	州：北卡罗莱纳 国家：美国
C003	州：北卡罗莱纳 国家：美国

图 68　列族数据模型示例

从概念上讲，文档数据模型类型类似于键值数据存储模型，但它可以存储多个数据字段和值（亦称文档）。许多数据库引擎或报告引擎都支持 JSON，这使得存储、查询和报告数据变得更容易。JavaScript 对象标注（JSON）是一种广泛的文件存储格式，能提供卓越的灵活度，因为数据模式可以在文档内变化或从一个文档转变成另一个。产品数据库或出货单是文档存储的典型示例，因为无需复杂的数据模式设计和应用程序（编写、查询）重写，就可以轻松更改或添加字段（架构）。如表 12，文档可以存储单个或多个数据观测或记录。

表 12　文件数据模型示例

键	文件 1	文件 2
键	0001	0002
| | ```
{
  "CustomerID": C001,
  "Orders": [
      {"ProductID":P001,
       "Quantity": 1,000
      },
      {"ProductID":P002,
       "Quantity": 2,000
      },
   ]
   "DateOfOrder":01/01/2017"
}
``` | ```
{
  "CustomerID": C001,
  "Orders":[
      {"ProductID":P001,
       "Quantity": 1,000
      },
   ]
   "DateOfOrder":02/01/2017"
}
``` |

Azure Cosmos DB 提供了五种一致性级别，以满足数据一致性和延迟需求。这五种级别如下：

① 强一致性（Strong）；

② 有界过时（Bounded staleness）；

③ 一致前缀（Consistent-prefix）；

④ 会话一致性（Session）；

⑤ 最终一致（Eventual）。

强数据一致性确保数据最终达到一致，但所需时间最久；最终一致性的延迟最低，但数据仅在最终一致，因此最近的对值应用程序/数据查询可能不会立即反馈准确数据值。用户必须根据使用此全球分布式数据库服务的应用程序选择正确的类型。金融交易则是强制要求强一致性的例子。

（7）用于 Azure 的 Redis 缓存

这种托管云服务基于开源的 Redis 缓存引擎，并为用户开发的、基于 Azure 的云应用程序提供数据缓存功能。此引擎可以用作数据库、缓存或消息代理。Redis 的数据模型是一个高级键值数据存储，支持的值包括哈希值、字符串、排序集和集合。同时还支持 Lua 脚本语言，更容易实现数据库迁移和开源兼容性。此云服务有三个服务层：

① 基本层；

② 标准层；

③ 高级层。

基本层提供单个节点和多个规格，但没有服务级别协议（SLA）。此选项适用于 dev/test 或非关键工作负荷类型。使用标准层，可从高可用性 SLA 和两个节点（主故障转移节点和辅助故障转移节点）上复制缓存。最后，高级层提供了标准层的所有特性，以及更好的性能（如超过 53 吉字节的内存）、更好的灾难恢复、数据缓存持久性，以及通过微软 Azure 虚拟网络增强的安全性（提供配置选项，如子网和访问控制策略）。基本选项和标准选项提供高达 53 吉字节缓存，而高级选项的缓存可以增加至 530 吉字节（跨多个 Azure Redis 节点的数据分片）。

（8）Azure 数据库迁移服务

这是一个流程引导选项，用户可自行将本地部署的微软 SQL Server 数据库或甲骨文数据库迁移到 Azure SQL Server 数据库云服务。这一过程需要一个微软 Azure 账户和一个从其本地部署到 Azure 云的直接连接（如 Azure ExpressRoute 或 VPN）。

7. 数据和人工智能

为帮助用户应对数据和大数据挑战（如冷热数据接入）、数据编排、数据存储、分析和报告，微软和 Azure 云平台提供了以下数据和人工智能云服务：

- Azure HDInsight
- Azure 流分析
- Azure Bot 服务
- Azure 数据湖分析
- Azure 数据湖存储（ADLS）
- Azure 数据工厂
- Azure 嵌入式 Power BI
- Azure 数据目录
- Azure 日志分析
- Azure Insight 的 Azure Apache Spark
- Azure 文本分析 API
- Azure 分析服务
- Azure 自定义语音服务
- Azure 事件中心
- Azure SQL 数据仓库

（1）Azure HDInsight

这是一个完全托管的云服务，用户可以利用开源数据和分析平台，如

Hadoop、Spark、Hive、Kafka、Storm 和 R（一种最受欢迎的数据科学语言和平台；微软对 R 的社区版本进行了修改，提高了版本的"性能"）。用户无需担心此类平台既耗时又复杂的设置、配置或管理。Azure HDInsight 可用于业务需求，如数据仓库、机器学习、IoT 和许多其他领域。有关成本的示例，可访问 URL http://azure.microsoft.com/en-us/pricing/details/hdinsight。在微软 Azure 云所运行的所有地理区域内，一些云服务并不总是可用的（如随着时间的推移，一些服务会扩展至其他区域）。如需检查不同地区内云服务的可用性，请访问 URL http://azure.microsoft.com/ en-us/regions/services。

（2）Azure 流分析

此云服务旨在分析来自传感器（如 IoT、IIoT）、可穿戴设备、其他云服务和数据源的流数据（热数据——快速移动数据）。Azure 流分析是一个事件处理引擎，可以近实时的方式分析流数据，这有助于仪表盘（商业智能）报告，并进行异常检测（如数据点高于合理范围），甚至还可以基于分析发起其他行动（如发送警报）。使用类似 SQL 的语言可开发复杂的事件处理（CEP）管道，以实现时序逻辑。Azure 流分析集成了 Azure IoT 中心和 Azure 事件中心云服务。与 Azure IoT Edge 集成，更容易利用离线或本地部署的人工智能，并在可行的情况下，将数据上传至 Azure 云。因此，商业洞见和行动可能更接近于事件。在撰写本书时，该服务在微软 Azure 云运营的 19 个地理区域内均可用。用户仅支付每个流程工作（计价单元亦称串流单元）的费用。通过 Azure 流分析，组织可以几乎实时地从联网设备捕获需求信号，并采取相应的措施（如增加或减少从分销中心到零售商的产品货运）。

（3）Azure Bot 服务

Azure Bot 服务可以帮助用户为其应用程序或 web 接口开发和发布智能机器人。客户能够与反应更加自然的机器人交互。使用示例有 Facebook Messenger、微软 Skype 或 Microsoft Teams。这些 Azure 机器人可以利用 Azure 认知服务，让机器人如同人类一样解读信息（如通过文本识别、图像或音频识别进行情感分析）。运输物流公司 UPS 使用 Azure、bots 和认知服务来帮助提供更先进的客户服务（http://customers.microsoft.com/en-us/story/ups）。

（4）Azure 数据湖分析

这种云服务基于 Apache YARN（另一个资源协调者），提供了应用程序访问和处理 Hadoop 的数据方法。微软 Azure 开发了一种叫做 U-SQL 的独特语言，它允许用户创建具有类似 SQL 的代码，并具有访问和查询数据的表达功能。U-SQL 的执行可以水平扩展（如分布式计算机节点），并获取不同的数据源，如 Azure SQL 数据库或 Azure SQL 数据仓库。还可以使用其他语言，如 dot Net（.Net）、Python 或 R 语言，执行并行数据变换。这项服务的成本是按照每个数据作业的处理，基于一个分析单位（AU）的核算。此分析单位是 CPU 核心与内存的混合。在撰写本书时，一个 AU 相当于 2 个 CPU 核心和 6 吉字节 RAM。在美国中部，一个 AU 的费用为每小时 2 美元，在北欧为每小时 1.687 欧元。如前文所述，有些云服务（至少在最初）并不能在所有 Azure 地区使用。

（5）Azure 数据湖存储（ADLS）

此云服务支持用户的大数据策略，可以以任意大小和速度（3-V 大数据）存储任何类型的数据。Azure 为数据的存储、共享和协作提供了企业级的安全性。数据可以从联网设备（如 IoT）或其他来源接入，热存储（移动快速）或冷存储（移动缓慢）数据均可。Azure 数据湖可以与其他云服务一起使用。例如，Azure HDInsight（HDFS—Hadoop 框架）与其他大数据平台一起使用，如 Hortonworks、Cloudera 或 MapR。Azure 数据湖可以根据需求缩放，并且可以处理来自多个数据源的快速或缓慢数据流。数据类型可以是结构化、半结构化或非结构化，单个文件可以超过 1 拍字节（1 拍字节 =1000 太字节）。这种云服务支持在数据湖中存储数万亿个文件。动态数据通过安全套接层（SSL）加密，静态数据通过 Azure Key Vault（用于管理加密秘钥的 Azure 云服务）或资管理硬件安全模块（HSM）进行加密。使用 Azure Active Directory，就可以使用以下安全功能：

- 单点登录（SSO）
- 多重身份认证

- 基于 POSIX 的访问控制表（ACL），提供粒数级安全控制

微软的 Azure 数据湖存储提供了 99.9% 服务级别协议（SLA）和全天候支持。特定的 Azure 云服务可能并非在所有地区都可用，因为服务是根据微软标准推出的（如各个地区、不同数据中心性能的客户需求）。例如，西欧地区没有 Azure 数据湖服务（截至 2017 年 12 月）。

（6）Azure 数据工厂

Azure 数据工厂（ADF）是一个托管云服务，提供可视化数据工作流和数据管理（如 ETL）以及包含操作的接口编排（如触发其他进程），允许多个数据连接器，用户可利用多个来源的数据。这些数据作业（通常称为数据管道）支持调度，并接受来自云或本地部署的数据（见图 69）。

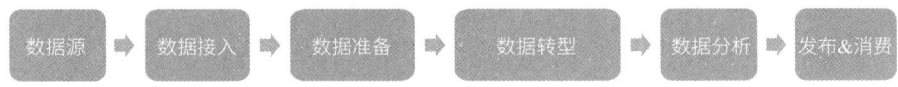

图 69　数据流示例

（7）Azure 嵌入式 Power BI

利用此云服务能把可视化嵌入到其应用程序中，而无需自己开发。微软 Power BI 是一个商业智能（BI）应用程序和服务，用于数据和报表的可视化，可利用来自多个数据源（如 SAP 企业资源规划（ERP）系统、数据库、平面文件、Azure 云服务或第三方数据源）的数据。数据可以是冷数据（即存在于数据仓库中的移动缓慢的或静态数据）也可以是热数据（即来自流数据的移动快速的数据）。流数据通常以近实时的方式接入和分析，以数据格式存储或存储在平台中，然后通过 Power BI 等报告和可视化接口使用。要使用嵌入式 Power BI 服务，必须是 Azure Active Directory（AAD 或 AD）的用户，并拥有付费使用的 Power BI Pro 许可证。Power BI 是一种云服务，可在许多 Azure 地理区域使用。

（8）Azure 数据目录

这是一个托管云服务，用于编目数据源的数据，分类和标记元数据（即有关数据的信息）。有了这样的数据目录，用户便很容易地理解存储在不同位置的数

据,避免黑湖(Dark Lake)现象(Veritas,2016)。数据不会移动,而且信息捕获是手动的,或一定程度的自动(因为数据的标记和分类仍需要人类的知识和交互)。数据源连接的具体信息与元数据一同储存,但通过安全访问进行控制。这样的云服务和元数据编目可以帮助用户管理数据和遵守法规,如《欧盟通用数据保护条例》(GDPR; www.eugdpr.org)。

(9) Azure 日志分析

Azure 日志分析能够捕获、理解甚至可视化应用程序日志文件、事件日志文件或网络日志文件等日志数据。这种分析有助于排除事件、故障、配置变更等问题。支持的数据源报告 Azure 云和本地部署。IT 仪表盘可定制,以满足用户的需要,网络、平板电脑或移动设备可获得 IT 仪表盘。Azure 机器学习(ML)可用来加强该服务的智能分析。Azure 日志分析云服务可以与其他云服务(如 Azure 自动化 [Azure Automation] 或 Azure 功能化 [Azure Functions])集成,帮助 IT 人员接收数据并快速响应。

(10) Azure Insight 的 Azure Apache Spark

这种云服务与 Azure HDInsight 服务相关并集成。Apache Spark 是一个开源(Apache 软件基金会)框架,提供一个通用的内存计算引擎,处理和查询大数据。此框架的目的是实现大规模并行处理和查询,集成了专门数据包,如 Apache Spark SQL、Spark Streaming(实时流处理框架)、Apache MLlib(机器学习)、Apache GraphX(图谱计算)。利用该服务无需担心基础设施管理或配置问题,其分析和查询功能可用于冷数据和热数据(即批处理或实时串流)。在此框架模式中,数据始终保存在内存中,查询速度快。而且因为开源,可以集成并支持 IntelliJ IDEA(一种 Java 集成开发环境)、Scala、Java、Jupyter 笔记本和 Python。该服务还集成了 Microsoft R Server,一个经过修改完善的社区版本 R,提供并行的、万亿字节数据大小的机器学习,性能高于未经修改完善的社区版本 R(http://azure.microsoft.com/en-gb/services/hdinsight/r-server)。Azure 云服务同样支持集成标准商业智能报告工具,例如微软 Power BI、QlikView、SAP Business Objects

第四章 亚马逊网络服务和微软 Azure
Amazon Web Services and Microsoft Azure

Lumira 或 Tableau。

（11）Azure 文本分析 API

该服务是 Azure 认知服务组合的一部分，可用于情感分析。例如，可以使用这些数据深刻了解产品，改变促销活动、价格、市场推广方式，巩固产品需求。消费者越来越多地通过社交媒体平台联系，这会影响产品的消费。因此，分析此类数据变得愈发重要，推动企业向数据驱动型转变。供应链中终端消费者的情绪变化是企业不可忽略的信号。即使起初阶段不使用此类数据或此类数据的影响力不够（如按需预测），若时机适当，此类数据仍可以包含在数据捕获管道（数字供应链）中并分析。如果未来相当长的一段时间内仍可使用历史数据，一般会改善数据分析结果。企业可以利用技术进行语言识别、提取关键短语和情感分析，如 Microsoft Azure 文本分析云服务中的文本和情感分析技术。尝试有关示例，请访问 URL http://azure.microsoft.com/en-us/ services/cognitive-services/text-analytics。

（12）Azure 分析服务

Azure 分析服务（Analysis Services）是微软 Azure 云提供的一个平台即服务（PaaS）。通过 Azure 门户网站或 Azure 资源管理器（ARM）和 PowerShell，可快速部署此数据环境并使用它创建一个以语义业务为中心的数据模型（使用商业友好型标签、计算指标等对数据进行逻辑设计）。从概念上讲，这个数据模型接近于数据可视化，因为数据仍在原来的位置，同时允许商业用户和报告包含不同的数据源、格式，以及混合并匹配分析所需的数据。这些分析服务建立在支持 Tabular 对象模型（TOM）和 Tabular 模型脚本语言（TMSL）的微软 SQL Server 分析服务（SSAS）。使用 Microsoft Visual Studio（包括用于 Visual Studio 的 SQL Server 数据工具），可以更方便地将 Microsoft SQL Server 2016 Tabular 模型部署到 Azure 云端。

有两个兼容模式，1400 和 1200。1400 兼容模式是最新版本（译者注：至 2020 年 8 月，最新的兼容级别是 1500），与 Microsoft SQL Server 2017 分析服务兼容。有三个服务等级供选择：

① 开发者；

② 基本层；

③ 标准层。

允许在一个等级内升级运算资源，或升级到更高的等级，但目前不支持从上一级降到下一级。成本计算以 QPU（查询处理单元）为基础，而 QPU 代表相对的计算和数据处理性能，取决于所选的基础虚拟服务器实例。根据一般的经验法则，一个虚拟内核相当于 25 个 QPU。在美国，B1 基本层选择提供 40 个 QPU，内存 10 吉字节，每小时 0.43 美元，在西欧 Azure 地理区域为每小时 0.363 欧元。如上文所述，有些地区不能使用 Azure 云服务。获取更多信息，请访问 URL http://azure.microsoft.com/en-gb/pricing/details/analysis-services/. 企业可以选择常用的工具进行数据挖掘，如 Microsoft Excel、Microsoft Power BI 或 Tableau。

（13）Azure 自定义语音服务

Azure 自定义语音云服务是 Azure 认知服务组合的一部分，可用来应对说话风格或音频中的背景噪声等语音识别难题。

（14）Azure 事件中心

微软事件中心也是一项云端数据接入服务，以热数据为重点，供用户实时输入数据并记录数百万计的事件，其关键的使用场景是遥测数据（如 IoT 设备）。微软事件中心是托管云服务，用户不必为数据开发、部署、维护等操心。微软事件中心可以同其他云服务集成，如 Azure 流分析。该中心的服务重点是实时分析流进云端的热数据，快速进行自动化决策（如异常检测）。此类服务可促进工业 4.0 解决方案，提高供应链的数字化，实时接收供应链中网络节点的位置数据，或接收来自互联设备的需求信号，如汽水售卖设备或零售商的销售点（POS）扫描仪。

获取更多信息，请访问 URL http://azure.microsoft.com/en-us/pricing/details/event-hubs。

（15）Azure SQL 数据仓库

AzureSQL 数据仓库是一个专门的云服务，它提供了企业级的弹性数据仓库，可以根据用户对云端或本地部署（组织的数据中心）的需求缩放。数据仓库采用大规模并行处理（MPP）架构设计，并以微软 SQL Server 强大的 SQL 引擎为基础。这种仓库可动态按比例放大或缩小，以满足数据和报告需求。Azure SQL 数据仓库与其他 Azure 服务集成，如 Azure 数据工厂、Azure HDInsight（大数据 Hadoop 框架）、Azure 机器学习，或微软 Power BI（商业智能可视化和报告）。

8. 人工智能和认知服务

全球正在以指数速度创造数字资产。思科全球云指数突出强调了这一点。他们估计，到 2021 年，全球将产生 850 泽字节的数据（来自人或机器）（思科全球云指数，2016—2021，23）。利用、理解和识别如此庞大的数据和格式对人类来说是一个挑战。由于微软在不同的行业中拥有不同的业务，提供不同的服务，如办公效率、电子游戏、视听传播和搜索引擎，它可以利用 Azure 机器学习和 Azure 认知服务中的技术、研究成果和经验。Azure 服务组合类别中有太多的功能和技术领域，无法一一详细介绍，因此本节重点介绍不同的服务类型。

总体而言，此类别的服务重点是机器学习（ML）、人工智能（AI）、语音音频和视觉智能、搜索引擎技术（利用微软 Bing——类似于谷歌的搜索引擎）和振奋人心的新领域——基因组学。微软投入大量资源（即金钱、人力、时间）进行研究，试图通过微软基因组学等服务改善人类的生活。许多研究机构也有大量的开源软件，而云服务的价格相对较低。

Azure 人工智能和认知服务包括：

- Azure 机器学习服务
- Azure 机器学习工作室
- Azure Bot 服务
- Azure 认知服务
- 计算机视觉 API
- 人脸识别 API
- 内容主持
- 情感 API

- 自定义视觉服务
- 视频索引器
- 语音翻译 API
- 语者识别 API
- Bing 语音 API
- 自定义语音服务
- 自然语言理解（LUIS）
- 文本分析 API
- Bing 拼写检查 API
- 文本翻译 API
- 网络语言模型 API
- 语音分析 API
- 建议 API
- 学术知识 API
- 知识探索服务
- 问答创建 API
- 实体链接智能服务 API
- 自定义决策服务
- Bing 自动建议 API
- Bing 图像搜索 API
- Bing 新闻搜索 API
- Bing 视频搜索 API
- Bing 网页搜索 API
- Bing 自定义搜索 API
- Bing 实体搜索 API
- Azure 批处理人工智能（AI）

- 微软基因组学

图像识别可识别车辆和车牌等物体，已经用于停车场，也可用于智能工厂和制造业。人脸识别常用于打击犯罪、人员失踪，或仅用于加速和自动化识别和标记（元数据标记——添加关于图像的信息），然后用于数据分类和搜索。更多信息，请访问 URL http://azure.microsoft.com/en-us/ services/cognitive-services/face。

类似的技术也用于摄影（一般称为人脸识别或微笑检测功能）。在设备上安装这些技术，提高人员验证的安全性（如带有 Hello 功能或 iPhone X 的微软 Window 笔记本电脑）。语音识别越来越多地应用于电话银行、搜索引擎（如 Siri、谷歌）或家庭自动化产品，也可用于其他设备或制造等工作流程，指导商业智能报告工具创建特定的报告（如"给我看看下个月的销售预测表"）。

销售点（POS）扫描仪变得越来越智能，用视觉识别产品而不是二维码或条形码，提高了顾客的体验度。通过可视化来验证供应链或制造过程中可能存在的部件缺陷，从而提高质量保证。

网上零售商建议使用 API 服务，了解顾客的购物史，将顾客可能感兴趣的产品与个性化推荐相连接，从而对接顾客需求，可以实现近实时促销、市场推广或价格促销，提高销量。使用历史数据，通过需求预测、人工智能（AI）和机器学习（ML）了解影响因素（如价格敏感度、事件、天气），用户可成为以需求和数据推动的公司，同时采取合理的措施（如有针对性的建议或促销）。用户可以将库存数据相互关联，例如，查看库存水平，通过需求预测以及供应链和数据（如大数据、历史数据、各种变量数据）的可视化来理解因果因素，从而减少库存。

9. 物联网（IoT）

物联网（IoT）和工业物联网（IIoT）是一种呈指数增长的全球现象，生成企业需要捕获、分析和据此采取行动的热数据和大数据。许多行业可以从这些类型的技术、互联互通和近实时的数据中获益。联网的医疗设备可以通过数据查看与优化，改善病人护理，并实现远程医疗或远程护理。接受调查的医生中，85% 的人表示，联网的穿戴式装置可帮助患者更多地关注和了解自身健康状况

（Safavi、Ratliff，2015）。例如，零售行业可以近实时或更短时间内接收数据，以了解需求信号，需要时修改需求预测。

使用数字化的拉动式设计、具有数字意识和数据意识的供应链和供应链网络，能够使供应更好地满足需求驱动供应链的需求。通过结合数据，整体了解需求，企业可利用分析法（包括大数据、人工智能、机器学习等），预测需求，优化、补充、协调库存（即内部与外部供应链网络节点及合作伙伴），作出更注重数据驱动的决策，提高资源规划效率。GE指将"工业互联网数据循环"等IoT数据与数据洞见和智能制造过程中的活动结合起来，见图70（Evans、Annunziata，2012，10）。GE研究估计全球46%的经济或价值32.3万亿美元的全球产值受益于IoT和IIoT（Evans、Annunziata，2012，14）。

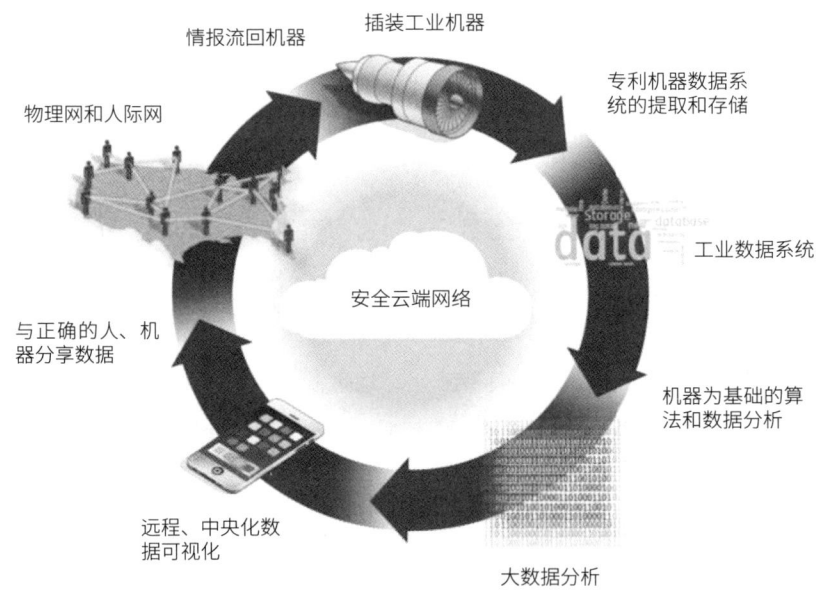

图70　工业互联网数据循环

来源：Evans, Annuziata，2012，10。

为应对此类调整，微软Azure云平台提供了以下服务：

第四章 亚马逊网络服务和微软 Azure
Amazon Web Services and Microsoft Azure

- Azure IoT 中心
- Azure IoT 边缘
- Azure 流分析
- Azure 机器学习工作室
- Azure 时间序列洞见
- Azure Cosmos DB
- Azure 事件网格
- Azure 逻辑应用程序
- Azure 通知中心
- Azure 事件中心
- Azure 位置导向式服务

（1）Azure IoT 中心

这种云服务更容易对不断或间歇发送遥测数据的物联网设备进行连接、控制和监视。双向通信也可通过联网的设备和 Azure 云实现。ThyssenKrupp 和罗克韦尔自动化公司等企业正在使用这种云服务（http:// azure.microsoft.com/en-us/services/iot-hub）。

（2）Azure IoTEdge

这一服务类似 Azure IoT 中心，旨在捕获遥测数据，并在云端支持数据上传和设备管理。它的关键特性或独特卖点（USP）是，它允许在"云的边缘"即在连接的设备中实现智能和分析，而不必等到数据传送到云端才进行处理和分析，提高了操作速度，非常适合网络连接不良的地区（由于设计或信号弱造成离线的区域）。智能工厂可从此类数据中获益；例如，更快地在本地监督和预测（即预测性维护）机器的状况。数字供应链网络中的连接设备可以将数据批量上传到云端，而不以固定的数据流的形式。由于数据量大和成本问题（如飞机），有时不能连续传输遥测数据，或出于安全考虑，需要在本地分析这些数据，以确保速度正常，保护数据（即公共云端不能使用的数据）。

（3）Azure 流分析

这种云服务旨在分析来自传感器（如 IoT、IIoT）、可穿戴设备、其他云服务和数据源的流数据（热数据——快速移动数据）。Azure 流分析是一个事件处理引擎，可以近实时的方式分析流数据，这有助于仪表盘（商业智能）报告，并进行异常检测（如数据点高于合理范围），甚至还可以基于分析发起其他行动（如发送警报）。可使用类似 SQL 的语言开发复杂的事件处理（CEP）管道，以实现时序逻辑。Azure 流分析集成了 Azure IoT 中心和 Azure 事件中心云服务。与 Azure IoT 边缘的集成使用户更容易利用离线或本地部署的人工智能，并在可行的情况下，将数据上传至 Azure 云。在撰写本书时，该服务在微软 Azure 云所运营的 19 个地理区域内均可用。通过 Azure 流分析，可以几乎实时地从联网设备捕获需求信号，并采取相应的措施（如增加或减少从分销中心到零售商的产品货运）。

（4）Azure 机器学习工作室

Azure 机器学习（ML）工作室是一个基于 web 浏览器的用户界面（工作室），为各级数据科学家提供可视化和拖放使用体验。流行的数据科学平台包，如 R 和 Python 也包括在本工作室中，这个云端可伸缩和"高性能"平台更容易使用。Azure ML 工作室可用来解决各种类型的数据问题。获取更多信息，请访问 URL http://azure.microsoft.com/en- us/services/machine-learning-studio。

（5）Azure 时间序列洞见

这是一个对时间序列数据进行存储、分析和可视化的托管云服务。它是专门为 IoT 时间序列数据（数百万或数十亿的事件）而设计的，历史数据存储可长达 400 天。

（6）Azure Cosmos DB

Azure Cosmos DB 是一个云托管 NoSQL 数据库，专门存储非关系数据（如没有模式和预定义结构的数据）。该数据库可以很好地存储时间序列数据（Dunning、Friedmann，2014）并同 IoT 数据（快速移动和全球分布的数据）之间相互作用。数据和计算可以使用 Cosmos DB 扩展，在许多 Azure 区域提供非常低的数据延迟和非常高的可用性。参考本章"Azure 数据库"一节，了解 Cosmos DB 的更多信息。

（7）Azure 事件网格

可以利用此服务开发事件驱动型的应用程序、无服务器的应用程序（不需要管理或设置后端基础设施）、基于各种数据源的事件的触发逻辑。这样，应用程序就可以侦听而不是轮询其他服务，并根据事件触发操作，激活功能。

（8）Azure 逻辑应用程序

Azure 逻辑应用服务通过可视化工作界面创建应用程序逻辑。微软 Azure 云为访问微软 Office 365、赛富时（SFDC）和谷歌服务等系统提供随时可用的连接器。由于支持电子数据交换（EDI），可以更轻松地通过 EDIFACT、X12、AS2 等标准来交换数据，以协助商务运作。

（9）Azure 通知中心

这种云服务可根据需求，提供可缩放的推送服务，并支持发送数百万条消息。可以使用该服务向 IOS、安卓、Kindle 和微软 Windows 平台上的应用程序推送通知。支持苹果推送通知（APN）、谷歌云推送服务（GCM）、Windows 推送服务（WNS）和微软推送服务（MPNS）。与 Azure 通知中心集成的后端系统（即生成消息内容）可以使用 dot Net（.Net）、Java、Node.js、PHP，后端系统可以是云或本地部署。

（10）Azure 事件中心

微软事件中心也是一个云端数据接入服务，以热数据为重点。可实时输入数据并记录数以百万计的事件，一个关键的使用场景是遥测数据（如 IoT 设备）。微软事件中心是一个托管云服务，用户不必为数据开发、部署、维护等担心。微软事件中心可以同其他云服务集成，如 Azure 流分析。此类服务可促进工业 4.0 解决方案，提高供应链的数字化，实时接收供应链中网络节点的位置数据或接收来自互联设备的需求信号，如汽水设备或零售商的销售点（POS）扫描仪。

（11）Azure 位置导向式服务

该服务是为地理空间数据映射提供位置的应用程序。可利用此类 API 在 Azure 平台上开发位置感知应用程序，例如集成映射或根据用户的当前区域设置搜索。

10. 企业集成

有几个组件和相关的云服务可以集成企业级应用程序和工作程序（应用程序和数据工作流）。此类别的云服务包括：

- Azure 逻辑应用程序
- Azure 服务总线
- Azure API 管理
- Azure StorSimple
- Azure SQL Server Stretch Database
- Azure 数据目录
- Azure 数据工厂
- Azure 事件网格

（1）Azure 逻辑应用程序

Azure 逻辑应用服务通过可视化工作界面创建应用程序逻辑。微软 Azure 云为访问微软 Office 365、赛富时（SFDC）和谷歌服务等系统提供随时可用的连接器。

（2）Azure 服务总线

这种类型的云托管服务总线，也称为消息即服务（MaaS），实现应用程序之间的信息交换。它是中介消息传递基础设施，通过解耦应用程序发出的信息，应用程序架构设计，使用一个服务总线组件——Azure 服务总线，从而提供更好的可伸缩性和性能。用户可利用这个云服务实现先进先出（FIFO）、代理客户端服务器消息传递和发布/订阅使用场景。

（3）Azure API 管理

Azure API 管理服务可安全、高效地向内部开发者或外部合作伙伴发布和管理 API。使用 API 网关有助于标准化、维护或更改，因为开发者专注于通用网关，而不是在软件组件之间使用多个单独的连接器。管理功能支持 REST API、PowerShell 和 Git。

（4）Azure StorSimple

Azure StorSimple 可自动将非活动数据存档至云，并帮助用户应对备份和灾难恢复的挑战和需求。软件策略适用于数据归档和检索，而不是传统形式，如磁带备份和磁带旋转调度。

（5）Azure SQL Server Stretch Database

这种服务能够动态地将缓慢和快速移动的事务数据（即冷热数据）从本地部署的 MS SQL Server 数据库（如 SQL Server 2016）扩展到微软 Azure。具体信息，参见本章前面的 Azure 数据库。

（6）Azure 数据目录

这是托管云服务，用于编目数据源的数据，分类和标记元数据（即有关数据的信息）。具体信息，参见本章前面的 Azure 数据和人工智能。

（7）Azure 数据工厂

Azure 数据工厂（ADF）是一个托管云服务，它可提供可视化数据工作流和数据管理（如 ETL），以及包含操作的界面编排（如触发其他进程）。提供了许多数据连接器，用户可利用多个数据源的数据。这些数据作业（通常称为数据管道）支持调度，并接受来自云或本地部署的数据。

（8）Azure 事件网格

可以利用此服务开发事件驱动型的应用程序，即无服务器的应用程序（不需要管理或设置后端基础设施），触发来自各种数据源的事件逻辑。这样，应用程序就可以侦听而不是轮询其他服务，并根据事件触发操作，激活功能。

11. 安全和识别管理

对各行各业和世界各地的用户而言，安全、身份和访问管理至关重要。不同的系统和庞大的分布式全球用户群使得安全和身份管理挑战愈加严峻，为此，微软 Azure 云服务提供如下服务：

- Azure 安全中心
- Azure Key Vault
- Azure Active Directory（通常称作 Azure AD 或 AAD）
- Azure Active Directory B2C
- Azure Active Directory 域服务
- Azure 多重身份认证

（1）Azure 安全中心

Azure 安全中心为本地部署和云工作负载提供了统一的安全概念。安全性策略和访问控制可应用于本地部署和 Azure 云端的应用程序，提供的服务包括云资源的自动发现（如组织部署的新虚拟服务器）。异常检测和机器学习可用来识别网络攻击。

（2）Azure Key Vault

利用此云服务，可以安全地存储硬件安全模块（HSM）的密钥。密钥和密码可以存储在经 FIPS140-2 二级和通用标准 EAL4+ 安全标准认证的 Azure Key Vault。微软本身（在本例中是云提供商）无法看到或使用用户存储在 Azure Key Vault 的安全密钥。Azure Key Vault 让密钥在公共云集中管理成为可能。

（3）Azure Active Directory

Azure Active Directory（通常称作 Azure AD 或 AAD）是一种应用广泛的身份和访问控制管理解决方案，远远超出了传统的 Microsoft Windows 环境范围。该服务支持多个身份源，多台设备和单点登录。可以将一个身份和访问管理解决方案，用于云和本地部署使用案例。有三个版本供用户选择：

① 免费；

② 基本层；

③ 高级层。

此云服务支持多重身份认证（需要两个设备进行身份认证或验证身份以提高安全性），软件即服务（SaaS），并集成赛富时（SFDC）、Microsoft Office 365、

Box、Citrix、MyDay 等服务（微软或第三方）。该服务包括安全监控和警报，并利用机器学习检测异常访问（如位置或时间）。也可以将本地部署 Microsoft Active Directory 同 Azure Active Directory 集成，为企业提供混合同步解决方案。支持的协议和访问方式包括：

- 安全断言标记语言 2.0（SAML2.0）
- WS 联合身份认证
- OpenID
- O-Auth 2.0

（4）Azure Active Directory B2C

此云服务的目的是使用户能够在面向消费者的应用程序（企业到消费者）中添加身份认证机制。支持开放标准、社交账户（如脸书、谷歌+、LinkedIn）和电子邮件，以及 iOS 和安卓平台。支持的协议包括 OpenID Connect、SAML、OAuth 2.0。由于该服务是一个云服务，用户可以扩展资源来支持应用程序的数亿终端客户。

（5）Azure Active Directory 域服务

用户利用此服务可以更容易地将本地部署应用程序（从身份管理的角度来看）迁移到云端，因为用户可以利用域管理服务和 Windows Server Active Directory 的基础技术。通常由本地部署域控制器管理的计算机资源，可以通过 Azure Active Directory 域服务（把域控制器当作服务）来管理。

（6）Azure 多重身份认证

多重身份认证是使用至少两种身份认证（authentication）或进行身份验证（verification）来提高安全性的过程。这可以用于进入计算机、应用程序或移动设备等企业资源的身份认证。银行等行业通常使用此类机制对远程用户在线登录进行身份认证。例如，身份认证第一步是了解登录到在线银行门户网站的用户 ID 和密码。第二步是通过智能手机中的应用程序生成单个随机使用的验证码，或者通过银行发送的 SMS 短信接收一次性密码（OTP）。此类例子也称为两步认证过程（涉及两个步骤），而使用两种不同的认证形式就是多重身份认证机制（如用户 ID 和密码组合，另一台设备接收另一个验证码）。

这种解决方案可以部署到本地部署或 Azure 云端，支持 VPN、Radius、LDAP 和其他技术。Azure 机器学习（ML）用于检测异常行为（如登录位置、登录次数或多次尝试登录）。用户可以使用软件开发工具包（SDK）将这种强大的身份认证添加到其应用程序中，从而保护对应用程序、资源和信息的访问。

12. 开发者工具

Azure 云平台提供了几个基于云的应用程序，帮助开发应用程序、协调工作流程和管理软件应用程序的生命周期。提供的服务如下：

- 微软 Visual Studio 团队服务
- 微软 Visual Studio 应用中心
- AzureDevTest 实验室
- Azure Application Insights
- Azure API 管理
- Azure HockeyApp

（1）微软 Visual Studio 团队服务

该服务与 Microsoft Azure 服务分开收费，其目的是协助应用程序的开发，包括集中托管和管理软件代码。可以使用选择的软件语言进行应用程序的开发。Visual Studio 是一个集成开发环境（IDE），用户也可以使用他们常用的工具，如 Eclipse。

（2）微软 Visual Studio 应用中心

这种开发环境使用户为 iOS、安卓、macOS 和 Windows 开发应用程序更容易。这种服务设置在云端，可以监控全球使用应用程序的情况。

（3）AzureDevTest 实验室

可使用该服务为 Windows 和 Linux 创建标准（即模板驱动）环境，测试软件应用程序。用户可以为开发人员定义配额和策略，并自动关闭开发环境，节省成本。

（4）Azure Application Insights

该服务可用来识别用户的网络应用程序可能存在的问题。应用监控可以检测可能存在的性能或可扩展性问题。该服务集成了 DevOps、Microsoft Visual Studio 团队服务、GitHub tools 和工作流。可视化和交互式的控制面板使用户更容易检测趋势、事件和可能的问题。无论使用哪种软件开发语言（如 Java、Python、Node.js、Net），都可以对应用程序进行监控。

（5）Azure API 管理

Azure API 管理服务可帮助用户安全、高效地向内部开发者或外部合作伙伴发布和管理 API。使用 API 网关有助于标准化、维护或更改，因为开发者专注于通用网关，而不是在软件组件之间使用多个单独的连接器。管理功能支持 REST API、PowerShell 和 Git。

（6）Azure HockeyApp

Azure HockeyApp 使发布测试版和收集日志文件（如应用程序崩溃或性能数据）变得更容易，来帮助用户对测试版进行测试。在安卓、iOS、macOS、Windows 和 Xamarin 中也可以开发应用程序。

13. 管理和监控

最后一个类别的 Azure 云平台（在撰写本书时）提供了一些服务，帮助用户理解如何使用云（如 IT 服务的成本、使用和健康状况），提高自动化，改善管理、合规性和安全性，或更容易地使用云服务。该平台提供以下服务：

- Azure 顾问
- 微软 Azure Portal
- Azure 移动应用程序
- Azure 资源管理器
- Azure Application Insights
- Azure 逻辑分析
- Azure 自动化

- Azure 备份
- Azure 站点恢复
- Azure 调度器
- Azure 通讯管理器
- Azure 监视器
- Azure 安全与合规性
- Azure 保护与恢复
- Azure 自动化和控制
- Azure 洞见力与分析
- Azure 网络监视程序
- Azure Cloud Shell
- Azure 服务运行状况
- Azure Cost 管理
- Azure 策略
- Azure 托管应用程序
- Azure 迁移

本类别的 Azure 组合的功能太多，无法逐一详述，因此本节重点介绍经常使用的功能，并介绍一些功能示例。这些服务的整体目的是帮助用户监控成本，实现退单目标（如各个部门或项目的退单），突出性能和资源健康状况，实现自动化任务，并改善服务（如 Azure 顾问）。Azure Portal 中的改进建议（如提高服务或虚拟服务器的可用性或增加服务等级）使用户更容易以高效、经济的方式使用云服务。Azure Portal 是一个简单的仪表盘界面。管理员或云用户可以创建自定义的仪表盘来满足其需求和工作流。仪表盘左面的图标（竖向条里的图标）可快速链接到云资源。右上角的布告栏窗格提供通知、搜索或快速控件。有几个小部件"固定"在仪表盘上，如"Quickstart Tutorials""Service Health"或虚拟服务器状态（即本例中停止的 Test VM）。

使用Azure云进行需求预测

URL：http://gallery.azure.ai/Solution/Demand-Forecasting-for-Shipping-and-Distribution-2。

微软提供了绑定到模板中的业务解决方案示例，以便更容易地将这些模板部署到Azure云端并尝试使用这些示例。此类模板可自动化、使用方便、快速。有一个简单提供初始信息的web向导界面，云资源（如虚拟服务器、数据库、网络服务）和此类解决方案模板所需的组件实际都是自动部署和配置的。利用Azure功能，实现任务自动化，如安装Azure SQL数据库或Azure Blob存储。本例与需求预测有关，说明了不同的云服务和组件如何协同工作来应对业务上的挑战。本例中提供的信息用于演示目的，使用简单的示例数据来凸显各种可能性。前面章节的URL详细介绍了此示例的部署和遵循此例。通常需要30到60分钟完成这样一个测试示例（包括读取、可能的定制、自动化部署，以及等待一段时间让模拟数据填入数据模型），每天的成本大约为5美元。

为了避免不必要的成本，不需要时，立刻删除这种部署。这个示例解决方案使用了几个Azure云服务，比如：

- Azure数据工厂
- Azure SQL Server
- Azure BLOB存储
- Azure机器学习（ML）
- 微软Power BI

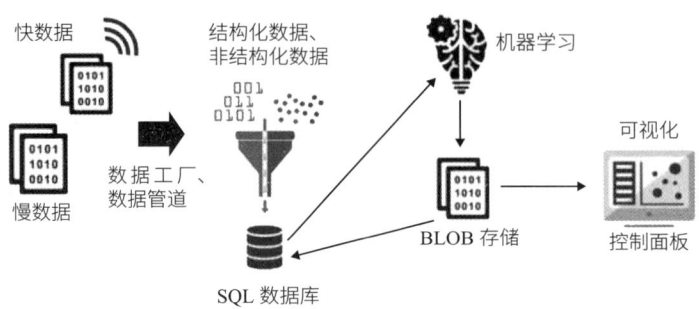

图 71 微软需求预测示例

利用 Azure 数据工厂，协调组件和云服务之间的数据流。机器学习服务执行 R 预测代码。Azure BLOB 存储用来存储临时预测结果，然后加载到本例中使用的 Azure SQL 数据库中。Azure SQL Server 用于存储历史数据（如命令）和预测参数。这两个数据库表都称为输入表。本例中的预测参数定义了使用的统计预测模型（如指数平滑法、ARIMA）、纳入预测的历史时期（如代表性样本时期）、预测时期（未来预测时期，如下个月）、使用的预测方法（如自下而上的预测）。时间序列根据维度和层次分组，用于生成需求规划预测，如产品类别、位置或零售商级别的需求规划。

Azure SQL 数据库还用于存储两个输出表，永久存储预测结果（如对未来一段时间内产品的预测，对不同维度如产品、客户和位置的分组预测），以及预测历史的元数据，如使用的预测模型、预测精度指标（如平均绝对百分比误差［MAPE］、平均绝对比例误差［MASE］）。最后，为了可视化呈现这些数据，此部署示例利用了 Microsoft Power BI（一种可视化和商务智能报告解决方案，包含页面、电脑桌面、移动设备），可视化已经预先创建好（尽管需要等待 20~30 分钟的时间才能模拟、预测

第四章 亚马逊网络服务和微软 Azure
Amazon Web Services and Microsoft Azure

> 和报告数据）。
>
> 本例中使用了三个数据维度，每个维度的层级都是平级的：
>
> ① 产品；
>
> ② 客户；
>
> ③ 位置。
>
> 产品维度和客户维度各有两个值：塑料和金属，Contoso 和 Protoso。位置维度包含中国、印度和美国三个值。

总的来说，该示例部署充分展示了在云计算、高级分析、大数据、IoT 等时代，我们能实现什么。提取和使用的数据（冷热数据）可以来自多个数据源，如本地部署、云端或遥测数据。用户可以更及时地获取信息，更重要的是业务洞见和需求信号。可以随时存储并使用各种数据（如大数据理念）。使用高级分析技术有利于识别可能影响需求预测、现货趋势，或对没有历史数据的产品进行预测（如使用代理数据和高级分析法来预测新产品的需求）。云计算和相关技术在提供数据提取和存储选项，提供在需求预测时可能需要的可扩展和弹性计算资源方面尤其有帮助。当需求预测使用大量数据和高级分析时，这种可扩展性就显得尤为重要。高级分析用于产生需求预测，评估多个有因果关系的因素，自动将不同的统计预测模型应用于产品层级中的不同时间序列，或识别有历史数据的代理产品（同类产品），其时间序列用作没有历史数据的新产品预测的输入值，但必须有类似的产品特性。

* * *

总之，无论是选择 AWS 还是微软 Azure 作为公共云平台的提供者，都是一个不错的选择。目前（在撰写本书时），这两家公司是雄踞全球前两席的公共云服务提供商。这两大提供商都提供广泛的云服务，并不断扩大它们的投资组合，向现有的投资组合添加新功能，将市场集成到它们的系统平台中，与系统集成商和咨询公司建立伙伴关系，帮助用户选择、执行、管理和运营云及相关解决方案。云服务或合作伙伴解决方案的深度可能会进一步影响提供商的选择过程。成本、安全性以及满足本地和法规要求是影响用户选择本地公共云和全球公共云提供商的其他因素。

第五章
AWS 中需求驱动预测案例研究
Case Studies of Demand-Driven Forecasting in AWS

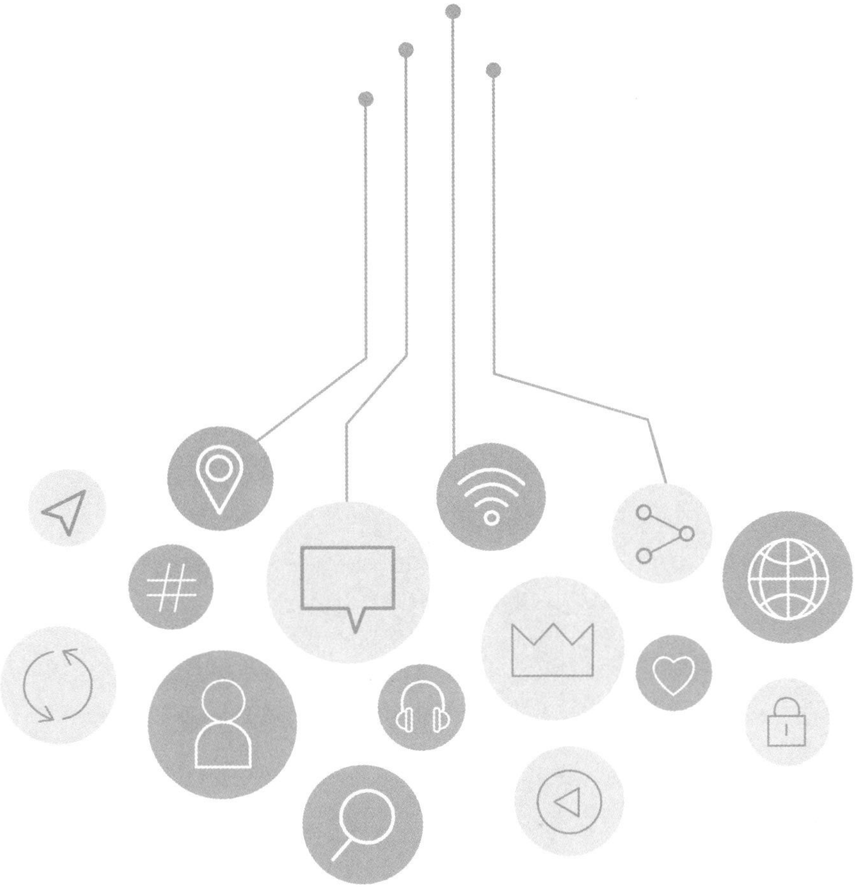

第五章 AWS中需求驱动预测案例研究
Case Studies of Demand-Driven Forecasting in AWS

本章的重点是关于两个企业的真实案例研究，它们需要一个先进的可以在云端运行的需求驱动供应链解决方案（即预测、协作需求规划和库存优化）。出于隐私保护，本章故意模糊或未提供部分细节。关于体系结构设计或性能示例等其他信息则常会提及，但不应视为具有代表性的实践或结果，因为不同用户的需求、预算和时间不尽相同。然而，用户可以采取几个原则，用作最佳实践。

案例分析1：新闻传媒公司

本案例聚焦的是一家新闻媒体公司，负责生产新闻印刷品，如报纸、杂志、报纸增刊（如特殊小宣传册或传单），也拥有许多零售店。产品过剩（如生产和销售），损失很大；在错误地点有太多的存货而在另一个地点没有足够的存货，损失也极大。该公司的主要业务挑战是强化其预测过程。需要在三个维度，即产品、出口和区域，以及在每个维度的层次结构上提高预测精度。

获得预测结果要比目前的解决方案和工作流程更快速。按照当前的方案和流程，获得预测结果要花费一天或更长时间，首先用于需求规划过程，其次是库存优化和资源规划。如今新闻周期日益缩短，处在这样一个行业中，公司可能需要每天、每周或每月进行多次预测，这取决于预测视角和流程。生产预测时间越短越好，有助于提升公司的灵活性和敏捷性（如基于新数据的新预测，或基于新统计模型的新预测）。据估计，提高预测精度会对生产、分配和库存成本有重大影响。

在本案例中，公司对专门用于需求预测的业务解决方案提出了三个主要挑战。第一个挑战是：解决方案应能够提高三个数据维度（产品、出口和区域）以及与之分组和组合相匹配的时间序列的预测精度。例如，某一需求规划人员可能希望了解其负责产品的预测结果。而另一需求规划人员，则希望查看按区域分组的预测结果（如区域或区域经理）。因此，业务解决方案应能够以最少的人力对数据和时间序列排序，并相应地生成预测结果。需求驱动预测的高级业务解决方案还应能够跨不同时间序列和跨层次，自动应用多个统计预测模型（应具有大型模型库），以最少的人为干预选出最合适的模型。

随着数据输入到需求信号库（DSR），业务解决方案应能识别需求的影响因素和因果因素。例如，具体事件、市场促销、历史里程碑、日历季节、地理区域的收入水平、人口统计，以及其他可能影响或产生需求的因素。高级预测解决方案还应应用自上向下、自下向上或从中间开始的预测技术。此外，需求规划人员应能在人力投入最少的情况下，以一种即席方式或自动方式来选择预测的时间范围（如每日、每周或每月）。

并且对于无任何历史数据的新产品，高级预测解决方案也应能够生成预测。在这种情况下，采用高级分析，识别出具有与新产品相似特性的替代产品（同类产品或类似产品）。可采用分类和聚类技术协助选择时间序列、因果因素和统计模型，并将其应用于即将推出的新产品预测。应向预测人员提供预测置信水平和性能指标（如平均绝对百分比误差［MAPE］、平均绝对偏差［MAD］），帮助按预测和需求规划流程。

为协助完成公司的需求规划流程，应将统计（系统生成的）预测输入到需求规划流程中，可以是另一个系统或集成工作台。需求规划人员应能够同时审查系统生成的预测和人工预测，并在需要时修正预测。对于可能影响需求的特定事件（预测系统和数据无法获得），若需求规划人员拥有一定的经验或知识，则修正需求预测属于合理行为。上述只是本案例中公司所需的高级预测解决方案的一些关键要求。

预测和供应链业务解决方案面临挑战之二：获得充分性能，完成高

第五章 AWS 中需求驱动预测案例研究
Case Studies of Demand-Driven Forecasting in AWS

级预测任务（参见上个挑战的示例）。而这些任务是指在一到两小时内获得预测结果，强化预测和需求规划过程。解决方案应能使用复杂的数据模型（例如，层次结构的深度，多个因果或影响因素，即自变量），处理大量数据（如大量的订单历史数据和大量的时间序列）。企业内有各种不同的产品，需要不同的预测周期（如每日、每周或每月）。对于每种产品，预测必须在某类产品时间要求的范围和预测周期内完成。信息技术（IT）架构设计应能够支持解决方案的计算和存储需求。这可能意味着需要从垂直（如 CPUs、RAM 内存）或水平方向适当地扩展服务器来支持工作负载。性能规模应考虑计划的增长和非预期的工作量。存储规模应支持不断增长的需求信号库（DSR），其中包含所有相关数据、准备区和最终记录集。

第三个挑战是在云中进行新型预测和供应链优化解决方案。企业的 IT 策略包含向公共云迁移，这有助于节省成本（如数据中心成本）、提高敏捷性和灵活性（例如，在需要时开通基础设施或扩展存储空间）。企业利用基础设施即服务（IaaS）、平台即服务（PaaS）和软件即服务（SaaS），并且新预测解决方案应符合上述任何云服务模型之一。AWS 是企业选择的公共云提供商，其中评估标准包括：

- 属于公认的全球公共云服务领导企业
- 主要业务是云端业务（至少是 AWS 部门的业务）
- 在本地和全球市场有一席之地
- 成本价格合理
- 与企业组织保持良好的合作关系和战略伙伴关系

新需求预测和供应链优化解决方案因此应在 AWS 运行。云服务模型本身（即 IaaS、PaaS 和 SaaS）并无高级预测功能、分析技术和专业知识，所以只要满足了上述条件，企业可以选择 IaaS。架构设计（如单层、多层）应提供所需的性能，并且应有两个环境来支持开发/测试以及生产负载和任务。

本项目的挑战分为四个阶段（参见图72）：

① 功能性高级分析评估，以满足高级预测需求。

② 测试和验证解决方案是否可以在亚马逊云端（IaaS）上运行。

③ 实施性能测试，确定是否满足要求。

④ 协助完成企业的业务案例和软件提供商评估。

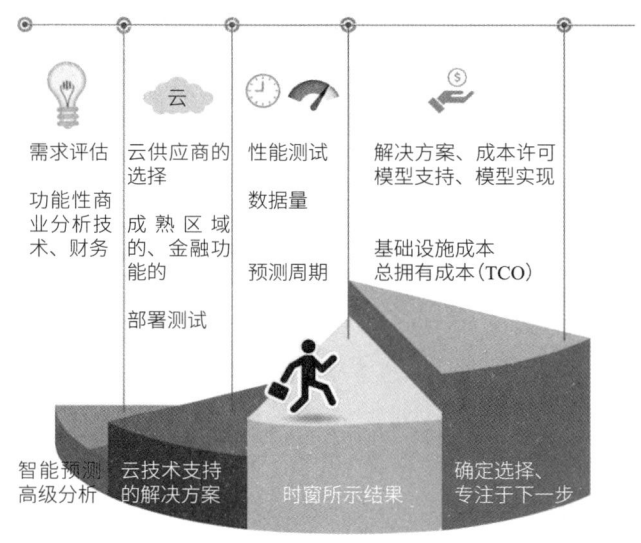

图72 云计算示例——解决方案评估

软件提供商团队全面参与此项目，坚信其需求驱动预测和供应链优化的业务解决方案（支持需求预测、协作需求规划、库存优化和补充，以及可视化分析）可以达到所有要求的标准。在高级分析方面，软件提供商拥有40余年的经验，其预测和供应链优化解决方案利用了有关技术（如高级分析、机器学习、高性能预测、内存分析、运筹学等）。在解决方案中，包含一个专门创建的需求信号库、数据集成（例如，用于提取、转换和装载数据的可视化界面）、业务和高级预测用户界面和工作流，让企业所需的需求驱动预测和供应链优化的复杂程度进一步上升。对于先前提到的所有预测需求（第一个挑战），当前版本的业务解决方案均可满足。

由于软件提供商与 AWS 之间保持战略合伙关系，因此软件提供商已经测试了许多软件解决方案，并部署到 AWS 云中。为了向客户演示这一点，提供商团队多次在软件提供商管理的 AWS 环境中运行该解决方案。这一可重复性让客户确信：AWS 已经充分验证该解决方案。安装、配置和测试辅助协议，向客户提供了确凿证据，即软件提供商拥有经验并采用了科学的结构化方法。

第三阶段是性能测试，以确保在企业要求的时间范围内获得预测结果。不同类型的需求规划人员需要不同的预测结果（如基于产品职责或区域职责）。软件提供商与客户合作，识别可能反映实际业务的测试场景。

为此，确定了四个场景进行性能测试。客户确信这些场景应高出当下的预测能力，希望通过测试来增强信心，采用新解决方案。软件提供商团队将这些场景映射到由研发（R&D）、产品管理和专业服务执行的其他基准，以了解可能的设计计选项并设置期望，这有助于选择可行的架构部署方案。

选择一个简单的两端（客户端和服务端）部署方案，以方便测试，计算规范提供了所需的性能。在服务端上执行计算任务，该服务端承载逻辑层，如分析服务器、中间层（如 web 层）组件和数据层。客户端提供了用户界面，可在上面进行初始化预测和查看结果。使用虚拟机部署软件解决方案。服务端具有 32 个 vCPU、244 吉字节 RAM 和 3 太字节的存储空间。客户端是一个简单台式计算机，具有 2 个 vCPU、4 吉字节 RAM。

这四个测试场景分别代表大约 25 万、50 万、75 万和 100 万时间序列。需求信号库（DSR）配置后使用两个数据维度，分别为产品和地点。客户数据（例如，销售数据、产品详细信息、地区详细信息和日历事件等特定于客户营销活动的事实）为解决方案的特定 DSR，业务解决方案中包含了执行这些任务所需的数据集成工具。

每个维度都有多个层次等级。产品维度为六层，地点维度为五层。测试场景使用的值越来越多（如产品数量和地点数量），测试场景 1 使用这些测试的最低选择值，测试场景 4 使用这些测试的最高选择值。

各个选择间的组合决定了时间序列的数量。在所有四个测试场景中，均包含需求预测的一个因果因素。其中包括四项活动，以提高预测的准确性。包含这些数据有助于统计模型识别可能推动需求或协助异常点检测的活动。

时间范围定义为 12 周，需求预测定义为每周。综上所述，性能测试采用了以下设置：

- 两级部署架构
- 服务端虚拟机具有 32 个 vCPUs、244 吉字节 RAM、3 太字节内存
- 四个测试场景（25 万、50 万、75 万、100 万时间序列）
- 两个维度（产品、地点）
- 六个产品层级
- 四个地点层级
- 一个因果因素（自变量）
- 四个事件
- 12 周的时间范围
- 每周预测

实际结果不具有相关性，而且出于保密原因，本案例研究不包括实际结果，但性能要求得到了满足（例如，在客户要求的时间窗口内提供预测结果）。有充分的证据表明，解决方案可以部署在作为虚拟机的 AWS 中。在实现之初，发现细节研讨会详细讨论体系部署架构和规模。业务解决方案的软件提供商发布了 AWS 解决方案的支持声明，为客户提供了进一步的保障。将解决方案部署到 AWS 云是一个简单的主机转换场景。解决方案并非真正的云感知（如弹性感知、动态感知），因此部署架构和许可模型无法充分利用云端优势（如即付即用付（PAYG）金融模型）。

客户对此并不担心，因为要每天使用业务解决方案，而且如有必要，周末时以受控的方式关闭其使用的虚拟机。提供商可长期提供虚拟服务端的预订实例，

以提升服务价值。

业务解决方案提供所需的高级分析，以产生高级需求驱动预测，并将结果输入到需求规划和库存优化系统和流程中。一个组织一次只关注一个业务领域，从需求预测开始。改进预测准确性达到指标要求（之前定义了 MAPE、偏差等评估指标，并用作比较的基准），进而转化为节省的成本（如生产、库存和分销）。预测准确性结果的影响是管理层感兴趣的（即通过优化生产、库存补充来节省财务成本）（Mendes, 2011, 46; Mentzer, 1999）。

对软件提供商能够提供的全球经验、行业知识、参考客户、全球实现和客户支持，客户十分满意。在过去 40 多年来，软件提供商保持稳定发展并且软件解决方案路线图得到了不断完善，进一步满足了客户的要求。

案例分析 2：石油能源公司

案例二聚焦于一家石油能源公司。无论预测产能是高是低，公司都希望减少财务成本。在预测过高的情况下，库存成本高，且供应过剩；而在预测过低的情况下，快件运输成本更高。此外，公司在其分布式供应链网络中的库存补给规划也不尽合理。拥有精准的商业洞见，在最接近需求的配送中心放置合适数量的库存，将显著提高业务效率和财务效率。改进预测和尽可能达到需求驱动是实现这一目标的第一步，第二步是将需求预测纳入库存规划系统。

公司还在评估使用公共云是否有助于降低成本和提高效率（例如，减少数据中心占用空间和相关成本）。一些利益相关者对云持怀疑态度，而另一些则准备采用并尝试使用。因此，公司可能会先从基础设施即服务（IaaS）着手，尤其当它期望保持完全控制部署在此类虚拟机（VMs）上的虚拟服务器和业务解决方案时。公司尚未最终确定选择哪个公共云提供商。因此，要考虑解决方案提供商的建议，比较和确定不同云提供商的偏好或经验。

节点的库存规划。希望了解服务等级对库存成本的影响，并使用需求驱动来规划库存地点（存储和分销）。这两项要求将有助于实现减少库存成本和分销成本（特别是快递成本）的目标，同时确保客户供应不会短缺。客户在内部项目中有过负面经历，曾试图将来自不同系统和流程的数据集成到其需求规划和销售及运营计划（S&OP）过程之中。

因此，新的解决方案应当避免或尽可能减少此类咨询时间、精力和成本。可使用概念验证（PoC）和样本数据来演示"智能预测"功能、工作流程和接口选项，需求规划人员和高级预测人员使用。最终目标实现，客户十分满意。业务解决方案提供了一个需求信号库设计，其中包括解决方案各工作台的数据集。

在本例中，需求信号库有一个为需求预测定制的数据集市、一个为协作需求规划定制的数据集市、一个用于库存优化和补充的数据集市（利用来自预测和需求规划工作台的数据），以及最后专门用于报告的数据集市（如虚拟分析和可视化）（见图73）。使用协作预测、需求规划和库存补充方法的严格数据和工作流集成，可能会提高预测精确度，增加销售收入，缩短前置时间和周期时间，以及降低销售商品成本和其他运营成本（Mendes，2011，59—65；Oliver Wight Americas，2005）。业务解决方案包括数据集成工具和现成数据流，以便在解决

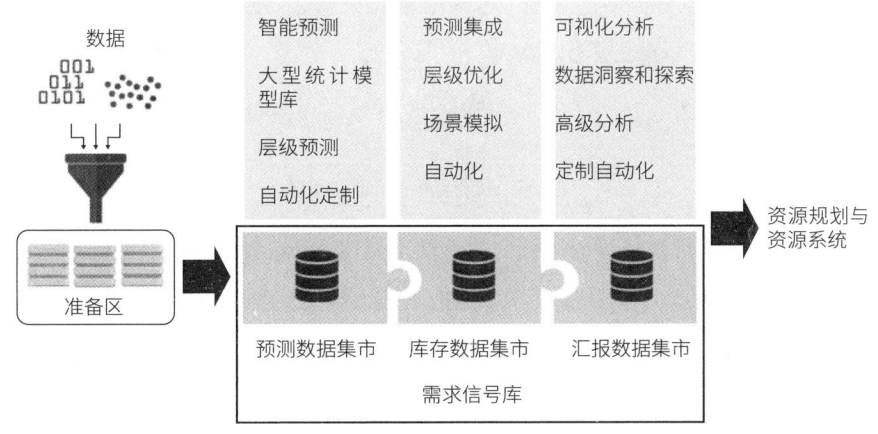

图73　供应链优化解决方案

方案的业务工作台之间实现数据集成。此类数据流可以基于工作流实现自动化。例如，一旦完成一个预测周期（包括系统预测，也可能包括协作需求规划），则最终预测就输入到库存优化和补给系统（工作台）。

由于在云计算方面的经验有限，因此要求解决方案提供商在选择过程中提供此类输入。软件提供商与 AWS 建立了战略合作伙伴关系，并在 AWS 平台上对其解决方案进行了多次测试。另外，大多数客户要么已经是 AWS 的客户，要么正在咨询 AWS 的公共云服务。因此，有理由推荐 AWS 作为这家石油和能源公司的公共云提供商。AWS 是一家大型的跨国公共云提供商，并在客户的云提供商列表中名列前茅。

评估工作结果表明，AWS 远远领先于竞争对手（本地和全球）。客户希望保持对虚拟环境的控制，包括虚拟机、用户、数据和解决方案。维护、补丁和基于解决方案的任务，应由公司的 IT 团队来负责。这意味着基础设施即服务（IaaS）是适用于公司的云模型。图 74 给出了部署示例。

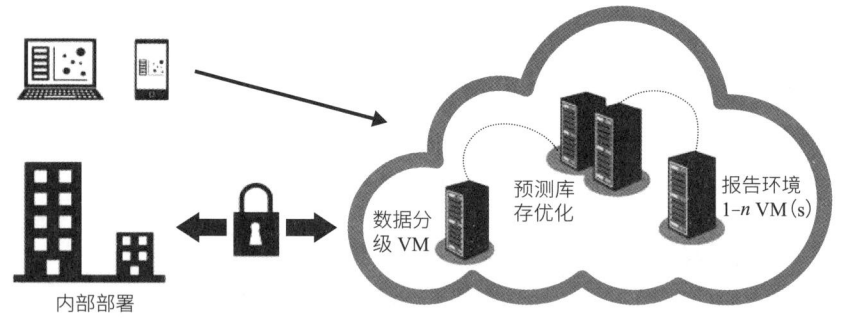

图 74　案例分析——部署示例

预测和库存规划将每周进行一次。在理想情况下，应在同一天内（营业时间内）提供系统生成的预测结果。可以按时间计划或手动启动预测，通常情况下，在周一通过批处理作业将新数据加载到需求信号库之后进行预测。软件提供商展示完已实施的详细基准测试结果（例如，其解决方案的研发和产品管理测试性能），公司十分满意，此外也提供了先前客户的测试结果作为参考，进一步消除公司的疑虑。

细节研讨会明确了需求并推荐合适的框架。如果有众多报告用户角色类型，那么可能需要部署一个计算机节点网格来处理报告需求。这不会对数据流或工作流造成影响，只会为可视化分析任务添加并行计算节点。由于可视化分析解决方案使用"内存内（in-memory）"分析和技术，水平扩展尤其重要，而垂直扩展有时会受到限制。因此，具有任务水平扩展的架构设计，性能会更优异。

业务解决方案和许可模型不支持云感知（未利用弹性和动态能力），但并未对用户造成困扰。IaaS 的虚拟化和使用能带来必要的初始收益，实现内部目标。虚拟机在工作时间外关闭（如晚上和周末），并预订实例，以供未来研究。

为提供优化供应链所需的业务效益，客户将同时实施需求驱动预测，以及库存优化与补充解决方案。据估计，改进的预测结果输入到库存模拟和规划之中，有助于节省成本。预估的投资回报率（ROI）极高（百分百），预计回收期在实施后的一年内。客户正在寻找一个国际商业解决方案提供商，具备 10 年以上的业务和实施经验，确保成功并降低风险。对客户来说，能够为其提供有关业务解决方案路线图的建议，是一种意外收获。

* * *

上述两个项目面临的挑战略有不同，但方向和目标有部分共同点。云计算是战略选择，采用的任何新业务解决方案都必须符合该战略。使用公共云的两个主要驱动因素是弹性的、成本效益高的扩展性和性能。自动化和敏捷性是 IT 操作和整体业务策略的附带收益。

将合适的数据收集并集成到需求信号库（DSR）之中，对于"智能预测"能否成功至关重要。数据集成和工作流是改进供应链管理的其他关键要求（例如，需求驱动的预测结果反映在需求规划、库存优化和补充中）。业务解决方案提供了所需的数据模型、高级分析和商业洞见，而云技术提供了一个可行的计算平台来应对性能、成本和操作方面的挑战。只有融会贯通各个环节，方能获得所需的结果与成效。

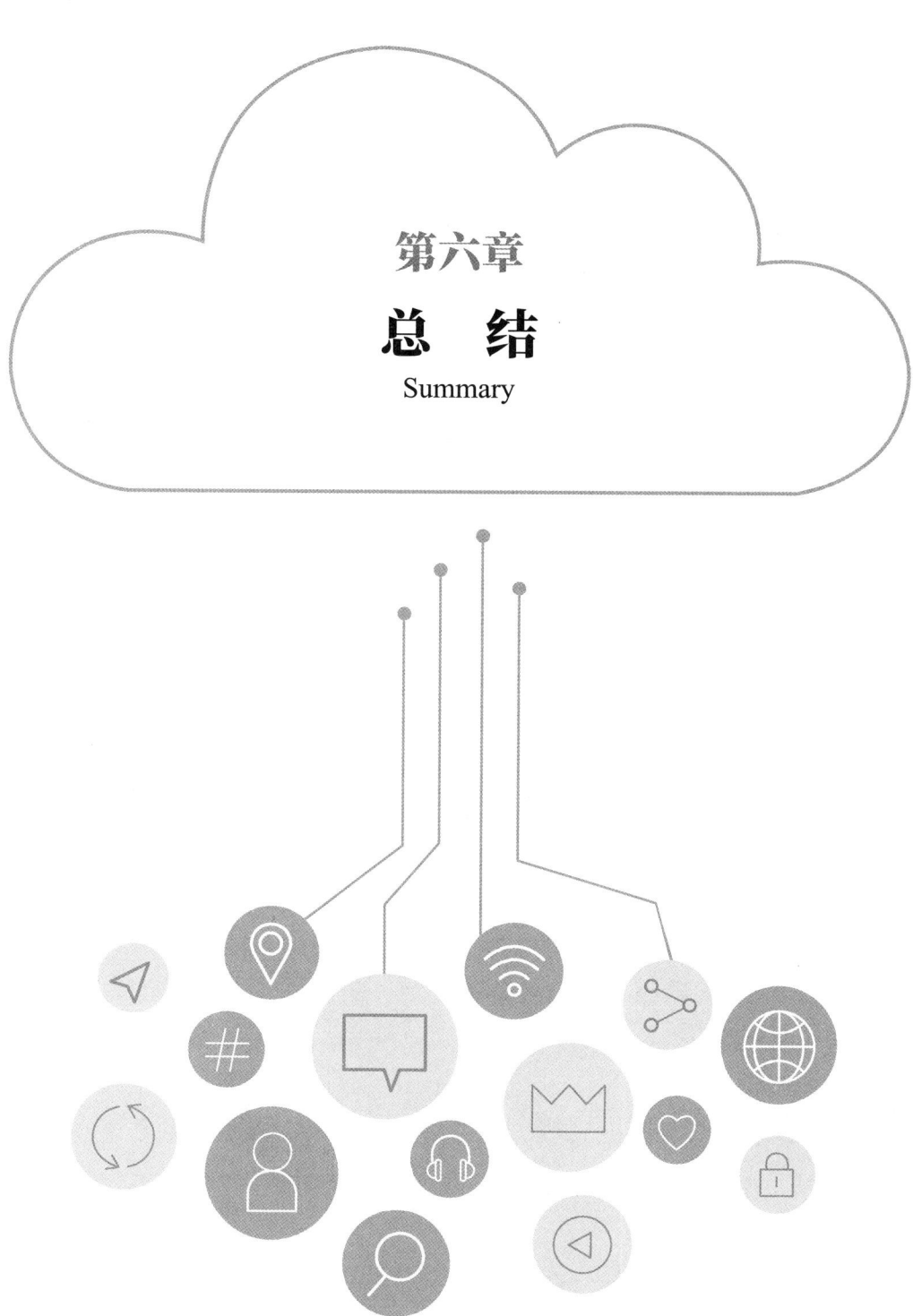

第六章

总　结

Summary

第六章 总　结
Summary

尽管经历了不断的演进，云计算仍有发展空间，尚未得到全世界企业和行业的全面应用，但它正逐渐成为业界标准和信息技术（IT）运行模板。一些企业在更换和采用新技术时更加谨慎，这主要是由所在的行业类型和地理位置决定的。大型企业将安全漏洞、数据位置以及管辖权和解决机制的不确定性视为不使用云计算的最主要原因（Wauters 等，2016，41—45）。法律规定具有行业或地区的特定性，如 2018 年 05 月生效的欧盟《通用数据保护条例》（GDPR）。这与企业的风险厌恶程度成为影响云计算（即公共云）利用的另外两大因素。

10 多年前，x86 硬件的虚拟化逐渐流行，云计算刚出现，也出现了类似的回推原因。彼时，一些企业处于技术发展浪潮的最前沿，而另一些被定义为落后者（采用速度慢）的企业则在这一技术发展浪潮的末期加入。虚拟化演变为虚拟化 2.0（增强的自动化），然后演变为具有进一步自动化和软件定义的数据中心（SDDC）的私有云。公共云进一步增强了自动化，并减少了前期投资额。

公共云提升敏捷性，而在产品、服务供需波动不定的时代需要这种特性。弹性（增加或减少计算、存储和数据处理）是公共云的关键优势，几乎没有规模和性能的界限或上限（至少在理论上没有上限）。软件应用程序和相关服务（如数据接入、分析、形成结论）必须具有云感知，才能充分利用云的最大优势。因此，软件应用程序和过程必须照此设计方利用云技术（例如，计算机服务器节点的水平扩展，从计算机集群中动态添加或删除计算机服务器节点，云服务和数据的集成，等等）。用户可以从规模经济中受益，因为公共云提供商通过增加使用量而获得收益，导致价格下降并获得灵活的成本模型（如即付即用、预订实例）。云服务的价格似乎持续下降（Rogers、Fellows、Atelsek，2016，2），对企业有利。

各个行业的企业已经认识到，云计算具有五大优点：访问 IT 基础设施更迅速、可扩展性更高、具有高可用性、使业务推向市场的速度更快，以及改善了业务连续性（如灾难恢复或预防）（RightScale，2017，15）。由于采用了云计算，欧洲的企业收入增长 5%~9%（欧盟委员会，2014，41）。总体而言，尽管不同行业和地区之间存在差异，使用云服务并从此类技术、服务和业务模型中受益的潜力依然巨大，因为使用云服务的企业百分比总体上仍然较低。

例如，在欧盟（EU）中，2016 年平均有 21% 的企业在使用云服务（欧盟统计局，2017）。另一方面，限制使用或采用云计算的首要原因是安全漏洞、法律和管辖权的不确定性、数据位置的不确定性以及云提供商的不断变动带来的挑战（Wauters 等，2016 b，42）。

零售业和制造业对云计算的使用和渗透率很高（分别占调查对象的 57% 和 42%），而制造业则受益于更好的生产流程、更好的供应链管理以及更好的库存、订单和分销（经济学人智库，2016，3）。云计算被公认为是智能价值链和利用数据和分析以及其他相关技术（如物联网 IoT）的智能行业框架（以工业 4.0 为核心）的驱动者。（欧洲委员会，2016a，22—24）。在制造业中，有 54% 的企业将云计算视为支持更好的供应链管理的重要平台（经济学人智库，2016，6）。

据估计，大数据可为欧盟的前 100 名制造商节省 4250 亿欧元，结合分析得出，到 2020 年可使经济增长 1.9%，换算成国民生产总值相当于 2060 亿欧元（欧盟委员会，2016c，4）。到 2021 年，大数据估计将驱动近 403 艾字节的数据存储（思科全球云指数，2016—2021，22）。云技术、物联网（IoT）和具有数据分析功能的大数据是欧盟组织采用的三大顶级数字技术（欧盟委员会，2017，11）。据估计，数据驱动的供应链可以改善欧洲制造商的销售和运营计划（S & OP）流程，例如，更好、更快地应对突发事件，或者提高产品上市速度（欧盟委员会，2015，15）。

欧洲企业采用云计算的收益 - 成本比（BCR）为 2，这意味着每投资 1 欧元用于云技术，可节省 2 欧元（Wauters 等，2016，41—45）。欧洲的企业评价采

第六章 总　结
Summary

用云技术的总体结果是"有利的",接受调查的企业中有 80% 报告成果是积极的（欧盟委员会,2017,34）。

尽管私有云与区域、行业或政府特定的云将继续共存,但全球趋势是数据中心工作负载将在云数据中心托管。有预计显示,到 2021 年,将近 94% 的工作负载将在云数据中心托管,而公共云数据中心将托管约 73% 的工作负载（思科全球云指数,2016—2021,14—16）。预计所有三种云服务模型（IaaS、PaaS 和 SaaS）将继续增长,其中软件即服务（SaaS）和平台即服务（PaaS）预计在未来几年增长最快（思科全球云指数,2016—2021,17—19）。

在本书撰写时,全球公共云主要提供商有二——亚马逊网络服务（AWS）和微软 Azure。随着越来越多的全球各个行业和地区的企业视云计算为战略选择,这两大提供商占据了最大的市场份额,并且继续以指数级的速度增长。其他常用的云提供商包括威睿、vCloud Air、IBM、谷歌和甲骨文（RightScale,2017,29）。本地云运营商正在为本地组织提供服务,并满足特殊的行业或监管要求（例如,数据必须驻留在本地国家/地区,并且云的运营必须由当地居民负责）。例如,德国对云计算执行严格监管,因此数据不得离开该国或欧盟,同时存在操作限制（例如,只有本国公民才能运营本地云）。微软 Azure 云产品利用全球本地化策略应对这种本地挑战,该策略吸收了全球和本地实践。此例的方法是请德国 IT 提供商（即 T-Systems）来提供本地云数据中心,通过德国受托人运营和访问。服务和成本的类型在此例中可能不同于全球产品,提供商可能会承担更高成本,最终会转嫁给企业。然后,企业在选择全球、欧洲或本地云提供商时会有更多选择。

依照欧洲市场份额排名,欧洲前五的公共云提供商分别是 SAP（德国）、T-Systems（德国）、SmartFocus（法国/英国）、Unit4（荷兰）和 Cegid（法国）（Wauters 等,2016,37）。从欧洲排名前 26 至 100 的公共云提供商的总收入来看,总部位于美国的云提供商在市场份额占有率中保持主导地位。美国公共云提供商的市场份额在总收入中占 60.7%（前 26 名—前 100 名公共云提供商）,而欧洲云提供商则有 34.1% 的市场份额（Wauters 等，2016，40）。

用户能够分阶段迁移到云，把运营影响、风险和初始成本最小化。一旦用户的云计算使用更为成熟，便能利用更多的云服务（例如，基础设施即服务、平台即服务以及软件即服务）和相关子类别（有关 AWS 和微软云产品的示例，请参阅第四章）。评估云提供商和实施云迁移项目的框架和方法不胜枚举。

AWS 和微软 Azure 提供了用于云迁移的类似框架，通常称为"R- 模型"。用户借助这种 R- 模型来评估其应用程序、时间、成本、风险和收益，并可以创建一种迁移工厂方法，以标准化、可重复方式有效简化并迁移到云。系统集成商（SI）和专业咨询公司可以提供工具以及服务，帮助用户选择最佳的云提供商、云服务以及云策略和迁移方法。大多数云提供商还将为准备进行云端迁移的用户提供工具、服务或建议。分步或分阶段的方法最有可能成功，并且用户通常从基础设施即服务开始。

云计算和相关技术可以帮助达成供应链管理的方向和目标。用户可能会遵循从供应来源到消费点的供应链管理理念（Werner，2017，6），但也可能会从更加窄的关注点出发。有诸多学派（如链意识、链接、信息、集成流派）对供应链管理的范围进行定义（Werner，2017，9），而用户的内部目标和供应链管理的成熟度将驱动关注领域发展。成本降低、信息共享、集成决策和信息系统等目标将取决于用户是以内部为中心（内部价值链流程），还是包括供应链上下游外网活动和系统（如提供商、生产、分销等）。换句话说，供应链管理的程度取决于用户对供应链的看法是仅内部关注还是包含对供应链网络和整体视角的关注。

因此，很难将所有用户希望遵循的供应链管理目标的全部清单进行编制。供应链管理的一些共同目标如下（Glock，2014，130）：

- 提高产品可用性
- 有效利用资源
- 缩短交付周期 / 货物吞吐时间
- 增强处理需求波动的灵活性

本项目所用的方法与前一个案例分析中提到的方法相似，侧重于四个阶段：

① 用于预测和优化库存的功能分析和高级分析；
② 关于云提供商的建议和云端业务解决方案功能的验证；
③ 基准测试或性能测试，以满足流程时间窗的关注事宜；
④ 最后选定云提供商和确定业务解决方案。

在本案例中，与前一个案例的企业拥有类似的预测需求。该公司已经尝试了不同的产品和解决方案，但对预测结果的准确度并不满意。因此，企业正在寻找一种业务解决方案，可采用高级分析来实现其供应链优化目标。需求分成两部分：

① 需求驱动预测；
② 库存优化和补充。

1. 需求驱动预测

已经尝试了不同的解决方案，但都以失败告终，因此它正在寻找一种新的解决方案，可提供更多的"智能预测"，即具有以下能力：

- 庞大的统计模型库
- 需求信号库（DSR）设计
- 需求规划人员在不同层次（如产品、地点）进行预测的能力
- 包含多个因果因素或自变量
- 自上向下、自下向上和从中间开始的预测技术
- 自定义统计模型的选择
- 支持需求规划人员和高级预测的工作流程
- 数据与库存优化系统的集成

2. 库存优化

公司正在寻找能够处理多级优化的解决方案，以支持跨其供应链的多个网络

第六章 总　结
Summary

- **减少材料库存和产品库存**

在所有供应链管理观点中，极为普遍的目标或许是降低整个供应链中的成本，其中包含整个供应链内的交易成本（Werner，2017，5）。汽车、化工、制药、保健和物流等行业的企业认为供应链管理非常重要（Glock，2014，131）。涉及所有供应链网络的数字化、联网设备、数据驱动的分析、联网系统和联网流程（即企业内部和外部）都被视为供应链演进阶段中最成熟的级别，这可能也是理想状态（请参见图75）。消费者对产品的需求可以被连接系统在线接收，并自动输入到该系统中以更新需求预测。该更新需求预测将在下达生产指令或交付订单之前检查制约因素（如资源、材料、生产能力、生产周期、库存、分销、物流、交货时间等）。随后，信息和产品将回流至供应链下游，以满足消费者的需求（Werner，2017，14—15）。这在从前是难以想象的，但是诸如云计算、物联网、工业物联网（IIoT，即用于智能制造、智能工厂等）和数据湖等技术的提高为现代供应链的愿景提供了平台。

图75　联网供应链管理

如果沟通渠道与信息系统产生协作且计划和执行联合展开，则有可能具有全包式（企业内部与供应链外部［包括合作伙伴、提供商、分销商等］）的增值链规划和管理（Glock，2014，131—133）。供应链内网和外网的集成越深入，需求预测、原材料需求规划、生产规划、序列规划、运输规划、分销规划、汇总规划和战略供应网络规划就越好（Glock，2014，132—134）。这表明在供应链竞争新时代，这种竞争不是企业与企业的竞争，而是供应链对供应链的竞争（Werner，2017，11—12）。沃尔玛（全球最大的零售商）估计，通过供应链优化可将成本降低约25%，同时实现库存优化50%—80%（Werner，2017，1）。因此，改善供应链管理并带来收益的潜力非常大，全球化的发展要求供应链（企业内部和外部）之间紧密集成以取得成功。

为了从供应链优化中获得更高的收益，企业应遵循需求拉动理念，并利用现代信息和通信技术（ICT）更加轻松、及时地捕获和共享数据。在合理使用预测技术的前提下，需求信号作为需求驱动预测过程的输入量，可以帮助生成更准确的预测，进而有助于组织避免生产、进货和供应超出需求的库存。这种以需求为导向的预测将有助于实现供应链管理的两个关键目标，即降低成本和确保产品对消费者的可用性（在正确的位置提供正确的产品和正确的数量）。雀巢（全球最著名的食品和饮料公司）的需求和供应计划总监 Geoff Fisher 指出，"借助 SAS，雀巢能够更好地实现我们对口味、时机和仓储的要求与目标"（SAS 研究所，2012）。SAS 是一家专注于高级分析的软件公司，提供需求驱动规划和优化（DDPO）的软件解决方案，旨在帮助用户应对供应链优化挑战（预测、协作需求计划和库存优化）（见图76）。

以需求为导向的预测需要数据驱动来获得准确结果，此类数据应至少涵盖两年的历史情况，理想状态下也包括其他因素（如事件、促销、价格、天气等）。然后可以将此类整体数据输入到需求信号库中（为此目的存储数据），使用高级分析来确定影响因素并预测需求。例如，价格是一个常见的影响因素，价格敏感性分析可以帮助企业感知并为其产品塑造需求。

第六章 总　结
Summary

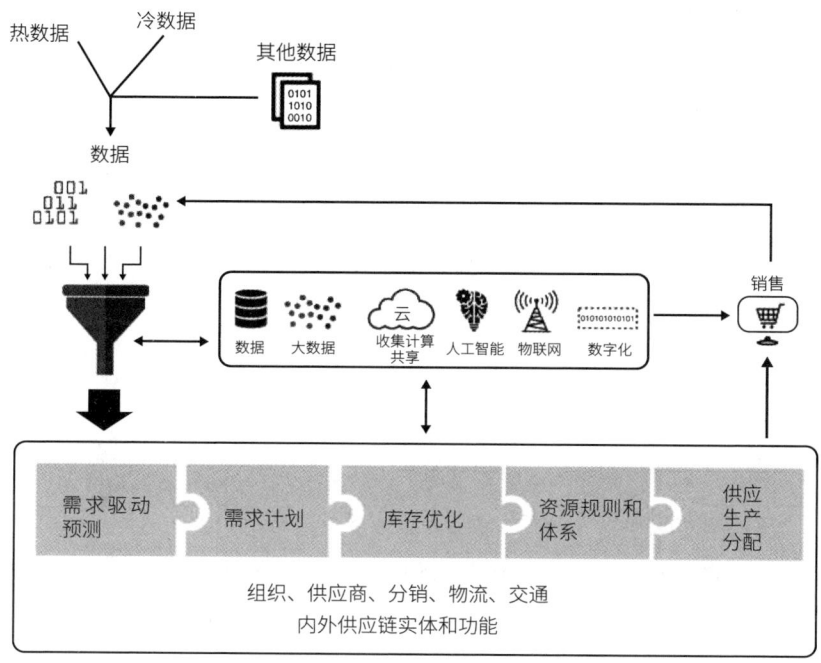

图 76　需求驱动供应链——集成与技术

因此，需求预测应该不局限于检测趋势和识别需求信号，才能生成更准确的预测。随着企业转向由消费者运作的多种方式和渠道驱动的全渠道预测，这一点变得愈发重要。各种渠道和消费者人口统计数据可能具有不同的影响因素和趋势。

由联网和集成供应链的正确时间和位置提供数据，将（通过分析）帮助企业做出以数据为依据的决策，并避免出现"牛鞭效应"或单独采购等情况。牛鞭效应通常是由于零售商在本地没有足够的产品供应，然后夸大了他们从分销商订购的产品数量，随后分销商又夸大了从上游供应链节点订购的产品数量。对需求的这种错误感知导致供应过剩并增加相关成本。当零售商或分销商根据假设下单时（也称为直觉下单或盲目下单），就会发生单独采购情况。

先进的分析和需求驱动预测解决方案应为企业提供高级功能，以获取最大的收益。此类功能的示例包括：

- 需求信号库模型，用于存储需求信号和自变量
- 大型预测模型库
- 预测协调选择（如自上而下、自下而上、从中间开始）
- 在整个产品层次中模型自动选择
- 多级因果分析（用于建模供应链推拉效应的方法）
- 高级预测接口，允许自定义（如预测模型、事件）
- 需求规划接口（以业务为中心的工作流程和决策辅助）
- 可扩展性和性能（可在短时间内分析大量时间序列）

以需求驱动预测和流程为特色的解决方案，后续应将输入（预测）提供给协作式需求计划系统和流程。需求规划人员应该能够查看系统生成的预测，应用业务规则（如自上而下或自下而上的分配）、运行模拟（例如，如果价格上涨，则模拟需求的变化）、协同作业（如评论、数据输入和审核团队周期），然后最终确定需求计划。需求计划应输入到其他系统中，以进行库存优化、分销、生产和物料资源规划（包括外部提供商）。预测方法不胜枚举，"天真方法""神经网络"亦在其中（Mendes，2011，46；Makridakis，1998），但应认识到，没有任何一种方法能广泛适用，预测者必须根据实际情况选择最合适的方法（Mendes，2011，46；Chatfield，2004）。

为提高供应链性能，供应链成员内部和彼此间的结构对于成功至关重要，从单一管理的职能转型到集成活动和功能亦如此（Mendes，2011，39；Lambert，2008）。需求驱动供应链中的改进领域可以分为三个关键部分：需求管理、供应和运营管理以及产品生命周期管理（Mendes，2011，41—42）。在这种情况下，需求管理包括感知、塑造和同步化客户需求。供应和运营管理着眼于根据实际需求信号并以经济有效的方式匹配需求和供应，包括采购、制造流程管理和物流。产品生命周期管理着重于新产品推出和产品停产（如逐步淘汰），并使用类似产品的历史数据来预测新产品（Mendes，2011，41—42）。技能、计算机、组织文

第六章 总　结
Summary

化、流程、领域知识和沟通技巧（部门间和公司间沟通）的结合是成功开展需求计划的关键驱动力（Mendes，2011，46—47；Lapide，2003）。

在整个供应链管理过程中，对输入和决策的优化将带来诸如节省成本、提高产品可用性和有效利用资源等优势。库存优化应包括服务等级优化（例如，模拟库存和产品可用性与库存和分销成本之间的关系）、多级分析（例如，确定满足预期需求的最佳分销中心和供应链节点）、经济订单数量和各种缓冲库存层。作为平台，云可以将当前信息提供给供应链中需要这些信息的所有授权参与者（如企业、提供商、运输和零售商）。随着跨地理区域和时区的全球供应链出现，这种优点将进一步加强（Lehmacher，2016，186—188）。与供应链网络成员共享信息和协调供应链活动有助于减少需求和供应的不确定性（Mendes，2011，108；Lee，2002）。

大数据和高级分析功能帮助英国连锁超市乐购（TESCO）提高了烧烤产品的可用性。前五年的库存数据有助于确定一年中至少一个周末对烧烤产品的需求出现激增。结合其他来源（如社交媒体、营销、网站）的数据，乐购能够在竞争环境中做出更好更快的响应、降低成本和增加销售数量（Lehmacher，2016，189）。德国零售商 Otto 使用大数据和高级分析（如统计和神经网络）来提高产品可用性并减少缺货情况（Lehmacher，2016，190）。因此，企业可以通过大数据、高级分析（包括需求驱动预测、库存优化和应用人工智能）以及与供应链参与者的协作（如共享数据和流程）来改善供应链管理。

通过更准确的在线销售预测和应用深度学习，预计可以减少 20% 的库存，而通过动态定价和个性化，可以使在线销售预计增加 30%（Bughin 等，2017，24）。云计算可以充当可扩展的"高性能"平台，用于收集、计算和共享数据，从而使供应链网络的授权参与者可以在适当的时间做出明智且以数据为依据的决策和计划，使其效率最大化。鉴于 2018 年 5 月在欧洲出台《通用数据保护条例》（GDPR），必须对涵盖的系统和流程进行收益、风险和合规性分析，以保护敏感数据。

因此，云计算、大数据、高级分析、人工智能、物联网和数字化等技术都可以协同工作，以推动供应链管理的改进。"今天的供应链业务就是技术业务"（Lehmacher，2016，191），德国联邦物流协会的一项研究也得出结论，称IT和物流相结合将为德国提供最大的未来潜力（Hompel、Rehof、Heistermann，2014，6）。物流是云计算、大数据、工业4.0和物联网（IoT）等技术大趋势不可或缺的一部分，而这些信息通信技术创新领域将决定德国各行业与部门的竞争力（Hompel、Rehof、Heistermann，2014，6）。

在遵守法律和保证数据安全性的前提下，运用广泛的高性能数字基础架构，通过标准化和标准的互操作性，以及IT基础架构的扩展，直至包括软件和服务，行业和国家在未来才能具有竞争力（Hompel、Rehof、Heistermann，2014，6）。

如果这些技术可以帮助德国的发达市场和各个行业，那么这种优势很有可能适用于其他国家和地区。德国组织内部供应链的前五位，依次为业务分析、网络与协作、价值链的透明性、业务流程的数字化，以及自动化（Kersten等，2017，19）。"没有信息通信技术，供应链就无法运转"，而且，信息技术是全球供应链的启动器和工具（Lehmacher，2016，192）。

除了云计算、大数据和人工智能（也称为认知计算）外，物联网、客户旅程分析（如客户意识、兴趣、忠诚度、购买）和数字化是企业期望重点关注的三个关键领域，旨在增加改进供应链管理的潜力（如增加收入、降低成本、增加产品可用性等）。工业分析（IA）受工业4.0、物联网和高级数据分析的驱动，而这种类型的分析收集、分析和使用企业在工业运营中生成的数据，来源于制造以及销售实体产品（Lueth等，2016，11—14）。

希望改善供应链管理的企业可以利用公共云来降低成本，并且从可扩展性和弹性中受益，特别是在计算和存储方面。公共云还可提供平台，用于接入包括大数据在内的数据（例如，从IoT中），并为高级分析（即人工智能）提供云服务或架构组件。通过公共云，协作、数字化、过程和数据共享也变得更为容易。有利于改善供应链管理技术的相互关系、效益和使用（见图77）。

第六章 总 结
Summary

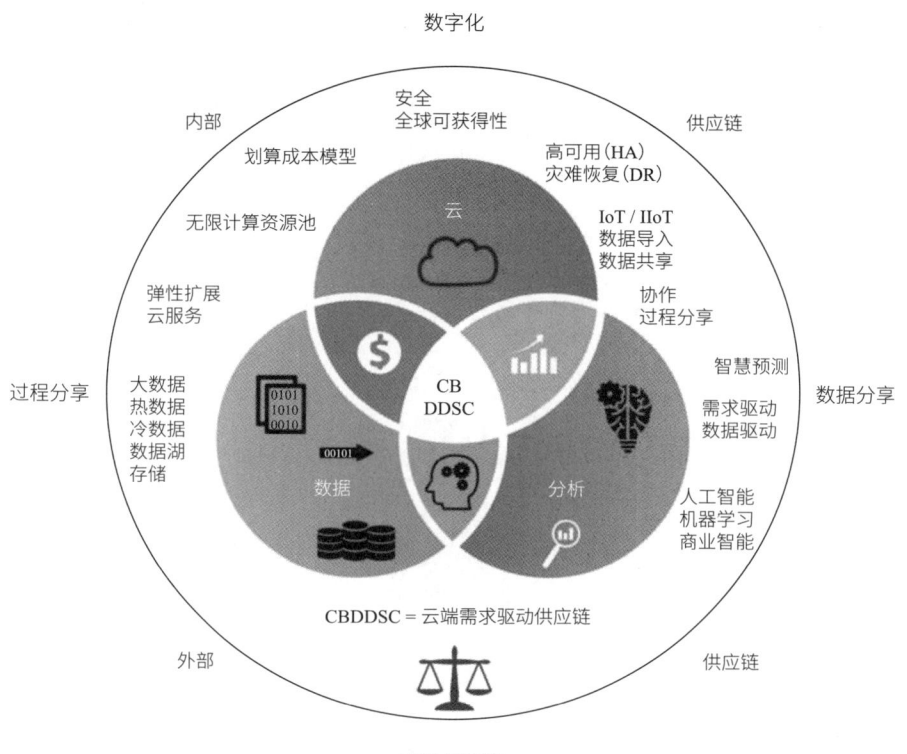

图 77 现代供应链和技术

希望改善供应链管理的企业必须利用信息和通信技术（ICT）、云计算、大数据、高级分析、物联网和数字化。信息和通信技术将有助于提高整个供应链的透明度，并以更快的速度提供信息，以便及时提供洞见和决策。大数据（Big Data）伴随着大责任（Big Responsibility）。随着《通用数据保护条例》（GDPR）于2018年在欧洲出台生效，必须避免使用"暗数据"（身份不明的数据）（Veritas，2016a）。数据应分类，而企业也应具备使用能力。备份和归档需求（如监管要求）可能会规定一定的存储时间段，但为了降低存储成本和可能的GDPR处罚，企业不允许拥有任何暗数据。

企业应利用高级分析来进行需求驱动预测（包括智慧预测特性）、库存优化和供应链优化,并采用数据驱动。工业4.0、物联网和工业物联网(IIoT)不仅将驱动数据,还可提高供应链的透明度,带来整个价值链的优化,并及时作出基于数据的决策。一些企业将通过遵循多云策略(使用多个云提供商)或使用混合云模型(公共云和本地私有云)来对冲风险,但总体而言,在可预见的将来,公共云的使用还将继续。图78总结并描述了现代供应链管理的战略类别和关键组成部分。这些策略还应关注成功进行需求驱动供应链管理的三大关键领域,即云、数据和高级分析(请参阅第一章图21)。

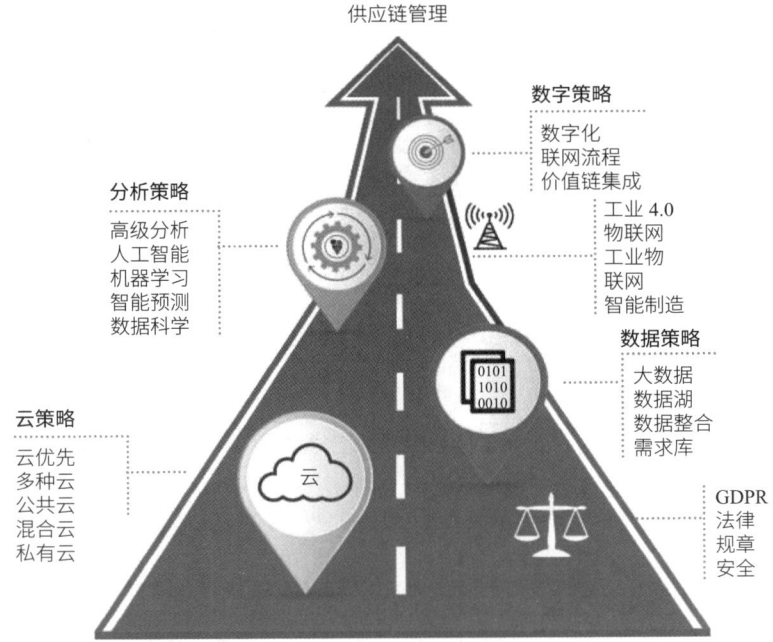

图78 现代供应链管理之路

术 语 表

AI（Artificial intelligence）人工智能

BI（Business intelligence）商业智能

CPG（Consumer packaged goods）大众消费品

DDSC（Demand-driven supply chain）需求驱动的供应链

DDSN（Demand-driven supply network）需求驱动的供应网

DR（Disaster recovery）灾难恢复

ELT（Extract, load, transform）提取、加载、转换

ESP（Event stream processing）事件流处理

ETL（Extract, transform, load）提取、转换、加载

HA（High availability）高可用性

HDFS（Hadoop distributed file system）Hadoop 分布式文件系统

IaaS（Infrastructure as a service）基础设施即服务

IoT（Internet of Things）物联网

IIoT（Industrial Internet of Things）工业物联网

IT（Information technology）信息技术

ML（Machine learning）机器学习

NIST（National Institute of Standards、Technology）美国国家标准与技术研究院

OLAP（Online analytical processing）在线分析处理

OLTP（Online transactional processing）在线事务处理

PaaS（Platform as a service）平台即服务

S&OP（Sales and operations planning）销售和运营计划

SaaS（Software as a service）软件即服务

SDDC（Software-defined data center）软件定义数据中心

SCCT（Supply chain control tower）供应链控制塔

参考文献

Alexander, M., P. Brody, J. Chadam, C. Cookson, J. Little, and B. Meadows. 2016. "Digital Supply Chain: It's All about That Data." EYGM.

Amazon Web Services. 2017, April. "Overview of Amazon Web Services."

Aron, D., G.Waller, and L.Weldon. 2014, October; refreshed 2016, September. *Flipping to Digital Leadership: The 2015 CIO Agenda.* Stamford, CT: Gartner.

Barr, J. 2017. "VMware Cloud on AWS—Now Available." AWS News Blog. https://aws.amazon.com/blogs/aws/vmware-cloud-on-aws-nowavailable/

Barlow, M. 2015. *Learning to Love Data Science: Exploring Predictive Analytics, Machine Learning, Digital Manufacturing, and Supply Chain Optimization.* Sebastopol, CA: O'Reilly Media.

Bartr. 2011, May 3. "Cloud Elasticity—A Real-World Example." Microsoft Developer blog. https://blogs.msdn.microsoft.com/bartr/2011/05/03/cloudelasticity-a-real-world-example/ (accessed September 9, 2017).

Batty, A., C. Miller, T. Boykin, B. Oswald, M. Quinn, P. Salemme, P. Boykin, B. Dutta, R. Jaganathan, A. Kumar, and J. Varhese. 2017. *The 2017 MHI Annual Industry Report.* Charlotte, NC: MHI.

Bhosle, G., P. Kumar, G. B. Cryan, R. V. Doesberg, M. Sparks, and A. Paton. 2011. *Global Supply Chain Control Towers: Achieving End-to-End Supply Chain Visibility.* London: Capgemini Consulting.

Blue Yonder. 2016. *Six Key Findings on Why Grocers Need to Speed Up Decision-Making.* Karlsruhe, Germany: Blue Yonder.

Briggs, B., and E. Kassner. 2017. *Enterprise Cloud Strategy.* 2nd edition. Seattle, WA: Microsoft Press.

Budd, J., C. Knizek, and B. Tevelson. 2012, May. *The Demand-Driven Supply Chain:Making ItWork and Delivering Results.* Boston, MA: Boston Consulting Group.

Bughin, J., E. Hazan, S. Ramaswamy, M. Chui, T. Allas, P. Dahlström, N. Henke, and M. Trench. (2017). "Artificial Intelligence: The Next Digital Frontier?" McKinsey Global Institute.

Cecere L. 2013. *Big Data Handbook: How to Unleash the Big Data Opportunity.* Philadelphia, PA: Supply Chain Insights LLC.

Chase, C. 2013. "Using Demand Sensing and Shaping to Improve Demand Forecasting." *Journal of Business Forecasting* 32 (4): 24–31.

Chatfield, C. 2004. *The Analysis of Time Series: An Introduction.* 6th ed. Boca Raton, FL: Chapman and Hall/CRC.

Chellapa, Ramnath K. 1997. "Intermediaries in Cloud Computing: A New Computing Paradigm." Presented at the INFORMS meeting in Dallas, TX, October 26–29.

Cisco Global Cloud Index. 2015–2020. *Cisco Global Cloud Index: Forecast and Methodology 2015–2020.* Cisco.

Cisco Global Cloud Index. 2016–2021. *Cisco Global Cloud Index: Forecast and Methodology 2016–2021.* Cisco.

Croxton, K. L., D. M. Lambert, S. J. Garcia-Dastugue, and D. S. Rogers. 2002. "The Demand Management Process." *International Journal of Logistics Management* 13 (2): 51–66. https://doi.org/10.1108/09574090210806423.

Curran, C., T. Puthiyamadam, J. Sviokla, and G. Verweij. 2015, September. *Lessons from Digital Leaders: 10 Attributes Driving Stronger Performance.* London: PwC.

Daconta, M. 2013. *The Great Cloud Migration: Your Roadmap to Cloud Computing, Big Data and Linked Data.* Denver, CO: Outskirts Press.

Dull, T. 2015. https://blogs.sas.com/content/datamanagement/2015/05/06/analyzing-data-lake/ (accessed March 2, 2017).

Dunning T., and Friedman E. 2014. *Time Series Databases: New Ways to Store and Access Data.* Sebastopol, CA: O'Reilly Media.

Eagle, S. 2017. *Demand-Driven Supply Chain Management.* London: Kogan Page.

Economist Intelligence Unit. 2016. *Ascending Cloud: The Adoption of Cloud Computing in Five Industries.* London: Economist Intelligence Unit.

European Commission. 2013. *Europe's Policy Options for a Dynamic and Trustworthy Development of the Internet of Things.* Luxembourg: Publications Office of the European Union.

European Commission. 2014. *Uptake of Cloud in Europe: Follow-up of IDC Study on Quantitative Estimates of the Demand for Cloud Computing in Europe and the Likely Barriers to Take Up.* Luxembourg: Publications Office of the European Union.

European Commission. 2015. *Digital Transformation of European Industry and Enterprises.* Strategic Policy Forum on Digital Entrepreneurship. Luxembourg: Publications Office of the European Union.

European Commission. 2016a. *Big Data and B2B Digital Platforms: The Next Frontier for Europe's Industry: Recommendations of the Strategic Policy Forum on Digital Entrepreneurship.* Luxembourg: Publications Office of the European Union. Ref. Ares (2016) 4935147 - 02/09/2016.

European Commission. 2016b. *Economic Impact of Cloud Computing in Europe.* Luxembourg: Publications Office of the European Union.

European Commission. 2016c, March. *The EU Data Protection Reform and Big Data Factsheet.* Luxembourg: Publications Office of the European Union.

European Commission. 2017. *Digital Transformation Scoreboard 2017: Evidence of Positive Outcomes and Current Opportunities for EU Businesses.* Luxembourg: Publications Office of the European Union.

Evans, P. C., and M. Annunziata. 2012, November 26. *Industrial Internet: Pushing the Boundaries of Minds and Machines.* Boston, MA: General Electric.

Eurostat. 2017. *Cloud Computing—Statistics on the Use by Enterprises.* http:// ec.europa.eu/eurostat/statistics-explained/index.php/Cloud_computing_-_statistics_on_the_use_by_enterprises

Fildes, R., P. Goodwin, M. Lawrence, and K. Nikopoulus. 2009. "Effective Forecasting and Judgmental Adjustments: An Empirical Evaluation and Strategies for Improvement in Supply-Chain Planning." *International Journal of Forecasing* 25 (1): 3–23.

Fildes, R., and Petropoulos, F. 2015. "How to Improve Forecast Quality: A New Survey. *Foresight: The International Journal of Applied Forecasting* 36: 5–12.

Fischer, S., and C. Winkler. 2017, June. "Datenmassen kanalisieren: Apache-Projekte zur Analyse großer Datenmengen." *iX Magazin fürprofessionelle Informationstechnik* S. 66–70.

Gilliland, M. 2013. "FVA: A Reality Check on Forecasting Practices." *Foresight: The International Journal of Applied Forecasting* 2013 (29): 14–18.

Gilliland, M. 2015. *Forecast Value Added Analysis: Step* by Step. Cary, NC: SAS Institute.

Glock, C. 2014. *Produktion und Supply Chain Management*. Wuerzburg, Germany: B+G Wissenschaftverlag.

Henkes, H. 2016, November. *Cloud Vendor Benchmark 2016 Germany Strategy Paper* [*Strategiepapier*]. Munich, Germany: Experton Group AG—ISG Business.

Hompel, M. T., J. Rehof, and F. Heistermann. 2014. *Logistik und IT als Innovationstreiber fuer den Wirtschaftsstandort Deutschland: Die neue Fuehrungsrolle der Logistik in der Informationstechnologie*. BVL Bundesvereinigul Logistik. Hamburg, Germany: DVV Media Group.

Izrailevsky, Y. S. Vlaovic, and R. Meshenberg. 2016, February 11. "Completing the Netflix Cloud Migration." Netflix Media Center. https://media.netflix. com/en/company-blog/completing-the-netflix-cloud-migration.

Joss, J., J. Leech, J. Hernandez, B. Peetermans, S. Parker, M. Toon, R. V. D. Heuvel, and A. Mohan. 2016. "Demand-Driven Supply Chain 2.0: A Direct Link to Profitability." 133357-G. KPMG.

Kersten, W., M. Seiter, B. von See, N. Hacklus, and T. Maurer. 2017. *Trends und Strategien in Logistik und Supply Chain Management: Chancen der digitalen Transformation*. BVL Bundervereinigun Logistik. Hamburg, Germany: DVV Media Group.

Kolassa, S., and E. Siemsen. 2016. *Demand Forecasting for Managers*. New York: Business Expert Press.

Kundra, V. 2010. https://obamawhitehouse.archives.gov/blog/2010/05/13/moving-cloud (accessed July 4, 2017) -> Vivek Kundra.

Lambert, D. 2008. *Supply Chain Management: Processes, Partnerships, Performance*. Sarasota, FL: Supply Chain Management Institute.

Lapide, L. 2003. "Organizing the Forecasting Department." *Journal of Business Forecasting Methods & Systems* 22, no. 2 (Summer).

Lawrence, M., M. O'Connor, and B. Edmundson. 2000. "A Field Study of Sales Forecasting Accuracy and Processes." *European Journal of Operational Research* 122:151–160.

Lee, H. 2002. "Aligning Supply Chain Strategies with Product Uncertainties." *California Management Review* 44 (3): 104–119.

Lehmacher,W. 2016. *Globale Supply Chain: Technischer Fortschritt, Transformation und Circular Economy*. Wiesbaden, Germany: Springer Fachmedien Wiesbaden GmbH.

Lueth, L. K., C. Patsioura, Z. D. Williams, and Z. Z. Kermani. 2016. *Industrial Analytics 2016/2017: The Current State of Data Analytics Usage in Industrial Companies*. Hamburg, Germany: IoT Analytics GmbH.

Makridakis, S. 1998. *Forecasting: Methods and Applications*. 3rd edition. New York: Wiley.

Manyika, J., M. Chui, J. Bughin, R. Dobbs, P. Bisson, and A. Marrs. 2013. "Disruptive Technologies: Advances That Will Transform Life, Business, and the Global Economy." McKinsey Global Institute.

Mell P., and Grance, T. 2011. *The NIST Definition of Cloud Computing*. NIST SP 800-145. Gaithersburg, MD: National Institute of Standards and Technology.

Mendes, P. 2011. *Demand Driven Supply Chain: A Structured and Practical Roadmap to Increase Profitability*. Wiesbaden, Germany: Springer Fachmedien Wiesbaden GmbH.

Mentzer, J.T. 1999. "The Impact of Forecasting on Return on Shareholder's Value." *The Journal of Business Forecasting Methods & Systems* 18 (3): 8–10.

Metz, C. 2014, June. "How Facebook Moved 20 Billion Instagram Photos without You Noticing. *Wired*." https://www.wired.com/2014/06/facebookinstagram/ (accessed July 6, 2017).

Microsoft. 2015. *Retail Insights Harnessing the Power of Data*. Seattle, WA: Microsoft.

Mohan, D., L. DuBois, and E. Berggren. 2017. *IDC MarketScape: Worldwide Infrastructure as a Service 2017 Vendor Assessment*. Framingham, MA: IDC.

Muthukrishnan, R., and K. Sullivan. 2012. *Next-Generation Supply Management*. San Jose, CA: Cisco IBSG.

NIST SP 800-145. 2011. https://csrc.nist.gov/publications/detail/sp/800-145/ final

Oliver Wight Americas. 2005. CPFR: Collaborative Planning, Forecasting and Replenishment. https://www.oliverwight-americas.com/class_a_glossary_cpfr

RightScale. 2017. "State of the Cloud Report: Public Cloud Adoption Grows as Private Cloud Wanes." RightScale.

RightScale. 2018. "State of the Cloud Report: Data to Navigate Your Multi-Cloud Strategy." RightScale.

Rogers, O., W. Fellows, and J. Atelsek. 2016. Cloud Price Index (2016): Global Pricing Analysis. New York: 451 Research.

Safavi, K., and R. Ratliff. 2015. "Top 5 eHealth Trends: Five Trends Prove That Digital Is Dramatically Influencing the Industry, Today, and Well into Tomorrow." Healthcare IT Vision. Accenture.

SAS Institute. 2012. *Nestlé Drives Bottom-Line Improvements with SAS Demand-Driven Forecasting*. Cary, NC: SAS Institute.

Schindler, H. R., J. Cave, N. Robinson, V. Horvath, P. Hackett, S. Gunashekar, M. Botterman, S. Forge, and H. Graux. 2012. *Europe's Policy Options for a Dynamic and Trustworthy Development of the Internet of Things*. Luxembourg: Publications Office of the European Union. doi:10.2759/22004.

Skyhigh. 2016. *Cloud Adoption & Risk Report*. Santa Clara, CA: Skyhigh Networks.

Spitz, M. 2017. *Daten—das Öl des 21. Jahrhunders?: Nachhaltigkeit im digitalen zeitalter*. Hamburg, Germany: Hoffmann und Campe Verlag.

Synergy Research Group. 2018, February 2. "Cloud Growth Rate Increases; Amazon, Microsoft & Google All Gain Market Share." https://www.srgresearch.com/articles/cloud-growth-

参考文献
References

rate-increases-amazon-microsoftgoogle-all-gain-market-share (accessed February 10, 2018).

Veritas. (2016a). *Data Genomics Index: A Report on the TrueMakeup of Storage Environments from the Experts in Unstructured Data*. Mountain View, CA: Veritas.

Veritas. 2016. *The Databerg Report: See What Others Don't: Identify the Value, Risk, and Cost of Your Data*. Mountain View, CA: Veritas.

Wauters, P., S. V. D. Peijl, V. Cilli, M. Bolchi, P. Janowski, M. Moeremans, H. Graux, G. Taylor, and D. Cocoru. 2016. *Measuring the Economic Impact of Cloud Computing in Europe*. Luxembourg: European Commission, Publications Office of the European Union, doi:10.2759/75071.

Werner, H. 2017. *Supply Chain Management: Grundlagen, Strategien, Instrumente und Controlling*. Wiesbaden, Germany: Springer Fachmedien Wiesbaden GmbH.

Woods, J. 2011. *Five Options forMigrating Applications to the Cloud: Rehost, Refactor, Revise, Rebuild or Replace*. Gartner: The Future of IT Conference: Mexico 2011. Stamford, CA: Gartner.

延伸阅读

451 Research. 2017. *Can Private Cloud Be Cheaper than Public Cloud?: 41% Said Yes, and the Survey Reveals How*. New York: 451 Research.

Al-Roomi, M., S. Al-Ebrahim, S. Buqrais, and I. Ahmad. 2013. "Cloud Computing Pricing Models: A Survey." *International Journal of Grid and Distributed Computing* 6 (5): 93–106.

Amazon Web Services. 2014. "Total Cost of Ownership (TCO) Comparison." Amazon Web Services.

AmazonWeb Services. 2015. "Introduction to AWSEconomics: Reducing Costs and Complexity." Amazon Web Services.

AmazonWeb Services. 2015. "A Practical Guide to CloudMigration:Migrating Services to AWS." Amazon Web Services.

Amazon Web Services. 2016. "How AWS Pricing Works." Amazon Web Services.

Amazon Web Services. 2017. "AWS Certifications, Programs, Reports, and Third-Party Attestations." Amazon Web Services.

Amazon Web Services. 2017. "An Overview of the AWS Cloud Adoption Framework: Version 2." Amazon Web Services.

Amazon Web Services. 2017. "10 Considerations for a Cloud Procurement." Amazon Web Services.

Andreessen, M. 2011, August 20. "Why Software Is Eating the World." *Wall Street Journal*.

Avigdor, G., and R. Wintjes. 2015. *Trend Report: Disruptive Innovations and Forward-Looking Policies towards Smart Value Chains*. Luxembourg: Publications Office of the European Union. Ref. Ares (2015) 4619412 - 27/10/2015.

Banerjee, A., T. Bandyopadhyay, and P. Acharya. 2013. "Data Analytics: Hyped Up Aspirations or True Potential?" *Journal for Decision Makers, Indian Institute of Management*.

Barnett, T., A. Sumits, S. Jain, U. Andra, and T. Khurana. 2016. Cisco Global Cloud Index 2015–2020: Cisco Knowledge Network (CKN) Session.

Barrett, R., A. Gupta, and K. O'Laughlin. 2014. "Driven by Demand." KPMG.

Batty, A., C. Miller, T. Boykin, B. Oswald, B. Hones, S. Hogikyan, and N. Papageorgiou. 2018. *The 2018 MHI Annual Industry Report: Overcoming Barriers to NextGen Supply Chain Innovation*. Charlotte, NC: MHI.

Baumann, F., G. Cenciza, S. Massicotte, A. Medepalli, and K. Thomas. 2017. *Digital Supply Chain for Dummies: JDA Software Special Edition*. Hoboken, NJ: Wiley.

Bitner, B., and S. Greenlee. 2012. *z/VM: A Brief Review of Its 40 Year History*. Armonk, NY: IBM Corporation.

Blue Ridge. 2015. "How to Supercharge Product Availability without Inflating Inventory." Blue Ridge.

Blue Yonder. 2017. *Kuenstliche Intelligenz rettet den Einzelhandel: Fuenf Wege, um im Haifischbecken zu ueberleben*. Karlsruhe, Germany: Blue Yonder.

Blue Yonder. 2017. *Store Replenishment at Morrisons: How Morrisons Adopted AI Technology to Deliver on Its Promise to Customers and Transform Store Replenishment*. Karlsruhe, Germany: Blue Yonder.

Bradshaw, D., G. Cattaneo, R. Lifonti, and J. Simcox. 2014. *Uptake of Cloud in Europe: Follow-Up of IDC Study on Quantitive Estimates of the Demand for Cloud Computing in Europe and the Likely Barriers to Take-Up*. Luxembourg: European Commission, Publications Office of the European Union, doi:10.2759/791317.

Brook, J. M., S. Field, D. Shackleford, V. Hargrave, L. Jameson, and M. Roza. 2017. "The Treacherous 12: Top Threats to Cloud Computing + Industry Insights." Cloud Security Alliance.

BS Reporter. 2013, October 25. "Excellence Is Not by Accident but Is a Process: Kalam." *Business Standard*. http://www.business-standard.com/article/current-affairs/excellence-is-not-by-accident-but-is-a-process-kalam-113102500516_1.

Burden, A. P., and D. Sauer. 2014. "Accenture Cloud Application Migration Services: A Smarter Way to Get to the Cloud." Accenture.

Cancila, M., D. Toombs, D. A. Waite, and E. Khnaser. 2016, October 13. *2017 Planning Guide for Cloud Computing*. Stamford, CT: Gartner.

Catfield, C. 2004. *The Analysis of Time Series: An Introduction*. 6th edition. Boca Raton, FL: Chapman and Hall/CRC.

Cecere, L. 2012. "Big Data: Go Big or Go Home." Supply Chain Insights.

Cerasis. 2017. *The Digital Supply Chain: The Landscape, Trends, Types, and the Application in Supply Chain Management*. Eagan, MN: Cerasis.

Chappell, D. 2016. *Analytical Scenarios Using the Microsoft Data Platform: A Guide for IT Leaders*. San Francisco, CA: David Chappell & Associates.

Chase, C. 2014. *Intermittent Demand Forecasting and Multi-Tiered Causal Analysis*. Paper SAS036-2014. Cary, NC: SAS Institute.

Chase, C. 2016. *Next Generation Demand Management: People, Process, Analytics, and Technology*. Hoboken, NJ: Wiley.

Chellapa, R. K. 1997. http://www.bus.emory.edu/ram/ (first academic use of term Cloud Computing).

Christopher, M. 2000. "The Agile Supply Chain: Competing in Volatile Markets." *Journal of Industrial*

参考文献
References

Marketing Management 29 (1): 37–44.

Chui, M., J. Manyika, J. Bughin, B. Brown, J. Danielson, and S. Gupta. 2013. "Ten IT-Enabled Business Trends for the Decade Ahead." McKinsey Global Institute.

CloudEndure. 2017. *2017 Cloud Migration Survey Report: The Most Up-to-Date Benchmarks, Trends, and Best Practices*. New York: CloudEndure.

Daughert, P. R., and B. Berthon. 2015. "Winning with the Industrial Internet of Things: How to Accelerate the Journey to Productivity and Growth." Accenture.

Davis, M., S. Aronow, J. Barret, S. F. Jacobson, and K. Sterneckert. 2011, July 22. *Demand-Driven Value Networks: Supply Chain Capabilities Road Map for Growth, Agility and Competitive Advantage*. Stamford, CT: Gartner.

Davis, R. A. 2013. *Demand-Driven Inventory Optimization and Replenishment: Creating a More Efficient Supply Chain*. Hoboken, NJ: Wiley.

Demchenko, Y. 2013. *Defining the Big Data Architecture Framework (BDAF): Outcome of the Brainstorming Session at the University of Amsterdam*. Amsterdam, Netherlands: SNE Group, University of Amsterdam.

Dougados, M., and B. Felgendreher. 2016. "The Current and Future State of Digital Supply Chain Transformation: A Cross-Industry Study with 337 Executives in Over 20 Countries Reveals Expectations on Digital Transformation." Capgemini Consulting, GT Nexus.

Duft, N., and L. Fröhlich. 2012. *Cloud Computing im Mittelstand: Wie Unternehmen vom neuen IT-Trend profitieren können*. Berlin: Pierre Audoin Consultants; Bonn: Telekom Deutschland.

Dull, T. 2016. *A Non-Geek's Big Data Playbook: Hadoop and the Enterprise Data Warehouse*. Cary, NC: SAS Institute.

European Commission. 2002. *Life Sciences and Biotechnology: A Strategy for Europe*. Luxembourg: Publications Office of the European Union.

European Commission. 2015. *Monitoring the Digital Economy & Society 2016–2021*. Luxembourg: Publications Office of the European Union.

European Commission. 2016. *Accelerating the Digital Transformation of European Industry and Enterprises: Key Recommendations of the Strategic Policy Forum on Digital Entrepreneurship*. Luxembourg: Publications Office of the European Union. Ref. Ares (2016) 1221351 - 10/03/2016.

European Commission. 2016. *A Digital Compass for Decision Makers: Toolkit on Disruptive Technologies, Impact and Areas for Action: Recommendations of the Strategic Policy Forum on Digital Entrepreneurship*. Luxembourg: Publications Office of the European Union.

European Commission. 2017. *Special Eurobarometer 460: Attitudes towards the Impact of Digitalisation and Automation on Daily Life*. Luxembourg: Publications Office of the European Union.

EY. 2014. "Big Data: Changing the Way Businesses Compete and Operate." EYGM.

Forbes Insights. 2013. *Clearing the Roadblocks to Cloud Computing*. New York: Forbes Insights.

Gartner Press Release. 2012, August 29. Gartner, Stamford, CT. https://www.gartner.com/newsroom/id/2138416 (accessed September 21, 2017).

Gaurav, R., P. Bhatia, and M. Durbha. 2015. *Supply Chain for Dummies: JDA Software Special Edition*.

Hoboken, NJ: Wiley.

Ghemawat, S., H. Gobioff, and S. T. Leung. 2003. "The Google File System." SOSP'03, October 19–22. ACM 1-58113-757-5/03/0010.

Gillespie, M. 2017. "Benefits Abound When Moving Analytics to the Cloud." MicroStrategy.

Gilliland, M., L. Tashman, and U. Sglavo. 2016. *Business Forecasting: Practical Problems and Solutions*. Hoboken, NJ: Wiley.

Gomez, J., O. Guzman, M. Leiva, R. Membrila, W. Schuster, P. Soriano, D. Valer, and J. D. Zegarra. 2016. *IDC FutureScape: Worldwide IT Industry 2017 Predictions Latin America Impact*. Framingham, MA: IDC.

Hagerty, J. 2016, October 13. *2017 Planning Guide for Data and Analytics*. Stamford, CT: Gartner.

Hall, P., W. Phan, and K. Whitson. 2016. *The Evolution of Analytics: Opportunities and Challenges for Machine Learning in Business*. Sebastopol, CA: O'Reilly Media.

Hanifan, G. L., C. Newberry, and A. E. Sharma. 2015. "Is Your Supply Chain a Growth Engine?: It Could Be If You Leverage Digital Technologies." Accenture.

Harrington, L. 2016. "The Predictive Enterprise: Where Data Science Meets Supply Chain." DHL Supply Chain.

Harris, J. 2015. https://blogs.sas.com/content/datamanagement/2015/05/06/ analyzing-data-lake/ (accessed March 2, 2017).

Heidkapm, P., and A. Pols. 2017. "Cloud-Monitor 2017: Cyber Security im Fokus—Die Mehrheit vertraut der Cloud." KPMG.

Heppenstall, D., L. Newcombe, and N. Clarke. 2016, February. *Moving to the Cloud—Key Considerations: Key Risk Considerations for Decision Makers*. UK: KPMG.

Hill, A. 2016. *12 Best Practices of Inventory Optimization: Minimize Costs, Maximize Uptime with MRO Inventory Control*. Brisbane: Oniqua.

Hofstraat, H. 2015. "Smart Healthcare Delivery: IT Enabling the Health Continuum." Philips Research.

Hogan, O., S. Mahamed, D. McWilliams, and R. Greenwood. 2010. "The Cloud Dividend: Part One. The Economic Benefits of Cloud Computing to Business and the Wider EMEA Economy: France, Germany, Italy, Spain and the UK." Centre for Economics and Business Research, CEBR.

Hompel, M. T. 2014. "Logistik und IT als Innovationstreiber: Wie wir mit modernen Informationstechnologien unsere Welt aendern." Deutscher Logistikkongress. Fraunhofer IML.

Hubbard, T. 2015. *Big Data in Health Care—Challenges, Innovations and Implementations*. 3rd International Systems Biomedicines Symposium. London: King's College London.

Hugos, H. 2011. *Essentials of Supply Chain Management*. 3rd edition. Hoboken, NJ: Wiley.

Intel IT Center. 2016. *Big Data in the Cloud: Converging Technologies—How to Create Competive Advantage Using Cloud-Based Big Data Analytics*. Santa Clara, CA: Intel.

iX Magazin. 2017, June. Pages 66-70. https://www.heise.de/ix/, https://www.heise-gruppe.de/. Heise Medien.

Jahn, M. 2017. *Industrie 4.0 konkret: EinWegweiser in die Praxis*.Wiesbaden, Germany: Springer Fachmedien Wiesbaden GmbH.

参考文献
References

Jaucot, F., V. D. M. Poel, D. K. Coster, P. A. Billiet, and S. Vanhout. 2017. "Are You Ready for Connected Retail?" PwC Belgium.

Jayachandran, J. 2017. "Cloud Migration Methodology." Aspire Systems.

JDA Software. 2017. *The Digitalization of Grocery: The Impact of Shifting Consumer Behaviors*. Scottsdale, AZ: JDA Software Group.

Keese, C. 2017. *Silicon Germany: Wie wir die digitale Transformation schaffen.* Munich, Germany: Albrecht Knaus Verlag.

Kepes, B. 2013. "Cloud Adoption—Barriers, Roadblocks and Belligerence: Learn about the Hurdles You'll Encounter When Promoting Cloud Technologies in Your Company ... and How to Jump over Them." Diversity Limited.

Kleemann, F. C., and A. H. Glas. 2017. *Einkauf 4.0: Digitale Transformation der Beschaffung*. Wiesbaden, Germany: Springer Fachmedien Wiesbaden GmbH.

Lyons, A., A. Coronado Mondragon, F. Piller, and R. Poler. 2012. *Customer-Driven Supply Chains: From Glass Pipelines to Open Innovation* Networks. Wiesbaden, Germany: Springer Fachmedien Wiesbaden GmbH.

Manenti, P., W. Lee, and L. Veronesi. 2014. *The Future of Manufacturing*. Framingham, MA: IDC.

Manssila, E. M. 2016. *Accelerating the Digital Transformation of European Companies*. Global Forum 2016. Eindhoven, Netherlands: European Commission.

McDivitt, C., D. E. Veer, and B. Pivar. 2014. "Demand-Driven Supply Chain: Capgemini's Demand-Driven Supply Chain Approach Helps Consumer Products and Retail Companies Create a Pull Supply Chain Driven by Consumer Demand." Capgemini.

McFedries, P. 2012. *Cloud Computing: Beyond the Hype*. San Francisco, CA: HP Press.

Mell, P., and T. Grance. 2011. *The NIST Definition of Cloud Computing: Recommendations of the National Institute of Standards and Technology.* Special Publication 800-145. Gaithersburg, MD: National Institute of Standards and Technology.

Mensah, A. 2015. *From Geonomics to Population Health: Accelerating the Evolution of Human Care*. Redwood City, CA: Oracle.

Microsoft Press. 2017. https://news.microsoft.com/features/microsoftfacebook-telxius-complete-highest-capacity-subsea-cable-cross-atlantic/(accessed September 23, 2017).

Mishra, D. 2014, July. "Cloud Computing: The Era of VirtualWorld Opportunities and Risks Involved." *International Journal of Computer Science Engineering* 3 (4): 204–209.

Morley, M. 2017. *Supply Chain Analytics for Dummies: OpenText Special Edition*. Hoboken, NJ: Wiley.

Namless. 2015. "Ignited Quotes of Dr. APJ Abdul Kalam." CreateSpace Independent Publishing Platform.

Nanda, M. 2011. *Designing a Lean-Based Supply Chain Using Demand Pull*. Bangalore, India: Wipro Consulting.

National Institute of Standards and Technology. 2015a. *NIST Big Data Interoperability Framework*. Vol. 5, Security and Privacy. NIST Special Publication 1500-5. Gaithersburg, MD: National Institute of Standards and Technology.

National Institute of Standards and Technology. 2015b. *NIST Big Data Interoperability Framework. Vol. 6, Reference Architecture*. NIST Special Publication 1500-6. Gaithersburg, MD: National Institute of Standards and Technology.

National Institute of Standards and Technology. 2015c. *NIST Big Data Interoperability Framework*. Vol. 7, *Standards Roadmap*. NIST Special Publication 1500-7. Gaithersburg, MD: National Institute of Standards and Technology.

Nichols, K., and K. Sprague. 2011. "Getting Ahead in the Cloud." McKinsey & Company.

OECD. 2014. *Data-Driven Innovation for Growth and Well-Being*. Paris: OECD Publications.

OECD. 2017. Health at a Glance 2017: OECD Indicators. Paris: OECD Publishing. https://dx.doi.org/10.1787/health_glance-2017-en.

Offersen, D. 2016. *The Power of Inventory: How to Simplify, Course Correct, and Use Inventory as a Strategic Advantage*. Offersen Publishing.

Pardo, J., A. Flavin, and M. Rose. 2016. "2016 Top Markets Report: Cloud Computing." U.S. Department of Commerce: International Trade Administration: Industry & Analysis (I&A).

Probst, L., B. Pedersen, O. K. Lonkeu, M. Diaz, L. N. Araujo, D. Klitou, J. Conrads, and M. Rasmussen. 2017. *Digital Transformation Scoreboard 2017: Evidence of Positive Outcomes and Current Opportunities for EU Businesses*. Luxembourg: Publications Office of the European Union.

Raab, M., and B. Griffin-Cryan. 2011. "Digital Transformations of Supply Chains: Creating Value—When Digital Meets Physical." Capgemini Consulting.

Raskino, M. 2015, April 10. *Highlights of the 2015 CEO Survey: Business Leaders Are Betting on Tech*. Stamford, CT: Gartner.

Rogers, D. S., and S. Simmerman. 2017. *Warehouse of the Future*. Scottsdale, AZ: JDA Software Group.

Rogers O., and J. Atelsek. 2016. *451 Research: Voice of the Enterprise (2016). Quarterly Advisory Report: Workloads and Projects Cloud*. New York: 451 Research.

Said, M. R. 2015. "Big Data: An Opportunity or a Distraction? Signal or Noise?" 3rd International Systems Biomedicine Symposium, Luxembourg.

Sandiford, T. 2013. "Inventory Optimization." Capgemini.

SAS Institute. 2009. *How Can Finance and Operations Work Together to Maximize Inventory Provisions While Minimizing Working Capital Costs?* Cary, NC: SAS Institute.

SAS Institute. 2014. *SAS for Demand-Driven Planning and Optimization: Listen to Customers, Focus on the Market and Respond to Demand in Near-Real Time*. Cary, NC: SAS Institute.

SAS Institute. 2017. *Data Visualization Techniques: From Basics to Big Data with SAS Visual Analytics*. Cary, NC: SAS Institute.

SAS Institute. 2017. *The Enterprise Artificial Intelligence (AI) Promise: Path to Value*. Cary, NC: SAS Institute.

SAS Institute. 2017. *How Any Size Organization Can Supersize Results with Data Visualization*. Cary, NC: SAS Institute.

SAS Institute. 2017. *SAS Forecast Analyst Workbench*. Cary, NC: SAS Institute.

参考文献
References

Schrauf, S., and P. Berttram. 2016. "Industry 4.0: How Digitalization Makes the Supply Chain More Efficient, Agile, and Customer-Focused." PwC.

Shepard, D. 2012. "Collaborative Demand and Supply Planning between Partners: Best Practices for Effective Planning." Supply Chain Acuity.

Shevenell, M., and T. Diep. 2015. "Managing the Software Defined World: Managing Your Infrastructure in the Highly Agile World of Software Defined Networks." CA Technologies.

Simorjay, F. 2017. "Shared Responsibilities for Cloud Computing." Microsoft. Skyhigh. 2017. *Custom Applications and IaaS Trends*. Santa Clara, CA: Skyhigh Networks.

Snyder, L. 2008. *Multi-Echelon Inventory Optimization: An Overview.* Center for Value Chain Research. PA: Lehigh University.

Stanton, D. 2019. *Supply Chain Management for Dummies*. Hoboken, NJ: Wiley.

Telekom Deutschland. 2013. *Datenschutz und Datensicherheit beim Cloud Computing*. Bonn, Germany: Telekom Deutschland.

Terrill, S., and S. Purba. 2015. *Data-Driven Business Transformation: Driving Performance, Strategy and Decision Making*. Canada: KPMG.

Tompkins, B., and C. Ferrell. 2012. *Finished Goods Inventory Management: Presenting Growth & Adaption Through Metrics*. Raleigh, NC: Tompkins Supply Chain Consortium.

Toolingu. 2014. *Manufacturing Insights Report: Winning Practices of World-Class Companies*. Cleveland, OH: Toolingu.

Tulloch, M. 2013. *Introducing Windows Azure for IT Professionals*. Seattle, WA: Microsoft Press.

Tyndall, G. 2012. *Demand-Driven Supply Chains: Gitting It Right for True Value*. Raleigh, NC: Tompkins International.

Usie, W., L. Gill, G. Ceniza, and V. Fayen. 2016. *Profitable Omni-Channel for Dummies: JDA Software Special Edition*. Hoboken, NJ: Wiley.

Varia, J. 2012. "The Total Cost of (Non) Ownership of Web Applications in the Cloud." Amazon Web Services.

Veritas. 2015. *The Databerg Report: The State of Information Management.* Mountain View, CA: Veritas.

Veritas. 2017. *2017 Truth in Cloud Report: The Rise of Multi-Cloud: Combatting Misconceptions and Realigning Data Management Responsibilities*. Mountain View, CA: Veritas.

VMware. 2006. *Reducing Server Total Cost of Ownership with VMware Virtualization Software*. Palo Alto, CA: VMware.

VMware. 2014. *Do You Believe the Myths around Virtualization?* Palo Alto, CA: VMware.

VMware. 2017. *VMware TCO Comparison Calculator Report*. Palo Alto, CA: VMware.

Vogt, A. 2016. *Cloud Vendor Benchmark 2016: Datenintegration—Die Herausforderung in der Cloud*. Munich, Germany: Experton Group—ISB Business.

White, D. 2013. *Visualization: Set Your Analytics Users Free*. Boston, MA: Aberdeen Group.

Yeoh, J., and F. Guanco. 2015. "How Cloud Is Being Used in the Financial Sector: Survey Report." Cloud Security Alliance.

网站

http://analytics-magazine.org/value-added-analysis-business-forecastingeffectiveness/ (accessed August 12, 2017).

http://appsso.eurostat.ec.europa.eu/nui/show.do?dataset=isoc_cicce_use& lang=en (accessed October 7, 2017).

http://bigdata2015.uni.lu/bigdata2015_%20/content/download/480/2213/ version/1/file/Dirk_Evers_BigData2015.pdf (accessed December 23, 2017).

http://bigdata2015.uni.lu/bigdata2015_%20/content/download/483/2225/ version/1/file/MSaid_InternationalSystemsBiomedicineSymposium_28Oct15_vf.pdf (accessed December 23, 2017).

http://bigdata2015.uni.lu/eng/Presentation (accessed December 23, 2017).

http://bigdata2015.uni.lu/eng/Presentation HEALTH CARE and BIG DATA and ANALYTICS (accessed December 23, 2017).

http://cdn.ey.com/echannel/gl/en/services/advisory/envision/ey-trustedcloud-migration.pdf (accessed November 11, 2017).

http://cloud-readiness-check.com/ Cloud READINESS (accessed November 5, 2017).

http://d0.awsstatic.com/whitepapers/Big_Data_Analytics_Options_on_AWS.pdf (accessed November 11, 2017).

http://database.guide/what-is-a-document-store-database/ (accessed December 22, 2017).

http://datagenomicsproject.org/data-genomics-report-2016.html (accessed September 21, 2017).

http://demand-planning.com/2014/11/24/new-ibf-blog-series-forecast-valueadded-fva/ (accessed August 12, 2017).

http://download.microsoft.com/download/0/4/3/0430CF1B-0E7B-44E0-BAF4-23C03E12F065/The_Digital_Business_Divide_white_paper.pdf

(accessed September 16, 2017).

http://dtucalculator.azurewebsites.net/ DTU calculator (accessed December 22, 2017).

https://dx.doi.org/10.6028/NIST.SP.1500-1 (accessed September 16, 2017).

http://ec.europa.eu/DocsRoom/documents/17924 (accessed September 16, 2017).

http://ec.europa.eu/DocsRoom/documents/18503 (accessed September 16, 2017).

http://ec.europa.eu/DocsRoom/documents/21501 (accessed December 24, 2017).

http://ec.europa.eu/DocsRoom/documents/21501 (accessed September 16, 2017).

http://ec.europa.eu/eurostat/cache/infographs/ict/bloc-3b.html (accessed October 7, 2017).

http://ec.europa.eu/eurostat/statistics-explained/index.php/Cloud_computing_-_statistics_on_the_use_by_enterprises (accessed July 12, 2017).

http://ec.europa.eu/eurostat/statistics-explained/index.php/Cloud_computing_-_statistics_on_the_use_by_enterprises (accessed December 25, 2017).

http://ec.europa.eu/eurostat/statistics-explained/index.php/Digital_economy_and_society_statistics_-_enterprises (accessed November 18, 2017).

参考文献
References

http://ec.europa.eu/eurostat/statistics-explained/index.php/File:V1_Use_of_cloud_computing_services,_2014_and_2016_(%25_of_enterprises).png (accessed November 18, 2017).

http://ec.europa.eu/eurostat/web/products-eurostat-news/-/DDN-20170330-1(accessed November 18, 2017).

http://ec.europa.eu/growth/content/fourth-trend-report-%E2%80%98 disruptive-innovations-and-forward-looking-policies-towards-smartvalue_en (accessed September 16, 2017).

http://ec.europa.eu/growth/publications_en (accessed September 16, 2017).

http://go.rackspace.com/costofexpertise-TY.html?aliId=193108446#form (accessed June 17, 2017).

http://google-file-system.wikispaces.asu.edu/ (accessed July 4 and 6, 2017).

http://government-2020.dupress.com/driver/cloud-computing/ (accessed October 7, 2017).

http://info.totaltraxinc.com/blog/demand-driven-supply-network-are-youmeeting-the-demands (accessed October 14, 2017).

http://issuu.com/supplydemandchainfoodlogistics/docs/flog0817?e=16809490/52223226 (accessed September 16, 2017).

http://journals.sagepub.com/doi/pdf/10.1177/0256090920130401 (accessed September 21, 2017).

http://muddassirism.com/importance-of-demand-forecasting-in-supply-chain/(accessed September 21, 2017).

http://nvlpubs.nist.gov/nistpubs/Legacy/SP/nistspecialpublication800-145.pdf-> NIST definition of Cloud (accessed July 4, 2017).

http://research.isg-one.de/research/studien/cloud-vendor-benchmark-2016/ergebnisse-ch.html (accessed September 23, 2017).

http://research.isg-one.de/research/studien/cloud-vendor-benchmark-2016/anbieter.html (accessed September 23, 2017).

http://s354933259.onlinehome.us/mhi-blog/7-ways-iiot-making-supplychain-smarter-sustainable/ (accessed October 14, 2017).

http://searchcloudcomputing.techtarget.com/feature/Cloud-computingtimeline-illustrates-clouds-past-predicts-its-future (accessed July 4, 2017).

http://supplychaininsights.com/research-reports/big-data/ (accessed August 11, 2017).

http://supplychaininsights.com/wp-content/uploads/2012/07/Big_Data_Report_16_JULY_2012.pdf (accessed August 5, 2017).

http://uk.businessinsider.com/microsoft-stay-top-enterprise-it-market-sharebattle-chart-2017-7?utm_source=feedburner&utm_medium=feed&utm_campaign=Feed%3A+typepad%2Falleyinsider%2Fsilicon_alley_insider+%28Silicon+Alley+Insider%29&r=US&IR=T (accessed July 17, 2017).

http://usblogs.pwc.com/emerging-technology/data-lakes-and-the-promise-ofunsiloed-data/ (accessed October 14, 2017).

http://viewer.zmags.com/publication/a02dd3b8 (accessed September 24, 2017).

http://whatiscloud.com/origins_and_influences/a_brief_history (accessed July 4, 2017) -> 1961 John McCarty.

http://www.annese.com/blog/roadblocks-to-cloud-adoption-in-the-financialsector(accessed May 17, 2017).

http://www.bmc.com/blogs/saas-vs-paas-vs-iaas-whats-the-difference-andhow-to-choose/ (accessed October 28, 2017).

http://www.computerweekly.com/answer/Star-schema-vs-snowflakeschema-Which-is-better (accessed October 14, 2017).

http://www.computerweekly.com/feature/A-history-of-cloud-computing (accessed November 4, 2017).

http://www.computerweekly.com/tutorial/Star-schema-in-database-Guide-toconstruction-and-composition (accessed October 14, 2017).

http://www.coolheadtech.com/blog/vanson-bournes-business-impact-of-thecloud (accessed September 23, 2017).

http://www.cs.cornell.edu/courses/cs614/2004sp/papers/gfs.pdf (accessed July 4, 2017).

http://www.data-profits.com/resources/blog/proof-improving-forecastaccuracy-delivers-high-roi/ (accessed September 21, 2017).

http://www.dataversity.net/brief-history-cloud-computing/ (accessed July 4, 2017).

http://www.diversity.net.nz/wp-content/uploads/2013/03/Whitepaper_SCREEN.pdf (accessed May 17, 2017) ROADBLOCKS to CLOUD.

http://www.dummies.com/programming/big-data/big-data-for-dummiescheat-sheet/ (accessed October 14, 2017).

http://www.ebnonline.com/author.asp?section_id=4033 (accessed September 16, 2017).

http://www.eugdpr.org/gdpr-faqs.html (accessed August 5, 2017).

http://www.eugdpr.org/key-changes.html (accessed August 5, 2017).

http://www.forecastpro.com/Trends/forecasting101January2009.html (accessed October 14, 2017).

http://www.gtnexus.com/resources/blog-posts/digital-supply-chaintransformation-infographic (accessed August 5, 2017).

http://www.icc-usa.com/back-to-basics-what-is-virtualization.html (accessed July 6, 2017).

http://www.inspirage.com/2015/11/the-history-of-cloud-computing-somekey-moments/ (accessed July 4, 2017).

http://www.jamesserra.com/archive/2015/04/what-is-a-data-lake/ (accessedSeptember 16, 2017).

http://www.jamesserra.com/archive/2015/07/what-is-polyglot-persistence/ (accessed September 16, 2017).

http://www.jamesserra.com/archive/2016/08/what-is-the-lambdaarchitecture/ (accessed September 16, 2017).

http://www.nytimes.com/2012/02/12/sunday-review/big-datas-impact-inthe-world.html?_r=0 (accessed September 16, 2017).

http://www.oecd.org/els/health-systems/health-data.htm (accessed December 22, 2017).

http://www.oecd.org/els/health-systems/health-statistics.htm (accessed December 22, 2017).

http://www.oecd.org/health/health-systems/health-at-a-glance-19991312.htm OECD Data (accessed December 23, 2017).

http://www.oecd-ilibrary.org/docserver/download/8117301e.pdf?expires=1515316946&id=id&accname=guest&checksum=68E21B89BB9DDFCF73FB6F6C7240B31A (accessed December 22, 2017).

http://www.referenceforbusiness.com/history2/84/salesforce-com-Inc.html (accessed July 4, 2017).

http://www.sandia.gov/news/publications/labnews/archive/14-22-08.html (accessed September 21, 2017).

http://www.sas.com/images/landingpage/docs/Nestle_Customer_Story.pdf (accessed December 22, 2017).

参考文献
References

http://www.scmfocus.com/demandplanning/2011/05/a-better-way-ofimporting-data-into-forecasting-and-analytic-systems/ (accessed October 14, 2017).

http://www.sfisaca.org/images/FC12Presentations/D1_2.pdf (accessed October 30, 2017).

http://www.supplychain247.com/article/new_perspectives_on_the_value_of_demand_sensing (accessed September 21, 2017).

http://www.supplychaindigital.com/logistics/how-demand-driven-forecastingpaid-nestle (accessed September 24, 2017).

http://www.supplychaindigital.com/technology/ibm-and-maersk-establishblockchain-based-supply-chain-company BLOCKCHAIN (accessed January 20, 2018).

http://www.supplychaindigital.com/top-10/seven-reasons-why-you-needforecast-supply-chain (accessed September 21, 2017).

http://www.supplychainopz.com/2013/01/is-apple-supply-chain-really-no-1-case.html (accessed August 5, 2017).

http://www.supplychainquarterly.com/topics/Strategy/20170626-makingthe-journey-to-a-multimodal-segmented-supply-chain/ (accessed September 16, 2017).

http://www.supplychainquarterly.com/topics/Technology/20141230-machinelearning-a-new-tool-for-better-forecasting/?__hssc=180668984.5.1505554177363&__hstc=180668984.9a83839a2855b779a56709652eed5fbf.1505550204337.1505550204337.1505554177363.2&__hsfp=1775141010&hsCtaTracking=412ceaca-8e7b-4615-a730-290bc54a0e31%7C845ad2bf-171b-478d-a549-4300f91b0eab (accessed September 16, 2017).

http://www.supplychainshaman.com/demand/demanddriven/demand-drivencan-we-sidestep-religious-arguments/ (accessed October 14, 2017).

http://www.supplychainshaman.com/demand/demanddriven/what-happenedto-the-concept-of-demand-driven/ (accessed October 14, 2017).

http://www.telegraph.co.uk/news/obituaries/8851410/John-McCarthy.html (accessed November 11, 2017).

http://www.tomsitpro.com/articles/azure-vs-aws-cloud-comparison,2-870-2.html (accessed October 28, 2017).

http://www.tomsitpro.com/articles/azure-vs-aws-cloud-comparison,2-870-2.html AWS vs Azure comparison of service (accessed December 21, 2017).

http://www.vanguardsw.com/2017/06/demand-data-key-supply-chainmanagement/ (accessed September 21, 2017).

http://www.vcloudnews.com/every-day-big-data-statistics-2-5-quintillionbytes-of-data-created-daily/ (accessed November 16, 2017).

http://www.vldb.org/pvldb/1/1454166.pdf (accessed September 21, 2017).

http://www.zdnet.com/article/microsoft-aws-and-google-may-have-juststarted-the-next-cloud-computing-price-war/ (accessed July 17, 2017).

http://www3.weforum.org/docs/WEF_TC_MFS_BigDataBigImpact_Briefing_2012.pdf (accessed May 5, 2017).

https://451research.com/cloud-price-index-overview (accessed July 6, 2017).

https://451research.com/images/Marketing/productsheets/CPI_Tearsheet_06_13_2017.pdf (accessed November 10, 2017).

https://assets.kpmg.com/content/dam/kpmg/pdf/2016/05/demand-drivensupply-chain.pdf (accessed July 5, 2017).

https://assets.kpmg.com/content/dam/kpmg/pdf/2016/06/co-cm-4-drivenby-demand.pdf (accessed July 5, 2017).

https://aws.amazon.com/about-aws/ (accessed July 4, 2017).

https://aws.amazon.com/about-aws/global-infrastructure/ (accessed October 30, 2017).

https://aws.amazon.com/about-aws/global-infrastructure/regional-productservices/(accessed December 21, 2017).

https://aws.amazon.com/architecture/ (accessed August 11, 2017).

https://aws.amazon.com/big-data/ (accessed November 11, 2017).

https://aws.amazon.com/blogs/aws/vmware-cloud-on-aws-now-available/(accessed August 29, 2017).

https://aws.amazon.com/compliance/shared-responsibility-model/ (accessed October 28, 2017).

https://aws.amazon.com/ec2/pricing/ AWS PRICING (accessed October 30, 2017).

https://aws.amazon.com/ec2/pricing/on-demand/ AWS PRICING (accessed October 30, 2017).

https://aws.amazon.com/emr/details/ (accessed August 11, 2017).

https://aws.amazon.com/iot-platform/ (accessed November 11, 2017).

https://aws.amazon.com/pricing/ (accessed October 28, 2017).

https://aws.amazon.com/solutions/case-studies/all/ (accessed December 21, 2017)

https://aws.amazon.com/solutions/case-studies/yelp/ (accessed November 11, 2017).

https://aws.amazon.com/whitepapers/ (accessed October 30, 2017).

https://aws.amazon.com/whitepapers/overview-of-amazon-web-services/ (accessed October 30, 2017).

https://awstcocalculator.com/ (accessed October 28, 2017).

https://azure.microsoft.com/en-gb/ (accessed December 21, 2017).

https://azure.microsoft.com/en-gb/blog/microsoft-azure-germany-nowavailable-via-first-of-its-kind-cloud-for-europe/ (accessed October 30, 2017).

https://azure.microsoft.com/en-gb/overview/azure-vs-aws/ (accessed July 4, 2017).

https://azure.microsoft.com/en-gb/overview/cortana-intelligence/ (accessed September 21, 2017).

https://azure.microsoft.com/en-gb/overview/datacenters/ (accessed December 21, 2017).

https://azure.microsoft.com/en-gb/overview/what-is-paas/ (accessed September 23, 2017).

https://azure.microsoft.com/en-gb/pricing/ (accessed October 28, 2017).

https://azure.microsoft.com/en-gb/pricing/calculator/?service=costmanagement (accessed October 28, 2017).

https://azure.microsoft.com/en-gb/pricing/details/batch/ (accessed October 28, 2017).

https://azure.microsoft.com/en-gb/resources/451-research-economicsserverless-cloud-computing/en-us/ (accessed July 4, 2017).

https://azure.microsoft.com/en-gb/resources/forrester-economic-impactazure-iaas/en-us/ (accessed July 4, 2017).

参考文献
References

https://azure.microsoft.com/en-gb/resources/whitepapers/ (accessed July 4, 2017).

https://azure.microsoft.com/en-gb/services/data-catalog/ (accessed September 21, 2017).

https://azure.microsoft.com/en-gb/services/data-factory/ (accessed September 21, 2017).

https://azure.microsoft.com/en-gb/services/event-hubs/ (accessed September 21, 2017).

https://azure.microsoft.com/en-gb/status/ (accessed July 4, 2017).

https://azure.microsoft.com/en-us/blog/behind-the-scenes-of-azure-datalake-bringing-microsoft-s-big-data-experience-to-hadoop/ (accessed September21, 2017).

https://azure.microsoft.com/en-us/pricing/ PRICING (accessed December 21, 2017).

https://azure.microsoft.com/en-us/pricing/calculator/ (accessed October 28, 2017).

https://azure.microsoft.com/en-us/pricing/details/mysql (accessed December 22, 2017).

https://azure.microsoft.com/en-us/pricing/details/virtual-machines/linux/ (accessed December 21, 2017).

https://azure.microsoft.com/en-us/pricing/hybrid-benefit/ (accessed December 21, 2017).

https://azure.microsoft.com/en-us/pricing/reserved-vm-instances/ (accessed December 21, 2017).

https://azure.microsoft.com/en-us/regions/ Azure REGIONS (accessed December 21, 2017).

https://azure.microsoft.com/en-us/regions/services/ AZURE PRODUCTS BY REGION (accessed December 21, 2017).

https://azure.microsoft.com/en-us/services/ (accessed December 21, 2017).

https://azure.microsoft.com/en-us/services/?filter=cognitive-services (accessed December 22, 2017).

https://azure.microsoft.com/en-us/services/cognitive-services/text-analytics/ (accessed December 22, 2017).

https://azure.microsoft.com/en-us/services/container-instances/ (accessed December 21, 2017).

https://azure.microsoft.com/en-us/services/container-service/ (accessed December 21, 2017).

https://azure.microsoft.com/en-us/services/cosmos-db/ (accessed December 22, 2017).

https://azure.microsoft.com/en-us/services/data-catalog/ (accessed December 22, 2017).

https://azure.microsoft.com/en-us/services/data-factory/ (accessed December 22, 2017).

https://azure.microsoft.com/en-us/services/data-lake-analytics/ (accessed December 22, 2017).

https://azure.microsoft.com/en-us/services/data-lake-store/ (accessed December 21, 2017).

https://azure.microsoft.com/en-us/services/devtest-lab/ (accessed December 23, 2017).

https://azure.microsoft.com/en-us/services/dns/ (accessed December 21, 2017).

https://azure.microsoft.com/en-us/services/event-grid/ (accessed December 23, 2017).

https://azure.microsoft.com/en-us/services/event-hubs/ (accessed December 22, 2017).

https://azure.microsoft.com/en-us/services/event-hubs/ (accessed December 23, 2017).

https://azure.microsoft.com/en-us/services/expressroute/ (accessed December 21, 2017)

https://azure.microsoft.com/en-us/services/genomics/ (accessed December 22, 2017).

https://azure.microsoft.com/en-us/services/hdinsight/ (accessed December 22, 2017).

https://azure.microsoft.com/en-us/services/hdinsight/apache-spark/ (accessed December 22, 2017).

https://azure.microsoft.com/en-us/services/hockeyapp/ (accessed December 23, 2017).

https://azure.microsoft.com/en-us/services/iot-edge/ (accessed December 23, 2017).

https://azure.microsoft.com/en-us/services/iot-hub/ (accessed December 23, 2017).

https://azure.microsoft.com/en-us/services/key-vault/ (accessed December 23, 2017).
https://azure.microsoft.com/en-us/services/load-balancer/ (accessed December 21, 2017).
https://azure.microsoft.com/en-us/services/location-based-services/ (accessed December 23, 2017).
https://azure.microsoft.com/en-us/services/log-analytics/ (accessed December 22, 2017).
https://azure.microsoft.com/en-us/services/logic-apps/ (accessed December 22 and 23, 2017).
https://azure.microsoft.com/en-us/services/machine-learning-studio/ (accessed December 23, 2017).
https://azure.microsoft.com/en-us/services/media-services/ (accessed December 22, 2017).
https://azure.microsoft.com/en-us/services/media-services/content-protection/ (accessed December 22, 2017).
https://azure.microsoft.com/en-us/services/media-services/media-analytics/ (accessed December 22, 2017).
https://azure.microsoft.com/en-us/services/media-services/media-player/ (accessed December 22, 2017).
https://azure.microsoft.com/en-us/services/multi-factor-authentication/ (accessed December 23, 2017).
https://azure.microsoft.com/en-us/services/mysql/ (accessed December 22, 2017).
https://azure.microsoft.com/en-us/services/network-watcher/(accessed December 21, 2017).
https://azure.microsoft.com/en-us/services/notification-hubs/(accessed December 22 and 23, 2017).
https://azure.microsoft.com/en-us/services/postgresql/ (accessed December 22, 2017).
https://azure.microsoft.com/en-us/services/power-bi-embedded/(accessed December 22, 2017).
https://azure.microsoft.com/en-us/services/search/ (accessed December 22, 2017).
https://azure.microsoft.com/en-us/services/security-center/(accessed December 23, 2017).
https://azure.microsoft.com/en-us/services/service-bus/(accessed December 23, 2017).
https://azure.microsoft.com/en-us/services/service-fabric/ (accessed December 21, 2017).
https://azure.microsoft.com/en-us/services/site-recovery/(accessed December 21, 2017).
https://azure.microsoft.com/en-us/services/sql-database/(accessed December 22, 2017).
https://azure.microsoft.com/en-us/services/sql-server-stretch-database/ (accessed December 22, 2017).
https://azure.microsoft.com/en-us/services/storage/ (accessed December 21, 2017).
https://azure.microsoft.com/en-us/services/storage/blobs/ (accessed December 21, 2017).
https://azure.microsoft.com/en-us/services/storage/files/ (accessed December 21, 2017).
https://azure.microsoft.com/en-us/services/storage/queues/ (accessed December 21, 2017).
https://azure.microsoft.com/en-us/services/storage/unmanaged-disks/ (accessed December 21, 2017).
https://azure.microsoft.com/en-us/services/storsimple/ (accessed December 21, 2017).
https://azure.microsoft.com/en-us/services/stream-analytics/ (accessed December 22, 2017).
https://azure.microsoft.com/en-us/services/time-series-insights/ (accessed December 23, 2017).
https://azure.microsoft.com/en-us/services/traffic-manager/ (accessed December 21, 2017).
https://azure.microsoft.com/en-us/services/virtual-machines/ (accessed December 21, 2017).
https://azure.microsoft.com/en-us/services/virtual-machine-scale-sets/(accessed December 21, 2017).
https://azure.microsoft.com/en-us/services/virtual-network/(accessed December 21, 2017).
https://azure.microsoft.com/en-us/services/visual-studio-team-services/ (accessed December 23, 2017).
https://azure.microsoft.com/en-us/services/vpn-gateway/ (accessed December 21, 2017).
https://azure.microsoft.com/en-us/solutions/architecture/personalizedmarketing/(accessed September 21, 2017).

参考文献
References

https://azure.microsoft.com/en-us/status/ Azure STATUS Dashboard (accessed December 21, 2017).

https://azure.microsoft.com/en-us/status/ STATUS of AZURE (accessed December 21, 2017).

https://azure-costs.com/ (accessed November 18, 2017).

https://azuremarketplace.microsoft.com/en-us/marketplace/apps/category/ networking

https://bi-survey.com/benefits-business-intelligence (accessed October 14, 2017).

https://bi-survey.com/data-driven-decision-making-business (accessed October 14, 2017).

https://blog.blue-yonder.com/de/2016/09/19/in-sechs-schritten-zuroptimalen-customer-experience (accessed October 15, 2017).

https://blog.blue-yonder.com/en/7-ways-retailers-benefit-from-ai (accessed October 14, 2017).

https://blog.blue-yonder.com/en/enabling-smarter-decisions-in-retail-withartificial-intelligence (accessed October 14, 2017).

https://blog.toolsgroup.com/en/a-shift-in-supply-chain-planning-priorities?_ga=2.169251810.259407702.1505550204-1822606399.1505550204 (accessed September 16, 2017).

https://blog.toolsgroup.com/en/coming-now-the-age-of-advanced-demandanalytics (accessed September 16, 2017).

https://blog.toolsgroup.com/en/five-things-you-need-to-know-aboutmachine-learning-for-supply-chain-planning (accessed September 16, 2017).

https://blog.toolsgroup.com/en/five-ways-machine-learning-can-improvedemand-forecasting (accessed September 16, 2017).

https://blog.toolsgroup.com/en/four-prerequisites-for-demand-sensingsuccess (accessed December 24, 2017).

https://blog.toolsgroup.com/en/the-seven-key-capabilities-of-demandsensing (accessed September 24, 2017).

https://blogs.cisco.com/datacenter/the-5-ps-of-cloud-computing (accessed July 4, 2017).

https://blogs.msdn.microsoft.com/azuredatalake/2016/10/12/understandingadl-analytics-unit/ AU - ANALYTICS UNIT (accessed December 22, 2017).

https://blogs.msdn.microsoft.com/azuresecurity/2016/04/18/what-doesshared-responsibility-in-the-cloud-mean/ (accessed October 28, 2017).

https://blogs.sas.com/content/datamanagement/2015/05/06/analyzing-datalake/(accessed March 2, 2017).

https://blogs.sas.com/content/subconsciousmusings/2017/10/17/onlinelearning-machine-learnings-secret-big-data/?lipi=urn%3Ali%3Apage%3Ad_flagship3_feed%3BamoGkrZ%2BS7%2BS1f8aq1NLLQ%3D%3D(accessed October 15, 2017).

https://blogs.vmware.com/management/2017/07/private-vs-public-cloudcosts-surprising-451-research-results.html (accessed August 10, 2017).

https://businessintelligence.com/bi-insights/the-four-vs-of-big-datainfographic/attachment/ibm-big-data/ (accessed August 11, 2017),

https://calculator.s3.amazonaws.com/index.html (accessed October 28, 2017).

https://cloudsecurityalliance.org/download/ (accessed October 7, 2017).

https://community.spiceworks.com/topic/1295652-infographic-virtualizationhistory-why-everyone-s-gone-virtual -> 5 Benefits of virtualization (accessed July 6, 2017).

https://connect.cloudspectator.com/2017-top-european-cloud-providersreport (accessed January 25, 2018).

https://consumergoods.com/nestle-drives-better-demand -> 2012 (accessed December 22, 2017).

https://customers.microsoft.com/en-us/story/big-data-solution-transformshealthcare-with-faster-a2 (accessed September 16, 2017).

https://customers.microsoft.com/en-us/story/kotahi (accessed December 24, 2017).

https://d0.awsstatic.com/analyst-reports/Experton%20Group%20AWS%20White%20Paper%2007.12.16.pdf (accessed October 30, 2017).

https://d0.awsstatic.com/whitepapers/aws_cloud_adoption_framework.pdfAWS 6R (accessed October 30, 2017).

https://data.oecd.org/gdp/gdp-long-term-forecast.htm (accessed October 14, 2017).

https://docs.microsoft.com/en-us/azure/analysis-services/analysis-servicesoverview (accessed December 22, 2017).

https://docs.microsoft.com/en-us/azure/architecture/guide/technologychoices/ data-store-overview (accessed December 22, 2017).

https://docs.microsoft.com/en-us/azure/cosmos-db/introduction (accessed September 21, 2017).

https://docs.microsoft.com/en-us/azure/cosmos-db/modeling-data (accessed December 22, 2017).

https://docs.microsoft.com/en-us/azure/cosmos-db/use-cases (accessed December 22, 2017).

https://docs.microsoft.com/en-us/azure/cost-management/overview (accessed November 18, 2017).

https://docs.microsoft.com/en-us/azure/data-catalog/data-catalog-what-isdata-catalog (accessed September 21, 2017).

https://docs.microsoft.com/en-us/azure/data-factory/introduction (accessed September 21, 2017).

https://docs.microsoft.com/en-us/azure/event-hubs/event-hubs-captureoverview (accessed September 21, 2017).

https://docs.microsoft.com/en-us/azure/event-hubs/event-hubs-what-isevent-hubs (accessed September 21, 2017).

https://docs.microsoft.com/en-us/azure/sql-database/sql-database-technicaloverview (accessed December 22, 2017).

https://docs.microsoft.com/en-us/azure/sql-database/sql-database-servicetiers (accessed December 22, 2017).

https://docs.microsoft.com/en-us/azure/sql-database/sql-database-in-memory (accessed December 22, 2017).

https://docs.microsoft.com/en-us/azure/sql-database/sql-database-what-is-adtu (accessed December 22, 2017).

https://docs.microsoft.com/en-us/sql/relational-databases/indexes/ columnstore-indexes-overview (accessed December 22, 2017).

https://dupress.deloitte.com/dup-us-en/focus/industry-4-0.html (accessed October 7, 2017).

https://dupress.deloitte.com/dup-us-en/focus/industry-4-0/digital-twintechnology-smart-factory.html (accessed October 7, 2017) INDUSTRY 4.0.

https://dupress.deloitte.com/dup-us-en/focus/industry-4-0/digitaltransformation-in-supply-chain.html (accessed October 7, 2017) DIGITAL SUPPLY CHAIN.

https://dupress.deloitte.com/dup-us-en/topics/analytics/five-types-ofanalytics-of-things.html (accessed

参考文献
References

September 21, 2017).

https://dzone.com/articles/5-key-events-history-cloud (accessed November 4, 2017).

https://dzone.com/articles/lambda-architecture-with-apache-spark (accessed September 16, 2017).

https://ec.europa.eu/digital-single-market/en/%20european-cloud-initiative (accessed July 9, 2017).

https://ec.europa.eu/digital-single-market/en/cloud (accessed July 9, 2017).

https://ec.europa.eu/digital-single-market/en/european-cloud-computingstrategy (accessed July 9, 2017).

https://ec.europa.eu/digital-single-market/en/news/cloud-standardscoordination-final-report (accessed July 9, 2017).

https://ec.europa.eu/digital-single-market/en/news/european-cloudstrategy-0 (accessed July 9, 2017).

https://ec.europa.eu/digital-single-market/en/news/measuring-economicimpact-cloud-computing-europe (accessed July 9, 2017).

https://ec.europa.eu/digital-single-market/en/policies/building-europeandata-economy.

https://ec.europa.eu/digital-single-market/en/policies/cloud-computing.

https://en.wikipedia.org/wiki/Demand_chain_management (accessed October 14, 2017).

https://en.wikipedia.org/wiki/Google_File_System (accessed July 4, 2017).

https://gallery.azure.ai/Solution/Demand-Forecasting-for-Shipping-and-Distribution-2 (accessed December 24, 2017).

https://gallery.cortanaintelligence.com/solution/513038e359b7464390be575513043ef3 (accessed September 21, 2017).

https://github.com/Azure/cortana-intelligence-price-optimization/blob/master/Automated%20Deployment%20Guide/Post%20Deployment %20Instructions.md (accessed September 21, 2017).

https://hbr.org/2013/12/analytics-30 (accessed October 15, 2017).

https://hbr.org/2014/05/an-introduction-to-data-driven-decisions-formanagers-who-dont-like-math (accessed October 15, 2017).

https://home.kpmg.com/content/dam/kpmg/pdf/2016/04/moving-to-thecloud-key-risk-considerations.pd (accessed November 5, 2017).

https://home.kpmg.com/de/de/home/themen/2017/05/cloud-monitor-2017-interaktiv.html (Accessed November 5, 2017).

https://info.cloudendure.com/rs/094-DCS-290/images/2017-Cloud-Migration-Survey_Feb20.pdf (accessed November 11, 2017).

https://internethalloffame.org/inductees/jcr-licklider (accessed July 4, 2017).

https://iot-analytics.com/industrial-analytics-report-20162017-download/(accessed February 2, 2018).

https://ir.netflix.com/index.cfm (accessed October 30, 2017).

https://media.netflix.com/en/company-blog/completing-the-netflix-cloudmigration(accessed October 30, 2017).

https://medium.com/aws-enterprise-collection/6-strategies-for-migratingapplications-to-the-cloud-eb4e85c412b4 (accessed June 7, 2017) MIGRATING to CLOUD.

https://medium.com/aws-enterprise-collection/6-strategies-for-migratingapplications-to-the-cloud-eb4e85c412b4 6 Rs of Cloud Migration (accessed November 5, 2017).

https://msdn.microsoft.com/en-gb/magazine/hh547103.aspx (accessed December 22, 2017).

https://news.microsoft.com/2009/11/17/microsoft-cloud-services-visionbecomes-reality-with-launch-of-windows-azure-platform/ (accessedJuly 4, 2017).

https://news.microsoft.com/facts-about-microsoft/ (accessed December 21, 2017).

https://news.microsoft.com/features/microsoft-facebook-telxius-completehighest-capacity-subsea-cable-cross-atlantic/ (accessed September 23, 2017).

https://newsroom.cisco.com/focus/2017/oct/health-and-technology (accessed December 24, 2017).

https://newsroom.cisco.com/focus/2017/sept/ar-and-vr (accessed December 24, 2017).

https://research.google.com/archive/gfs.html (accessed July 4, 2017).

https://resources.toolsgroup.com/ai-supply-chain-planning-software-releaseoptimized-for-the-cloud?_ga=2.168834146.259407702.1505550204-1822606399.1505550204 (accessed September 16, 2017).

https://sourcingjournalonline.com/push-pull-supply-chain-management-zara/ (accessed December 26, 2017).

https://static.ibmserviceengage.com/TIW14162USEN.PDF (accessed September 21, 2017).

https://storageservers.wordpress.com/2013/07/17/facts-and-stats-of-worldslargest-data-centers/ (accessed August 19, 2017).

https://virtualizationreview.com/articles/2014/10/14/7-layer-virtualizationmodel. aspx (accessed July 6, 2017).

https://visualrsoftware.com/advantages-data-visualization/ (accessed October 15, 2017).

https://www.accenture.com/_acnmedia/Accenture/Conversion-Assets/Microsites/Documents20/Accenture-Healthcare-Technology-Vision-2015-Infographic.pdf (accessed December 23, 2017).

https://www.accenture.com/t00010101T000000Z__w__/at-de/_acnmedia/Accenture/Conversion-Assets/DotCom/Documents/Global/PDF/Dualpub_11/Accenture-Industrial-Internet-of-Things-Positioning-Paper-Report-2015.ashx (accessed December 21, 2017).

https://www.accenture.com/t20170524T014807__w__/us-en/_acnmedia/PDF-49/Accenture-Digital-Health-Technology-Vision-2017-Infographic.pdf (accessed December 23, 2017).

https://www.accenture.com/t20170925T085436Z__w__/us-en/_acnmedia/Accenture/Conversion-Assets/DotCom/Documents/Global/PDF/Technology_9/Accenture-Cloud-Application-Migration-Services.pdf (accessed November 11, 2017).

https://www.apache.org/ -> Definitions of HADOOP ecosystem (accessed July 12, 2017).

https://www.aspiresys.com/WhitePapers/Cloud-Migration-Methodology.pdf (accessed November 11, 2017).

https://www.backblaze.com/blog/hard-drive-cost-per-gigabyte/ (accessed July 27, 2017).

https://www.bcg.com/publications/2014/supply-chain-management-retaildemand-forecasting-the-key-to-better-supply-chain-performance.aspx (accessed October 14, 2017).

https://www.bcg.com/publications/2015/infrastructure-needs-of-the-digitaleconomy. aspx (accessed October 14, 2017).

https://www.bcg.com/publications/2015/technology-digital-making-big-datawork-supply-chain-management. aspx (accessed October 14, 2017).

参考文献
References

https://www.bcg.com/publications/2016/big-data-energy-cooper-rehalchanging-game-data-lake.aspx (accessed October 14, 2017).

https://www.bcg.com/publications/2016/three-paths-to-advantage-withdigital-supply-chains.aspx (accessed October 14, 2017).

https://www.bcg.com/publications/2017/digital-transformationtransformation-data-driven-transformation.aspx (accessed October 14, 2017).

https://www.bcgperspectives.com/content/articles/supply_chain_management_sourcing_procurement_demand_driven_supply_chain/?chapter=2 (accessed October 14, 2017).

https://www.blue-granite.com/blog/azure-data-lake-analytics-holds-aunique-spot-in-the-modern-data-architecture (accessed September 16, 2017).

https://www.blue-granite.com/blog/bid/402596/top-five-differences-betweendata-lakes-and-data-warehouses (accessed October 14, 2017).

https://www.blue-yonder.com/sites/default/files/neue_studie-lebensmittel_handler_mussen_schnellere_entscheidungen_treffen.pdf (accessed October 15, 2017).

https://www.bundesdruckerei.de/de/beratung Cloud READINESS (Accessed November 5, 2017).

https://www.bvl.de/files/1951/1988/2128/Trends_und_Strategien_in_Logistik_und_Supply_Chain_Management_-_Kersten_von_See_Hackius_Maurer.pdf (accessed December 28, 2017).

https://www.bvl.de/misc/filePush.php?id=26066&name=BVL14_Positions papier_Logistik_IT.pdf (accessed December 28, 2017).

https://www.bvl.de/schriften (accessed December 28, 2017).

https://www.cbi.eu/market-information/outsourcing-bpo-ito/cloudcomputing/europe/ (accessed December 25, 2017).

https://www.channele2e.com/channel-partners/csps/cloud-market-share-2017-amazon-microsoft-ibm-google/ (accessed October 30, 2017).

https://www.cips.org/en-gb/knowledge/procurement-topics-and-skills/developing-and-managing-contracts/demand-management1/demand_driven-supply-chain/ (accessed October 14, 2017).

https://www.cisco.com/c/m/en_us/solutions/data-center/offers/Digital-Readiness-Assessment/index.html Cloud READINESS (accessed November 5, 2017).

https://www.cloudatoz.com/6-rs-of-cloud-migration/ 6 Rs of Cloud Migration (accessed November 5, 2017).

https://www.crisp-research.com/cloud-trends-2016/ (accessed October 7, 2017).

https://www.datamation.com/storage/enterprises-are-hoarding-dark-dataveritas. html (accessed September 21, 2017).

https://www.datapine.com/blog/data-driven-decision-making-in-businesses/ (accessed October 15, 2017).

https://www.demanddriveninstitute.com/the-facts (accessed October 14, 2017).

https://www.demanddriveninstitute.com/the-facts - ARM Research - The DDSN (accessed October 14, 2017).

https://www.domo.com/learn/data-never-sleeps-5?aid=ogsm072517_1&sf100871281=1 (accessed November 16, 2017).

https://www.ec2instances.info/AWS PRICING (accessed October 30, 2017).

https://www.emc.com/leadership/digital-universe/2014iview/executivesummary. htm (accessed July 17, 2017).

https://www.entrepreneur.com/article/290553 (accessed November 4, 2017).

https://www.entrepreneur.com/article/303901 (accessed November 4, 2017)-> CLOUD Infographic - History Very NICE.

https://www.eugdpr.org/ GDPR (accessed December 22, 2017).

https://www.forbes.com/sites/kevinomarah/2017/07/13/your-roadmap-to-adigital-supply-chain/3/#6ffe4eb07f9e (accessed October 14, 2017).

https://www.forbes.com/sites/louiscolumbus/2016/03/13/roundup-of-cloudcomputing-forecasts-and-market-estimates-2016/#7189c1892187 (accessed September 23, 2017).

https://www.ft.com/content/76cffe96-db1b-11e0-bbf4-00144feabdc0 (accessed September 21, 2017) Benefits of Demand Forecasting.

https://www.ft.com/content/76cffe96-db1b-11e0-bbf4-00144feabdc0 (accessed September/ 21, 2017).

https://www.gartner.com/binaries/content/assets/events/keywords/catalyst/catus8/2017_planning_guide_for_data_analytics.pdf (accessed September 21, 2017).

https://www.gartner.com/binaries/content/assets/events/keywords/catalyst/catus8/2017_planning_guide_for_cloud.pdf (October 2016) (accessed June 19, 2017).

https://www.gartner.com/doc/3728317?srcId=1-8729325372 (May 2017) (accessed October 14, 2017).

https://www.gartner.com/it-glossary/big-data (accessed September 16, 2017).

https://www.gartner.com/it-glossary/demand-driven-value-network-ddvn (accessed June 24, 2017).

https://www.gartner.com/newsroom/id/1684114 (May 2011) (accessed June 14, 2017).

https://www.gartner.com/newsroom/id/1684114 5-Rs of Cloud Migration (May 2011) (accessed November 5, 2017).

https://www.gartner.com/newsroom/id/2138416 (August 2012) (accessed June 24, 2017).

https://www.gartner.com/newsroom/id/3143718 (October 2015) (accessed May 6, 2017).

https://www.gartner.com/newsroom/id/3384720 (July 2016) (accessed October 7, 2017).

https://www.gartner.com/newsroom/id/3616417 (February 2017) (accessed May 15, 2017).

https://www.gartner.com/smarterwithgartner/gartner-predicts-our-digitalfuture/(October 2015) (accessed September 2, 2017).

https://www.gartner.com/smarterwithgartner/how-to-build-a-business-casefor-demand-management-investment/ (May 2017) (accessed December 24, 2017).

https://www.gartner.com/technology/supply-chain/top25.jsp

https://www.ge.com/digital/industrial-internet (accessed December 21, 2017).

https://www.ge.com/docs/chapters/Industrial_Internet.pdf (accessed December 21, 2017).

https://www.ibm.com/blogs/cloud-computing/2014/03/a-brief-history-ofcloud-computing-3/ (accessed July 4, 2017).

https://www.idc.com/getdoc.jsp?containerId=prUS43196617 (accessed November 16, 2017).

参考文献
References

https://www.isixsigma.com/tools-templates/graphical-analysis-charts/making-sense-time-series-forecasting/ (accessed December 24, 2017).

https://www.kdnuggets.com/2015/09/data-lake-vs-data-warehouse-keydifferences.html (accessed September 16, 2017).

https://www.linkedin.com/pulse/20140602173917-185626188-the-historyof-cloud-computing-and-cloud-storage (accessed July 4, 2017).

https://www.linkedin.com/pulse/importance-accurate-sales-forecastingstephen-p-crane-cscp (accessed September 21, 2017).

https://www.linkedin.com/pulse/marketers-ask-hadoop-enterprise-readytamara-dull (accessed September 16, 2017).

https://www.linkedin.com/pulse/marketers-ask-isnt-data-lake-justwarehouse-revisited-tamara-dull (accessed August 16, 2017).

https://www.linkedin.com/pulse/marketers-ask-what-can-hadoop-do-mydata-warehouse-cant-tamara-dull (accessed September 16, 2017).

https://www.linkedin.com/pulse/marketers-ask-why-do-we-need-hadoopwere-doing-big-data-tamara-dull (accessed September 16, 2017).

https://www.mckinsey.com/~/media/McKinsey/Industries/Advanced%20Electronics/Our%20Insights/How%20artificial%20intelligence%20can%20deliver%20real%20value%20to%20companies/MGIArtificial-Intelligence-Discussion-paper.ashx (accessed December 27, 2017).

https://www.mckinsey.com/business-functions/digital-mckinsey/our-insights/disruptive-technologies (accessed May 4, 2017).

https://www.mckinsey.com/business-functions/digital-mckinsey/our-insights/leaders-and-laggards-in-enterprise-cloud-infrastructure-adoption (accessed October 7, 2017).

https://www.mckinsey.com/business-functions/digital-mckinsey/our-insights/the-case-for-digital-reinvention (accessed December 24, 2017).

https://www.mckinsey.com/business-functions/operations/our-insights/howthree-external-challenges-made-nokias-supply-chain-stronger (accessed December 21, 2017).

https://www.mckinsey.com/business-functions/organization/our-insights/sixbuilding-blocks-for-creating-a-high-performing-digital-enterprise (accessed November 5, 2017).

https://www.microsoft.com/en-gb/cloud-platform/what-is-cortanaintelligence(accessed September 21, 2017).

https://www.mittelstand-nachrichten.de/verschiedenes/52-prozent-derfuehrungskraefte-im-deutschen-lebensmittelhandel-entscheidenwarendisposition-nach-gefuehl/ (accessed August 15, 2017).

https://www.nist.gov/el/cyber-physical-systems/big-data-pwg (accessed September 16, 2017).

https://www.predictiveanalyticstoday.com/bigdata-platforms-bigdataanalytics-software/ (accessed August 11, 2017).

https://www.pwc.com/gx/en/advisory-services/digital-iq-survey-2015/campaign-site/digital-iq-survey-2015.pdf (accessed September 16, 2017).

https://www.quora.com/What-is-the-history-of-Hadoop -> history of HADOOP and GFS Google File System (accessed July 4, 2017).

https://www.sas.com/content/dam/SAS/en_us/doc/overviewbrochure/sasfor-demand-driven-planning-optimization-107293.pdf (accessed August 5, 2017).

https://www.sas.com/content/dam/SAS/en_us/doc/whitepaper1/forecastvalue-added-analysis-106186.pdf (accessed August 12, 2017).

https://www.sas.com/de_ch/news/press-releases/2017/oktober/2017-10-12-nestle-enhances-demand-forecast-with-sas-analysis-solutions.html (accessed October 14, 2017).

https://www.sas.com/en_au/customers/forecasting-supply-chain-nestle.html (accessed October 14, 2017).

https://www.sas.com/en_au/customers/forecasting-supply-chain-nestle.html# (accessed October 14, 2017).

https://www.sas.com/en_us/offers/sem/demand-signal-analytics-107229.html?gclid=EAIaIQobChMIiOidkfCn1wIV4bztCh1sxgU6EAAYAyAAEg J0dvD_BwE (accessed September 21, 2017).

https://www.sitepoint.com/a-side-by-side-comparison-of-aws-google-cloudand-azure/ (accessed August 11 and October 28, 2017).

https://www.skyhighnetworks.com/cloud-security-blog/11-advantages-ofcloud-computing-and-how-your-business-can-benefit-from-them/ (accessed September 23, 2017).

https://www.skyhighnetworks.com/cloud-security-blog/microsoft-azurecloses-iaas-adoption-gap-with-amazon-aws/ (accessed July 11 and 17, 2017).

https://www.slideshare.net/cranesp/A-Roadmap-To-World-Class-Forecasting-AccuracyIBFFinal (accessed September 21, 2017).

https://www.srgresearch.com/articles/cloud-market-keeps-growing-over-40-amazon-still-increases-share (accessed November 4, 2017).

https://www.srgresearch.com/articles/leading-cloud-providers-continue-runaway-market (accessed July 29, 2017).

https://www.srgresearch.com/articles/microsoft-google-and-ibm-chargepublic-cloud-expense-smaller-providers (accessed October 30, 2017).

https://www.srgresearch.com/articles/microsoft-leads-saas-market-salesforceadobe-oracle-and-sap-follow (accessed September 2, 2017).

https://www.statista.com/statistics/477277/cloud-infrastructure-servicesmarket-share/ (accessed October 30, 2017).

https://www.strategyand.pwc.com/reports/industry4.0 (accessed October 14, 2017).

https://www.timetoast.com/timelines/cloud-computing-history (accessed November 4, 2017).

https://www.tompkinsinc.com/en-us/Insight/Tompkins-Blog/what-digitalcomponents-are-affecting-your-supply-chain (accessed September 21, 2017).

https://www.toolsgroup.com/solutions/demand-sensing/ (accessed September 24, 2017).

https://www.vansonbourne.com/research-report/state-of-enterprise-it-2018 (accessed September 23, 2017).

https://www.vansonbourne.com/StateOfIT2018Reports/cloud-computing (accessed December 2, 2017).

https://www.veritas.com/dark-data (accessed December 28, 2017).

https://www.veritas.com/news-releases/2016-03-15-veritas-global-databergreport-finds-85-percent-of-stored-

参考文献
References

data (accessed September 21, 2017).

https://www.veritas.com/news-releases/2016-03-15-veritas-global-databergreport-finds-85-percent-of-stored-data (accessed December 28, 2017).

https://www.veritas.com/product/information-governance/global-databerg.html (accessed September 21, 2017).

https://www.vmware.com/go/tcocalculator/?src=WWW_US_HP_generic_TCOCalculator_R2C4_D_NA_TryNow (accessed July 6, 2017).

https://www.vmware.com/pdf/TCO.pdf -> TCO of physical servers versus VMWare (accessed July 6, 2017).

https://www.vmware.com/uk/products/cloud-foundation.html?cid=70134000001CUFs&src=ps_5919df50a6e29&kw=%2Bamazon%20%2Bvmware&mt=b&k_clickid=87087314-ccb5-4196-a2b4-f9037ffddeac (accessed August 29, 2017).

https://www.vmware.com/uk/solutions/virtualization.html (accessed July 6, 2017).

https://www.weforum.org/reports/big-data-big-impact-new-possibilitiesinternational-development (accessed September 16, 2017).

https://www-01.ibm.com/common/ssi/cgi-bin/ssialias?htmlfid=ZZL03134USEN (accessed October 14, 2017).

https://www-935.ibm.com/industries/uk-en/retail/supply-chain/?S_PKG=AW&cm_mmc=Search_Google-_-Consumer_Retail-_-UK_UKI-_-+demand++forecasting_Broad_AW&cm_mmca1=000023LB&cm_mmca2=10005782&cm_mmca7=9046107&cm_mmca8=kwd-311561519697&cm_mmca9=41966e4e-e2e4-45a6-95dc-8fb25a47daa9&cm_mmca10=222444828947&cm_mmca11=b&mkwid=41966e4e-e2e4-45a6-95dc-8fb25a47daa9|1185|501&cvosrc=ppc.google.%2Bdemand%20%2Bforecasting&cvo_campaign=000023LB&cvo_crid=222444828947&Matchtype=b (accessed September 24, 2017).

作者简介

维尼特·夏尔马（Vinit Sharma）（英国伯克希尔）是微软的云解决方案架构师，专注于研究微软的数据平台和人工智能。他曾在赛仕软件研究所工作，担任全球高级分析职位，即首席技术架构师，专门负责需求驱动供应链的优化规划和解决方案优化。他拥有 MBA 学位、管理学硕士学位和两个工商管理学位（一个在英国获得，一个在德国获得）。除此之外，他还拥有许多行业资格证书，如 AWS 认证解决方案架构师、VCP、MCDBA、MCTS、OCP 开发人员、MCSE、BEA 管理员、IT 财务管理协会（ITFMA）的赔偿和基于活动的成本管理认证，以及 ITIL 认证。他拥有 15 年多的 IT 和行业工作经验，在此期间曾担任过多种职位并在多个不同的领域工作（如云计算、供应链优化、SAS 和虚拟化）。